普通高等教育经济管理类"十三五"规划教材

财务管理案例实训

CAIWU GUANLI ANLI SHIXUN

主　编　史　琪
副主编　杨凤坤　林月香　徐建宁　施金利

华中科技大学出版社
http://www.hustp.com
中国·武汉

图书在版编目(CIP)数据

财务管理案例实训/史琪主编. —武汉:华中科技大学出版社,2019.8(2024.12重印)
普通高等教育经济管理类"十三五"规划教材
ISBN 978-7-5680-5504-8

Ⅰ.①财… Ⅱ.①史… Ⅲ.①财务管理-高等学校-教材 Ⅳ.①F275

中国版本图书馆 CIP 数据核字(2019)第 179226 号

财务管理案例实训 史 琪 主编
Caiwu Guanli Anli Shixun

策划编辑:聂亚文
责任编辑:赵巧玲
封面设计:孢 子
责任校对:曾 婷
责任监印:朱 玢
出版发行:华中科技大学出版社(中国·武汉)　　电话:(027)81321913
　　　　　武汉市东湖新技术开发区华工科技园　　邮编:430223
录　排:华中科技大学惠友文印中心
印　刷:武汉科源印刷设计有限公司
开　本:787 mm×1092 mm　1/16
印　张:22.25
字　数:565 千字
版　次:2024 年 12 月第 1 版第 4 次印刷
定　价:48.00 元

本书若有印装质量问题,请向出版社营销中心调换
全国免费服务热线:400-6679-118　竭诚为您服务
版权所有　侵权必究

前言
PREFACE

　　财务管理课程是财务管理、会计、审计及资产评估专业的一门专业核心课程,也是管理类和经济类专业学生的一门主修课程。本书作为与财务管理理论教学相匹配的实验教材,对提高学生的财务管理实践能力发挥着重要的作用。为了更好地满足我国经济发展对财会应用型人才的需求,强化学生的实践分析及财务决策能力,提高学生对财会岗位的适应性,我们结合实际撰写了本书。

　　本书依据应用型本科财会人才培养的目标,按照实验课教学大纲要求,依托厦门网中网软件有限公司开发的财务管理实训教学平台组织内容,根据高等院校学生的特点,以案例分析贯穿始终,使学生能够始终将财务管理理论与实践联系起来,全面提高学生分析问题、解决问题的能力。

　　本书共分为三篇:第一篇财务管理分章案例实训,内容是按企业财务管理实践中筹资、投资、经营、分配等财务活动中涉及的重要知识点,编写的案例分析实训题目,并在各章案例实训后,均设置了实务演练及讨论环节供学生拓展学习;第二篇财务决策案例库,内容是按财务活动及分析的模块,编写的小综合案例实训题目;第三篇财务管理综合案例实训,模拟两家知名电器类上市公司,按公司财务活动全流程编写综合实训题目。

　　本书在编写过程中,大量参考了厦门网中网财务管理实训教学平台上的资料,是与该实训平台配套的实验教材,同时得到了厦门网中网软件有限公司杨凤坤、林月香、徐建宁等同人的大力支持。本书由史琪担任主编,由杨凤坤、林月香、徐建宁、施金利担任副主编,尹文华、黄慧鹏承担文字校对工作。

　　由于时间紧迫,加上编者水平有限,书中难免存在疏漏之处,恳请广大读者批评指正,以便再版时加以完善。

史　琪

2019 年 4 月

目录
CONTENTS

第一篇　财务管理分章案例实训 ··· 1

第1章　财务管理总论 ·· 2
实训 1.1　财务管理总论 ·· 3
实训 1.2　小结性案例 ·· 5

第2章　财务管理价值观念 ·· 9
实训 2.1　货币的时间价值 ··· 10
实训 2.2　风险估价 ··· 14
实训 2.3　小结性案例 ··· 16

第3章　筹资管理 ··· 20
实训 3.1　筹资概述 ··· 21
实训 3.2　资本成本 ··· 27
实训 3.3　杠杆原理 ··· 29
实训 3.4　资本结构决策 ··· 32
实训 3.5　小结性案例 ··· 33

第4章　项目投资管理 ··· 36
实训 4.1　现金流量的估算 ··· 37
实训 4.2　项目投资决策的评价方法 ··································· 40
实训 4.3　项目投资决策分析 ··· 44
实训 4.4　小结性案例 ··· 45

第5章　证券投资 ··· 48
实训 5.1　债券投资 ··· 49
实训 5.2　股票投资 ··· 50
实训 5.3　证券投资组合 ··· 52
实训 5.4　小结性案例 ··· 53

第6章　营运资金管理 ··· 55
实训 6.1　现金和有价证券的管理 ····································· 56
实训 6.2　应收账款的管理 ··· 57
实训 6.3　存货管理 ··· 60
实训 6.4　小结性案例 ··· 62

第 7 章　利润分配管理 ·········· 65
实训 7.1　股利政策 ·········· 66
实训 7.2　股利支付的程序和方式 ·········· 67
实训 7.3　股票股利、股票分割与股票回购 ·········· 69
实训 7.4　小结性案例 ·········· 70

第二篇　财务决策案例库 ·········· 73

案例 1　华光机电股份有限公司筹资决策案例实训 ·········· 74
案例 2　东方贸易股份有限公司投资决策案例实训 ·········· 79
案例 3　深远电网股份有限公司营运资金管理案例实训 ·········· 84
案例 4　蓝龙汽车配件股份有限公司利润分配案例实训 ·········· 91
案例 5　盛云棉纺有限公司全面预算管理案例实训 ·········· 96
案例 6　南海钨业股份有限公司财务分析案例实训 ·········· 103

第三篇　财务管理综合案例实训 ·········· 113

综合案例 1　中国明洋电器有限公司财务管理 ·········· 114
实训 1　投资活动管理 ·········· 115
实训 2　筹资活动管理 ·········· 117
实训 3　预算活动管理 ·········· 123
实训 4　营运资金管理 ·········· 127
实训 5　公司财务分析 ·········· 129

综合案例 2　东光电器照明股份有限公司财务管理 ·········· 135
实训 1　财务分析 ·········· 136
实训 2　营运资本管理 ·········· 141
实训 3　投资活动管理 ·········· 144
实训 4　筹资活动管理 ·········· 147
实训 5　分配管理 ·········· 148
实训 6　预算管理 ·········· 148
实训 7　企业价值评估 ·········· 153

附录 ·········· 159

第一篇　财务管理分章案例实训-附件 ·········· 160
第 1 章　财务管理总论-案例附件 ·········· 160
第 2 章　财务管理价值观念-案例附件 ·········· 163
第 3 章　筹资管理-案例附件 ·········· 173
第 4 章　项目投资管理-案例附件 ·········· 192

第5章 证券投资-案例附件	203
第6章 营运资金管理-案例附件	209
第7章 利润分配管理-案例附件	214
第二篇 财务决策案例库-附件	226
第三篇 财务管理综合案例实训-附件	282

参考文献 347

第一篇
财务管理分章案例实训

CAIWU GUANLI FENZHANG
ANLI SHIXUN

第1章 财务管理总论

实训目的

通过本章案例实训,要求学生能够正确理解财务管理的含义;能根据企业目标制定合理的财务管理目标;能理解影响财务管理目标实现因素的特征,并能运用这些影响因素进行财务决策;能正确辨别财务管理的对象、内容;能合理运用财务管理原则进行财务活动。

理论知识框架图

理论知识框架图如图 1-1 所示。

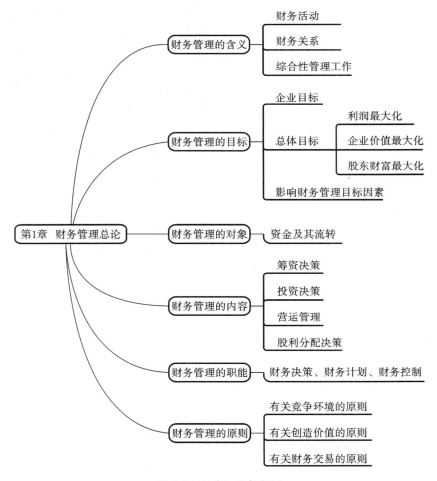

图 1-1 理论知识框架图

扁鹊的医术

有这样一个民间故事：

一次，魏文王问名医扁鹊："你们家兄弟三人，哪一位最善于医术？"

扁鹊回答说："大兄最佳，二兄次之，我最差。"

魏文王很诧异地问："既然你最差，可是为什么你却最有名气？"

扁鹊答道："我的大兄治病，是在病没有发生之前，别人还没有察觉到病症。所以他的名气只有我们家里人才知道，没有传出去。我的二兄治病，是在病刚开始的时候，人们以为是小病，很容易治，所以他的名气也不大。而我治病，往往是病到最严重的时候，别人看到我时而割肉切骨，时而敷药，自然以为我医术精湛。因此，比起我大兄二兄，我最有名。但是我的医术却是三人中最差的。"

魏文王恍然大悟。

通过这个故事，可以概括CFO（首席财务官）或财务管理的三层境界或三个阶段。

企业出名的救火队队长（实用型财务管理者），即在企业发生财务危机时的英雄——现阶段企业争相出高薪聘用的人，可以投入火场马上解决问题。比如企业在成长期资金成了发展中的大问题，一般都会找有融资能力的人来做CFO。比如企业经历税务危机时，则会找擅长税务实务的人来解决等。

企业的风险控制专家（法制型财务管理者）为企业建立完善的业务和财务的内控体系，建立企业的信息基础系统，建立企业的风险预警和处理体系，建立企业的财务团队。实时地为企业部门解决和控制风险。

企业的幕后英雄（成熟型财务管理者）是企业信息系统的创建者，风险和收益的控制者，是企业核心竞争力的创造者之一。成熟型财务管理者需要深入业务中，业务部门有新的业务发生前就会为其提供数据模型的支持和业务预算的数字化。将企业的财务管理系统化为企业日常运作的工具，为企业创造价值。

以上三层境界是CFO都要具备的，一方面对企业来说都是必要的，在企业的不同发展阶段都是必不可少的，在企业的初创期最需要的是实用型财务管理者来为企业打天下，在企业成长期更加需要法制型财务管理者来建立流程制度和信息系统来帮助企业做大做强。在成熟期需要成熟型财务管理者来为企业创立品牌建立常青基业。另一方面从企业财务管理实务来说，在企业的实务中，"治病""预防""治小病""急救"这些都是CFO必不可少的本领。

实训1.1　财务管理总论

知识点1：财务管理的含义

【实训题目1】

王晓峰：财务不就是会计吗？我们已经学过基础会计、财务会计，怎么还要学习财务管理呢？

王玉松：这就叫作进一步学习，尽管财务就是会计，上学期学习的是怎么做账，这学期学习的是怎么管账。

朱君：你们都错了，我妈妈是公司的财务，她说财务管理就是教我们如何管钱的，怎么取钱，怎么用钱。以上三位同学关于财务管理的说法，较为正确的有（　　）。

　　A．王晓峰　　　　B．王玉松　　　　C．朱君　　　　D．都不正确

知识点2：财务管理的目标

【实训题目2】

东风有限公司2016年5月1日成立，王刚被聘任为该公司的CFO，负责公司的财务管理工作。作为新成立公司的CFO，王刚首要强调财务管理的要求应在于（　　）方面。

　　A．筹集企业发展所需要的资金
　　B．通过合理、有效地使用资金使企业获利
　　C．力求以收抵支
　　D．偿还到期债务

【实训题目3】

王航学完财务管理总论后，总结了表1-1——影响财务管理目标实现的因素，请根据所学知识补充完整表1-1空格中的内容。

表1-1　影响财务管理目标实现的因素分析表

总目标	基本途径	影响因素	实际活动
股东财富最大化		销售及其增长、成本费用	经营活动
		资本投资、营运资本	投资活动
		资本结构、破产风险	筹资活动
		税率、股利政策	

【实训题目4】

东风公司财务管理总目标为股东价值最大化，假定条件为公司资本成本处于理想状态，决策目标为进一步实现股东价值最大化，则公司CFO王刚的下列四项决策中较为妥当的有（　　）。

　　A．提高经营现金流量　　　　　　B．降低资本成本
　　C．进一步扩大促销力度增加销售额　D．消减成本费用

知识点3：财务管理的对象

【实训题目5】

东风公司会计李娜获得的以下原始凭证（见附件1-1至附件1-4资料信息）中，所反映的经济业务直接涉及财务管理对象的有（　　）。

　　A．领料单　　　　B．还款凭证　　　　C．转账支票　　　　D．入库单

知识点4：财务管理的内容

【实训题目6】

东风公司2017年2月份发生了下列事项中涉及财务管理的内容的有（　　）。

　　A．发行股票1000万股筹集资金2000万

B. 借入一笔 5 年期的长期借款
C. 董事会决定将本年利润用于扩大生产的储备资金
D. 聘请了一批海外专家扩充公司的科研队伍

知识点 5：财务管理的原则

【实训题目 7】

在一次财务管理的考试中，李梦有 6 处空格(见表 1-2)，没有填出答案，请根据所学知识，对李梦未作答处补充答案。

表 1-2　财务管理原则类别及内容表

类别	具体原则
有关竞争环境的原则	（1）
	双方交易原则
	信号传递原则
	（2）
有关价值创造的原则	有价值的创意原则
	（3）
	期权原则
	（4）
有关财务交易的原则	（5）
	投资分散原则
	资本市场有效原则
	（6）

【实训题目 8】

王刚在过去的一年内，追随股神巴菲特购买北方置业有限公司的股票；今年年初，王刚通过阅读上市公司的财务报表，决定购买东风早创公司的股票。请问王刚的以上行为分别体现了财务管理的哪些原则（　　）。

A. 比较优势原则　　　　　　　　B. 有价值的创意原则
C. 引导原则　　　　　　　　　　D. 信号传递原则

实训 1.2　小结性案例

日本企业财务管理

资本是企业进行生产经营的前提条件，股东的投资是企业的最初资本，作为企业支柱和经营源泉的资本进入企业以后，经过循环周转，促使资本不断增值，以保证企业得以存在和发展。

一、财务管理

日本企业的财务活动具体表现为资本的筹集和运用。资本筹集与运用的计划和控制即为财务管理。记录和核算作为财务对象的资本变动情况时，所使用的方法和手续是财务会计，而在进行财务管理时则主要使用管理会计。

二、资本的筹集和运用

日本企业资本筹集的来源有外部金融和内部金融之分(见附件1-5日本企业的资本筹集)。其形式如下：①外部金融主要有商业信用、信贷金融、证券金融等；②内部金融主要有发行股票(增资)、保留利润、计提折旧费及财产处理等。

日本企业资本运用的具体表现形式，主要有货币储备、赊销投资、库存投资、其他流动投资、有形资产投资、无形资产投资、公司对外投资、创业投资、科研开发投资、资本筹资投资(见附件1-6日本企业的资本运用)。

三、财务部门的职能

(1)筹集和运用资金，是日本企业财务部门的第一个职能，企业进行生产经营需要一定量的资金，而这些资金的筹集和运用是以财务部门为中心实现的。

(2)担当财务会计工作，是日本企业财务部门的第二个职能。财务会计通过记录、收集、处理资本变动情况，提出企业经营活动的有关情报，客观而真实地反映企业财务状况及经营成果，保护企业财产。

(3)担当管理会计工作，日本企业的会计工作，除了财务会计以外，还有管理会计。根据日本商法有关规定，财务会计具有强制性，而管理会计没有法定强制性，其是否设置则由企业自行决定。

如前所述，财务会计是为研究企业以往经营状况提供情况。管理会计不同，它是为研究企业未来如何发展提供会计情报。管理会计的重要任务，就是为企业进行合理决策提供切实可靠的情报。

四、财务管理的范围

财务管理是企业管理的重要组成部分，其范围主要包括以下三个方面。

(1)财务政策，是企业组织和进行资本筹集和运用业务工作的指南。

(2)财务计划，是企业财务政策的具体化，把企业在计划期内财务活动的内容、程序和目标、数据具体表现出来。

(3)财务控制，是在财务计划实施过程中对财务活动所进行的指导，限制和调整。

五、企业财务管理组织机构

日本企业财务管理机构的组织形式取决于企业内部管理的模式及其规模的大小和经营内容的复杂程度。日本大部分企业实行统一核算，统一管理的高度集中型模式，这一模式的管理组织形式是实行统一的指挥，垂直领导，权力高度集中于最高层领导者。

企业内部各个职能部门之间，实行高度专业化的分工，分别担任生产，销售和财务等专门职能，并自成独立系统，层层传达，招待企业最高管理者的命令，最高处管理者通过这些职能部门实现其对企业的管理。与这一管理组织形式相适应的大、中、小企业的财务管理组织机构(见附件1-7至附件1-9)。日本企业的资本筹集和资本运用情况，请参见附件1-5和附件1-6信息。

【实训题目9】

日本企业的财务活动具体表现为资本的筹集和运用。资本筹集与运用的计划和控制即为财务管理。记录和核算作为财务对象的资本变动情况时，所使用的方法和手续是财务会计，而在进行财务管理时则主要使用管理会计。

请你根据这句话结合背景材料分析财务管理的含义。

【实训题目 10】

请仔细阅读附件资料后,确定本案例资料所反映的日本企业财务管理中集中体现的财务管理目标主要是(   )。

A. 偿还到期债务

B. 扩大生产规模

C. 促进资本不断增值,以保证企业得以存在和发展

【实训题目 11】

财务管理主要围绕资金的筹集和使用展开,在本案例中提到财务管理的范围主要包括了哪些方面(   )。

A. 财务政策

B. 财务计划

C. 财务控制

【实训题目 12】

结合案例资料分析,日本企业财务管理中采取的下列行动,分别体现了财务管理的哪些原则,请填写表 1-3 空格中的信息。

表 1-3　财务管理原则运用表

财务管理行为	对应的财务管理原则
注意对外传递报表信息	(1)
投资专长领域	(2)
项目可行性分析	(3)

本章实务演练及讨论

1. 假如你在毕业时得到了姑姑的遗产 30 万元人民币,决定以此创业,你会选择成立何种形式的企业?你会采取何种财务管理的原则来确保投资的成功?在创业初期,你会使用哪种向外融资的渠道,未来又将如何做?如果别人失败了你却成功了,其原因会是什么呢?

2. 海信集团是以海信集团有限公司为投资母体组建的山东省最大的专业电子信息产业集团。海信集团的财务理念是:从财务的观点看经营,从经营的观点看财务。海信集团建立了三级财务管理网络体系:一级财务机构——集团公司财务中心;二级财务管理机构——子公司财务部;三级财务管理机构——车间、部、室财务管理部门。请问:你怎样看待海信集团的三级财务管理网络体系?

3. 美声公司面临两项投资选择。一是在上海发展 10 家折扣唱片商店,在未来 8 年中,每家商店可望得到 35 000 元的税后利润,8 年后租约到期,商店关闭。二是投资东方娱乐中心的一家古典唱片商店,公司需要致力于使公众接受古典音乐,前两年税后利润为零,随后 10 年税后利润每年将增加 40 000 元,然后保持不变。第二个项目的有效期为 15 年。根据这些信息,你认为哪个项目更好?为什么?

4. 采用利润最大化目标的一大问题在于,它常常被当作短期目标,而财富最大化则是一个长期目标,短期业绩与长期业绩间会产生冲突。有时,短期利润的最大化极有可能是以长期利润的损失为代价的。比如,公司的经理人员可以通过以下方法降低其经营费用:减少研究与开

发支出、减少用于员工培训和发展的支出、取消质量控制机制等。上述政策会对短期利润带来有利的影响,但是会削弱公司的长期竞争力和经营业绩。你能否列举一些事例,说明公司某些短期利润的增长是以长期利润的损失为代价的?

5. 在某经济论坛上,某集团总裁说:"我坚持一个观点,不要让所有的老百姓都买房子,因为我们没有那么大的生产量。在供应量很少的情况下,一定是先满足最富的人。"当有人问到他作为很富的人花多少心思考虑穷人时,他说:"如果我定位为一个商人,我就不应该考虑穷人。如果考虑穷人,我作为一个企业的管理者就是错误的。"你同意他的观点吗?

6. 1999年7月下旬,武汉国有资产经营有限公司开始对下属21家控股、全资企业兑现1998年度企业法定代表人年薪,其中年薪的一个组成部分——风险收入,其实质就是期股。3家上市公司董事长分别获得本公司股票奖励。期股的概念有点像期房。它们共同的特点是眼下看得见但摸不着。然而一旦期房变成现房,其产生的"踏实感"足以让人在对期房变现房的等待中小心翼翼……由此提出的问题是:国有上市公司高管薪酬应由谁决定?完善的国企管理层薪酬激励机制应具备哪些特征?

7. 一条猎狗将兔子赶出了窝,一直追赶它,追了很久仍没有捉到。牧羊犬看到此种情景,讥笑猎狗说:"你们两个之间小的反而跑得快得多。"猎狗回答说:"你不知道我们两个的跑是完全不同的!我仅仅为了一顿饭而跑,他却是为了性命而跑呀!"这话被猎人听到了,猎人思忖:"猎狗说得对啊,我要想得到更多的猎物,那就得想个好法子。"于是,猎人又买来几条猎狗,承诺凡是能够捉到兔子的,都可以根据数量得到相应的骨头,捉不到的就没有饭吃。你认为这一招有用吗?

第 2 章 财务管理价值观念

实训目的

通过本章案例实训,要求学生能够运用资金价值计算原理,解决一次性款项和年金的现值及终值计算;能够运用风险价值的原理知识,衡量单项资产及组合资产风险的大小,能够准确计算股票及证券投资组合的报酬率,从而得出正确的时间及风险价值评价结论;培养较强的财务管理时间价值和风险价值观念。

理论知识框架图

理论知识框架图如图 1-2 所示。

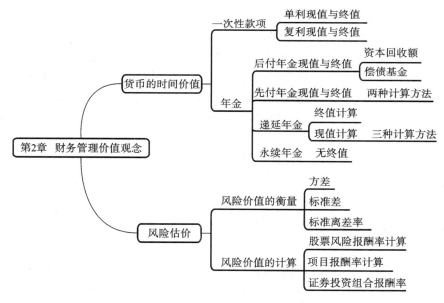

图 1-2 理论知识框架图

案例导入

拿破仑给法西斯的尴尬

拿破仑 1797 年 3 月在卢森堡第一国立小学演讲时说了这样一番话:

"为了答谢贵校对我,尤其是对我夫人约瑟芬的盛情款待,我不仅今天呈上一束玫瑰花,而且在未来的日子里,只要我们法兰西存在一天,每年的今天我将亲自派人送给贵校一束价值相等的玫瑰花,作为法兰西与卢森堡友谊的象征。"

时过境迁,拿破仑穷于应付连绵的战争和此起彼伏的政治事件,最终惨败而流放到圣赫勒拿岛,把卢森堡的诺言忘得一干二净。"

可卢森堡这个小国对这位欧洲巨人与卢森堡孩子和谐相处的一刻念念不忘,并载入他们的史册。

1984年年底,卢森堡旧事重提,向法国提出违背"赠送玫瑰花"诺言案的索赔,要么从1797年起,用3路易作为一束玫瑰花的本金,以5厘复利(即利滚利)计息全部清偿这笔玫瑰案;要么法国政府在法国各大报刊上公开承认拿破仑是个言而无信的小人。

起初,法国政府准备不惜重金赎回拿破仑的声誉,但却又被电脑算出的数字惊呆了,原本3路易的许诺,本息竟高达1 375 596法郎。经冥思苦想,法国政府斟词酌句的答复是:

"以后,无论在精神上还是物质上,法国将始终不渝地对卢森堡大公国的中小学教育事业予以支持与赞助,来兑现我们的拿破仑将军那一诺千金的玫瑰花信誉。"这一措辞最终得到了卢森堡人民的谅解。

实训2.1　货币的时间价值

知识点1:复利与单利比较

【实训题目1】

王明假期到餐馆打工,取得收入800元,欲将该笔资金存入工商银行,以备5年后使用。他从工商银行网站上查得人民币存款利率表(见附件1-10),但对具体计息方式不甚了解。于是拨打了工商银行的免费热线电话,在客服人员的帮助下,王明对比了整存整取5年期和1年期存款利率,最后决定将该笔资金以5年期整存整取方式存入,试计算以下存款方式的本息和,并判断王明的决策是否正确。

(1) 计算:1年期整存整取5年后的本息和。

(2) 计算:5年期整存整取5年后的本息和。

(3) 王明的决策是否正确?

知识点2:复利终值与现值计算

【实训题目2】

王明2017年1月1日一次性向交通银行存入一笔款项,采取1年期的存款方式。之后两次在到期日(2018年1月1日和2019年1月1日)将本息和取出后又按一年期存入。请根据附件1-11和附件1-12(存款取得的现金存款凭条和银行公布的存款利率)中的信息,判断关于2020年1月1日该笔存款的金额计算正确的是( )。

　　A. $1000\times(F/P,3.15\%,3)$

　　B. $1000\times(P/F,3.15\%,3)$

　　C. $1000\times(P/F,3.51\%,3)$

　　D. $1000\times(F/P,3.51\%,3)$

【实训题目3】

资料:1626年,一群新移民用价值24美元的饰物从印第安人手中买下了曼哈顿岛。360年后的1986年,曼哈顿的市值已经达到560亿美元。假定当时的印第安人将24美元存入银行,请按 8% 的年利率复利计算 1986 年该笔资金的价值。

【实训题目 4】

复利在实际生活中的运用无处不在。例如将一张厚一公分(厘米)的硬纸对折叠加 20 次,求最后的高度事实上就是一个求复利终值的例子。

请结合所学知识用 $F=P(F/P,i,n)$ 表示最后高度,并在可能条件下计算该结果后填写表 1-4 空格中的数据。

表 1-4 纸张对折后高度计算表

计算公式:$F=P(F/P,i,n)$	
参数	对应数值
对折前现有高度:P(厘米)	
每次对折增长比率:i(百分比形式)	
对折次数:n(次数)	
最后高度:F	

【实训题目 5】

李玉在 5 年前购买大洋机电的股票 10 万股,并一直持有至今。2017 年大洋机电决定发放现金股利,李玉在收到现金股利后自己计算所得的年收益率为 4%,假定在这 5 年间大洋机电除此次发放股利之外没有其他分配活动,股票市价为 15 元/股。

请结合附件 1-13 年度利润分配实施公告,计算确定李玉 5 年前购买该 10 万股股票的初始投资额,填写表 1-5 空格中的数据。

表 1-5 初始投资额计算表

计算公式:$P=F(P/F,i,n)$	
参数	对应数值
F,该股票现有价值(即为:股利+现有市价)(万元)	
i(百分比形式)	
n(年)	
计算得 p 为(万元)(保留 2 位小数)	

【实训题目 6】

陆风广告有限公司于 2017 年 1 月 1 日存入交通银行一笔款项(见图 1-3),此后每年 1 月 1 日都会将该笔存款全部取出后重新存入。已知 2020 年 1 月 1 日取得的现金存款凭条及相应的存款利率表(见附件 1-14 和附件 1-15)。

请计算 2017 年 1 月 1 日的存款金额,并将结果填入该日取得的现金存款凭条的相应位置。(计算结果采用进一法,取整数)

知识点 3:复利报酬率与复利期的计算

【实训题目 7】

若要使价值 10 000 元的黄金变成价值为原来的 2 倍:

(1)若使上述转变过程在 9 年内实现,最低报酬率应为多少?

回单联 贷方传票

交通银行现金存款凭条

2017年01月01日

收款人	全称	北京陆风广告有限公司		
	账号	110106061009014413255	款项来源	/
	开户行	交通银行北京海淀支行	交款人	李玉
金额大写(人民币)			百 十 万 千 百 十 元 角 分	

票面	张数	金额	票面	张数	金额
100元	/	/	5角	/	/
50元	/	/	2角	/	/
20元	/	/	1角	/	/
10元	/	/	5分	/	/
5元	/	/	2分	/	/
2元	/	/	1分	/	/
1元	/	/			

第一联 回单联

图 1-3 现金存款凭条

(2) 若投资于报酬率为 7%的项目,要实现上述过程,需要多少年?

知识点:4:普通年金价值计算

【实训题目 8】

王晓从 3 岁开始,每年的年末都有 2 000 元的压岁钱。父亲为他在银行开设了小博士账户,每年年末将压岁钱存入该账户。16 年后王晓即将考大学,第 16 年的年末,小博士账户上存款金额为多少?(假设该小博士账户按 5%年复利率复利计息)

【实训题目 9】

光明公司 2017 年 1 月 1 日向工商银行借入一笔资金,并于此后每年年末偿还 100 万元,3 年后刚好还清这笔借款。(年复利率为 8%)

请根据相关资料判断关于 2017 年 1 月 1 日这笔借款金额计算正确的有(　　)。

A. $P=A\times(P/F,8\%,3)=100\times0.7938=79.38$

B. $P=A\times(P/A,8\%,3)=100\times2.5771=257.71$

C. $F=A\times(F/A,8\%,3)=100\times2.5771=257.71$

D. $F=P\times(F/P,8\%,3)=100\times0.7938=79.38$

【实训题目 10】

平安保险推出钟爱一生养老保险,王明查阅了该险种的特点(见图 1-4)和保单利率,在咨询相关专业人士之后,在其 30 岁时参加了该保险。

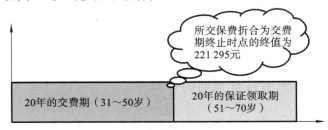

图 1-4 养老保险的特点

请问在领取期每年年末应至少领取多少金额的现金,才能保证参与该项保险是划算的?(假定年复利率为5%)

【实训题目 11】

王晓欲于4年后在大学毕业之际参加一次户外探险毕业旅行。该旅行目前在市场预算费用为10 000元,由于该活动在近期内将持续受到更多人的欢迎,费用将有所上涨。考虑通货膨胀的因素,王晓预计4年后自己参加该旅行需要费用20 000元。为此王晓参加了交通银行毕业旅行储蓄计划,按年复利率10%计息,要求每学年末定期存入相应账户相等金额,并在学生毕业当学年末启用。为顺利推行毕业旅行计划,王晓应在每学年末存入账户多少金额?

知识点 5:预付年金价值计算

【实训题目 12】

王明 2017 年 1 月 1 日从易安家具商城购进一批高档家具,并与商家签订了分期付款协议部分内容(见附件 1-16)。

请计算该项家具活动的分期付款相当于一次现金支付的购价是多少?

【实训题目 13】

王明在建设银行开设了一个账户,从 2017 年开始,每年年初存入银行一笔相同金额的现金,取得相应的现金存款凭条(见附件 1-17),则 2020 年年末该账户上的存款金额是多少?(按6%年复利率复利计息)

【实训题目 14】

下列是钟爱一生健康保险的具体信息。

投保金额:2 500 元/年;

投保期限:25 年;

缴费方式:年初一次缴款(每年的 1 月 1 日)或年末一次缴款(每年的 12 月 31 日);

承诺的最低承保收益率:8%。

对此,王海选择年末支付保费,而王明选择年初支付保费,则 25 年末两人一次性收到现金金额分别是多少?

知识点 6:递延年金与永续年金

【实训题目 15】

2017 年 1 月 1 日,王晓参加创业计划大赛获一等奖,取得一笔创业资金,王晓在当日把该笔资金存入相应账户,四年后王晓每年末可从该账户中支取创业资金 10 000 元,可以连续支取6 年,假定年复利率为 6%。

请计算 2017 年 1 月 1 日王晓获奖所得这笔创业资金的金额。

【实训题目 16】

光华管理有限公司向建设银行借入一笔款项,王明代表公司与银行签订了借款合同(见附件 1-18)。

请仔细阅读该合同,确定光华管理有限公司在取得这笔借款时公司会计所做会计分录中长期借款的金额应为多少(见图 1-5)?并将该金额填入会计分录中的相应位置。

【实训题目 17】

南海公司董事会会议决定:自 2017 年开始,本公司将在南海大学设立永久性奖学金,奖励

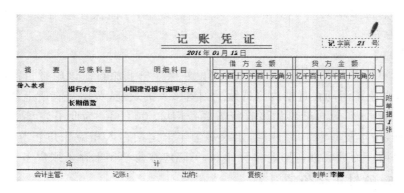

图 1-5 记账凭证

品学兼优者 10 名,奖学金金额为 2000 元/人,于每年 1 月 1 日发放,届时公司将委托校方成立奖学金委员会,负责获奖者的评选,公司有权对评选活动进行监督。为了顺利推行该奖学金计划,公司于 2017 年 1 月 1 日一次性将所需资金存入南海奖学金账户。并对该账户进行持续监管以保证每年如期发放奖学金。该账户按基金管理模式运用,基金公司保证年最低报酬率为 10%。

请根据该会议记录确定 2017 年一次性存款金额。

【实训题目 18】

2017 年,王明花 400 000 元购进光华管理有限公司 1000 股优先股股票,每年年末均可以分得 20 000 元固定股利,王明计算的光华管理有限公司股票的年必要报酬率 i 应是以下哪个选项(   )。

A. 5%   B. 5.25%   C. 6.35%   D. 4.95%

实训 2.2 风险估价

知识点 7:风险价值的衡量

【实训题目 19】

在出海捕捞打鱼的生活中,"风"即意味着"险"。"风"给捕捞者带来无法预测无法确定的危险。请根据以上关于风险来源的传说判断正误:风险总是和不确定性联系在一起的。(   )

【实训题目 20】

王明与李明玩扔硬币的小游戏:出现正面时,王晓支付 100 元给李明;出现反面时,李明支付 100 元给王晓。请计算:游戏中王晓和李明的平均收益。

【实训题目 21】

王明把 10 000 个鸡蛋放在同一个篮子里,王海把 10 000 个鸡蛋平均分成 100 分装在 100 个篮子里面。篮子翻倒的可能性为 1%,篮子一旦翻倒,里面的鸡蛋全部损失。请计算两人平均损失鸡蛋的个数。

【实训题目 22】

2017 年 3 月 15 日,南方公司召开董事会,会议决议事项中包括了对 3 月 1 日经理会提交的投资方案的讨论。各董事们对投资方案的意见不一,由于公司近期资金紧张,只能从中择优进行投资。请你根据附件1-19和附件1-20中的相关资料,计算各自的投资收益均值及标准差,并据此确定公司应投资的项目。

【实训题目23】

2017年王晓为进行投资选择查找相关资料,最后目标锁定以下两个选择:一是购买南方集团发行的债券;二是购买北方工业集团的股票。王晓自己计算的相关指标如表1-6所示。

表1-6 投资指标分析表

投资种类	期望收益	标准差
债券	15万	1.5%
股票	20万	2.5%
决策	以期望收益作为决策依据,应选择股票投资	以标准差作为决策依据,应选择债券投资

由于以上两个指标计算决策的结果刚好相反,王晓陷入了决策的困境,请你帮助王晓确定最终投资项目。

【实训题目24】

晨晔设计有限公司欲购入一只股票,现有南方集团和北方工业两支股票供选择。在董事会圆桌会议上,各董事各抒己见。

李力认为:不管是从绝对量上来衡量,还是从相对量上来衡量,南方集团的风险均较大,而在期望收益上两者相差不大,权衡下应建议公司购买北方工业股票。

王凤认为:南方集团的期望收益更高,可以考虑购买。

李玉认为:南方集团的标准差更大,风险相对较大些。

请结合附件1-21中给出的股票未来收益预测表,写出各发言人的依据(即相应指标的计算结果),填写表1-7中的数据,并判断发言的正确性。

表1-7 风险衡量综合分析表

(1)王凤的发言涉及的指标	南方集团股票的期望收益/万元	北方工业股票的期望收益/万元
期望收益		
(2)李玉的发言涉及的指标	南方集团股票的标准差	北方工业股票的标准差
标准差		
(3)李力的发言主要涉及的指标	南方集团股票的标准离差率(百分比形式)	北方工业股票的标准离差率(百分比形式)
标准离差率		
(4)以上三位发言较为稳妥的是哪位		—

知识点8:风险价值的计算

【实训题目25】

《三国演义》中,诸葛亮妙用空城计躲过一劫,诸葛亮在抉择的过程中,是这么考虑的:选择迎战则是以卵击石(确定的损失,没有风险的损失);而唱"空城计",是把确定的损失变得不确定。诸葛亮通过空城计把确定的损失转变为不确定的损失和收益并存,一方面体现了风险的不确定性,另一方面也体现了风险是有报酬的。请判断故事中与风险相关的说法是否正确。

【实训题目26】

王明2017年购买北方工业集团的股票,他通过《中国证券报》、巨潮资讯网等多处来源查找得到如下数据:预期收益率为10%,标准差为0.04,风险价值系数为30%。

请根据以上数据计算该股票的风险报酬率。

【实训题目27】

晨晔设计有限公司2017年发行股票,公司财务经理助理李玉为了计算公式股票的风险报酬率,查找了以下资料:深圳证券交易所网站公布的主要上市公司的β系数表,所在细分行业分析报告(以行业分析报告中的平均行业收益率22%估算市场收益率),国债利息报价表(以国债利息率综合加权平均利率估算无风险利率)。

请根据附件1-22中的相关数据帮助李玉计算股票风险报酬率。

【实训题目28】

王明投资一房产项目,被告知该项目预期投资报酬率为25%。假定以市场上国债加权平均利息率5%估算无风险利率,则该项目的风险报酬率为(　　)。

A. 30%　　　　　B. 25%　　　　　C. 20%　　　　　D. 12.5%

【实训题目29】

2017年3月19日,根据深圳证券交易所统计的最新数据显示:国债利息率为7%,所有证券的平均报酬率为13%。

请结合附件1-23中的相关资料计算该证券交易所交易量前4名的证券各自的必要报酬率。

【实训题目30】

财务顾问王力为南方集团进行证券投资做了如下估算:按照10年以上国债利率平均水平(9%)确定无风险收益率;根据上市公司近5年平均净资产收益率(见附件1-24)估算市场期望报酬率,并相应计算出标准差(21%)。请根据上述资料,计算下列组合的预期报酬率和标准差:

(1) 将财富全部投资于无风险资产;

(2) 将1/3的财富投资于无风险资产,将2/3的财富投资于市场组合;

(3) 将全部财富投资于市场组合,额外又借入相当于原财富1/3的资金投资于市场组合。

实训2.3　小结性案例

亮爽饮料公司概况

亮爽饮料公司创立于2008年,是主营果蔬汁饮料的现代化公司,目前在全国已经创建了3个生产基地,配置了世界先进的生产线,产品的市场占有率、销售量和销售额自成立之后稳步上升,发展速度处于行业中上水平。

公司产品以各类果蔬为主,有果汁、蔬菜汁、果蔬汁饮料、含乳饮料、茶饮料等十多个品种。近年来随着消费意识的转变,消费者越来越注重健康饮食,市场上相应出现了以健康为主题的饮料新品,比如果醋等。

行业内核心生产技术为反渗透处理技术和过滤技术,目前亮爽饮料公司的处理技术尚处于行业中等水平,业内龙头企业北京汇源选用的汇源桶装水生产设备采用了具有先进水平的反渗透处理技术和过滤技术,封闭化的自动化生产工艺,严格的质量管理体系,先进的质量检测设备,确保了桶装水的品质。为了进一步提高亮爽饮料公司产品的品质,公司主要领导在新的发展规划中加入了这一核心技术设备的引进计划,具体筹备、投资方案尚在讨论之中。

亮爽饮料公司的询价采购供应商报价函、付款方式汇总表、采购计划批复、瘦身果醋生产线提案、运动能量饮品生产线提案等信息见附件1-25至附件1-29,请根据亮爽饮料公司的概况和附表信息,完成以下实训题目。

【实训题目31】

2017年12月1日,亮爽饮料公司董事会通过了核心技术设备——分层过滤处理机采购计划,采购部经理王力与商家进行相关购买洽谈,取得商家的报价单,并详细咨询具体付款方式,决定于2017年1月1日购进该设备。请根据所学知识为公司选择合理的付款方式:是选择一次性付款还是分期付款?

【实训题目32】

为了进一步开拓市场,公司决定在2009年增设一生产线,目前进入最后讨论环节,有以下两个提案,请根据附件中的相关资料计算这两个项目的风险和报酬,填写表1-8空格中的数据。

表1-8 风险与报酬计算表

生产线	期望收益/万元	标准差/万元	标准离差率/(%)	风险报酬率/(%)
瘦身果醋				
运动能量饮品				

【实训题目33】

请结合上题计算结果及公司高层的风险偏好对两个生产线进行最终的决策,填写表1-9空格中的数据。

表1-9 生产线选择决策表

(1)决策过程主要相关数据(百分比形式)			
标准离差率-瘦身果醋	标准离差率-运动能量饮品	风险报酬率-瘦身果醋	风险报酬率-运动能量饮品

(2)决策过程			
决策基本原理	管理层风险态度	决策过程	决策结果
一般情况下,风险小的项目对应的风险报酬率也较小。具体投资项目选择取决于投资者的风险态度。一般情况下,保守者会选择较小风险,获取较少的报酬率;反之,冒险者则会选择较大风险	当管理层属于保守者时		
	当管理层属于冒险者时		

【实训题目34】

2017年公司董事会通过设立永久性奖学金决议:规定从今年开始在农业大学设立亮爽奖

学金,资助高校优秀人才,并为这批学生提供未来就业机会。为此公司专门为该奖学金开设一个账户——交易基金账户(按 6% 的复利率计算)。该奖学金每年设立奖励资金 10 000 元,由公司组织相关人员结合学校推荐人选进行评定。为顺利推行奖学金制度,亮爽饮料公司应一次性存入该教育基金账户多少钱? 计算结果保留 2 位小数。

本章实务演练及讨论

1. 邱阳光大学毕业后不久,与同窗好友郑利等人成立了一家广告公司,需要一辆面包车,可以买也可以租,面包车运营的其他费用相同。若买车,需要花 30 万元,可以用 6 年;若租车,每年租金 6 万元,假定银行利率为 5%,是买还是租呢? 邱阳光主张买车,因为租车的现值为 $6\times(P/A,5\%,6)=6\times5.0757=30.45$ 万元,大于买车的价格,但是郑利坚持租车。你能否说出郑利坚持租车的可能理由吗? 你赞同谁的意见? 赞同的理由是什么?

2. 想一想:下列哪种方式能最快使你变成百万富翁? 为什么?
(1) 本金 10 万元,年利率 10%,存入银行;
(2) 本金 20 万元,年利率 5%,存入银行;
(3) 每年 2 万元,年利率 10%,存入银行。

3. 张小姐投资某债券,面值 100 美元,利率 8%。若:
(1) 半年计息一次,6 个月末的本利和为 104.16 美元,第一年末的本利和为 108.16 美元;
(2) 一年计息一次,第一年末的本利和为 108 美元。

为什么半年计息一次的利息比一年计息一次的利息多 0.16 美元? 如果说一年中利息支付的次数越多,终值越大,那么对现值而言,是越大还是越小? 为什么?

4. 1 元复利终值系数表显示了复利的作用。在利率为 10% 时,投资在 7 年多一点的时间内翻了一番。在利率为 15% 时,投资在不到 5 年的时间内就翻了一番,在不到 10 年内的时间内翻了四番。复利关系的本质是"72 规律"的基础。你知道如何运用"72 规律"吗?

5. 如果我们用利率除 72,就可以得到投资翻一番所需要的年数。利率为 6% 时,一项投资在 12 年内翻一番;利率为 9% 时,需要 8 年;利率为 24% 时,只需要 3 年。如果已知一项投资翻一番所需要的时间,也可以利用"72 规律"来计算复利率。例如,已知一项投资在 6 年内翻一番,那么利率就是 12%;在 12 年内翻一番,利率就是 6%,由此提出的问题是:如果已知一只股票的价格将在 3 年内翻一番,那么该股票的回报率是多少呢?

6. 某人拟购买某房地产公司的股票,事前知道该公司在经济繁荣、一般和萧条时的收益率分别是 14%、9% 和 3%,并得知近期该行业经济繁荣、一般和萧条的概率分别为 35%、40% 和 25%。该项投资决策属于不确定性投资还是风险性投资? 就本题而言,该项投资在什么情况下属于不确定性投资或风险性投资?

7. 风险不同于危险。危险专指负面效应,是损失发生及其程度的不确定性。风险与危险的最大区别是什么? 如果说人们对危险需要识别、衡量、防范和控制,即对危险进行管理,那么对风险又该如何进行管理呢?

8. 你能说出下列哪些公司易受到经济衰退的影响严重,哪些公司只受到经济衰退的轻微影响吗? 旅馆和餐馆、旅游公司、房屋建筑公司、航空公司、珠宝商、天然气和电力供应商、自来水供应商、基本食品零售商和制造商。

9. 资产组合的一个可能问题是,多个不同的资产项目会带来一些重要的资产项目管理问题。经理人员必须处理大量的资产项目,而这些项目又涉及种种不同的技术和资源问题,资产项目数量越多,管理问题可能也越多。你同意上述观点吗?你认为资产组合会有哪些问题?

10. 有人认为公司经营人员不应该将寻求资产组合作为他们的主要目标。因为即使可以找到两个收益完全负相关的资产项目,也并不意味着一定该这么做。进行投资决策时,必须考虑项目的预期收益。你同意这个观点吗?为什么?

11. 假定证券 A 的期望收益率为 18%,方差为 0.56%,证券 B 的期望收益率 4%,方差为 2.24%。又假定某投资者只能在证券 A 和证券 B 两种证券中投资。由于证券 A 既有较高的期望收益率又有较低的风险,任何一个理性的风险厌恶者都不会选择投资证券 B。请说明你是否同意以上观点,为什么?

第 3 章　筹 资 管 理

实训目的

通过本章案例实训,要求学生能够深刻理解融资行为和各种筹资方式的特点;能够运用相应的方法预测筹资的资金需要量;能够在熟练计算各种筹资方式个别资金成本、综合资本成本的基础上进行筹资决策;理解杠杆原理的含义,并能运用杠杆原理进行筹资组合,调整资本结构;能够运用每股分析法和企业价值分析方法,选择合适的筹资方式、确定最佳资本结构;从而具备一定的筹资决策能力。

理论知识框架图

理论知识框架图如图 1-6 所示。

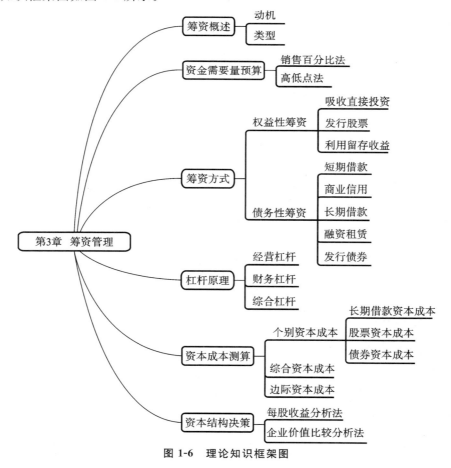

图 1-6　理论知识框架图

万事俱备只欠东风

公元208年,曹操率领80万大军驻扎在长江中游的赤壁,企图打败刘备以后,再攻打孙权。刘备采用联吴抗曹之策,与吴军共同抵抗曹操。

刘备的军师诸葛亮和孙权的大将周瑜,商讨破敌良策,两人不谋而合,都主张只有火攻,才能打败曹操。在一切准备就绪之后,周瑜发现曹操的船只都停在大江的西北,而自己的船只靠南岸。这时正是冬季,只有西北风,如果用火攻,不但烧不着曹操,反而会烧到自己的头上,只有刮东南风才能对曹军发起火攻。

诸葛亮有丰富的气象知识,他预测到近期肯定会刮几天东南风,对周瑜说"我有呼风唤雨的法术,借给你三天三夜的东南大风。"周瑜高兴地说:"不要说三天三夜,只一夜东南大风,大事便成功了。"便命令部下做好一切火攻的准备,等诸葛亮借来东风,马上进兵。诸葛亮让周瑜在南屏山修筑七星坛,然后登坛烧香,口中念念有词,装作呼风唤雨的样子。

半夜三更,忽听风响旗动,周瑜急忙走出军帐观看,真的刮起了东南大风,他连忙下令发起火攻。

在财务管理中,资金就如同企业的"东风",在其他一切工作准备就绪之时,没有足够的资金,所有的努力很可能白费。筹资管理的重要性有如诸葛亮这种"呼风唤雨"的能力在赤壁之战中起决定性作用,只有适时、适当、适量地招到"东风",企业的发展才能真正实现"万事俱备"。

实训 3.1　筹资概述

知识点 1:筹资的概念及种类

【实训题目 1】

根据筹资管理这一章的学习,你认为以下属于公司的融资行为的是(　　)。

A. 银行转账　　　B. 发行股票　　　C. 银行贷款　　　D. 融资租赁

【实训题目 2】

南方公司2017年2月16日发行股票1 000万股,筹集资金1 000万元人民币,请问这种筹资方式属于哪些类型(　　)。

A. 权益资金　　　B. 负债资金　　　C. 内部筹资　　　D. 外部筹资
E. 直接筹资　　　F. 间接筹资

【实训题目 3】

北航公司是一运动器材生产商(其相关资料见图1-7),根据该资料填写表1-10中空格的内容。

表1-10　筹资基本概念表

发展阶段	筹资动机	筹资方式
创立期		
发展期		
成熟期		

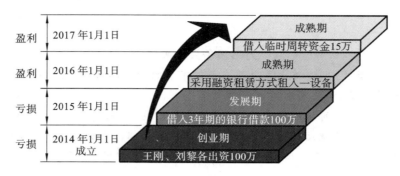

图 1-7 北航公司发展历程图

知识点 2：筹集资金量预测

【实训题目 4】

南方公司历史上资金占用量与销售收入之间的关系如表 1-11 所示。

表 1-11 资金占用量与销售收入数据表

年度	销售收入 x/元	资金占用 y/元
2012	120 000	80 000
2013	140 000	90 000
2014	136 000	88 000
2015	160 000	100 000
2016	158 000	110 000

要求：

(1) 采用高低点法计算 $y=a+bx$ 中的不变资金 a 和单位变动资金 b；

(2) 当 2017 年的销售收入为 190 000 元时，预测其需要占用的现金数额。

【实训题目 5】

王晓暑假到光达企业实习，协助财务经理处理日常事宜，2017 年 3 月 21 日，财务经理拿给王晓一批资料，要求王晓计算 2017 年资金占用量。财务经理给王晓的资料如下：

资料一：生产部门各年产量统计（见附件 1-30）；

资料二：各年资金占用统计（见附件 1-31）；

资料三：2017 年生产计划，其中计划 2017 年的总产量为 7.8 万件。

请你根据以上资料帮助王晓完成任务。

知识点 3：权益资金筹集

【实训题目 6】

望海公司的资金结构：王刚出资了 100 万元人民币，向李明借入 100 万元人民币购置必要的生产设备。

请问：王刚的 100 万元相对李明的 100 万元具有以下哪些特点（　　）。

A. 望海公司不需要支付利息给王刚

B. 在望海公司的存续期间，王刚除依法转让外，不得以任何方式抽回资本

C. 王刚有权参与企业经营管理决策、取得收益
D. 望海公司必须在每年年末向王刚分配利润

【实训题目 7】

观山公司 2017 年 3 月 1 日成立,具体资金来源如下图 1-8 所示。

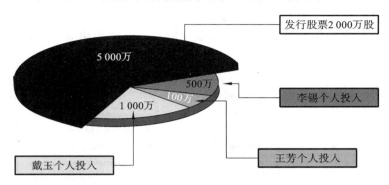

图 1-8 观山公司资金来源图

请问:以上资料体现了权益资金哪几种形式(　　)。

A. 吸收直接投资　　B. 股票筹资　　C. 留存收益筹资　　D. 优先股筹资

【实训题目 8】

观山公司财务总监李想一向反对公司发行股票,坚持吸收直接投资,他认为吸收直接投资不仅可以增强企业信誉,还可以在较短的时间内形成生产力,并有利于财务风险的降低,优处多多。李想的儿子在学习完财务管理之后,指出了下列吸收直接投资的缺点,李想的儿子指出的这些缺点中较为正确的有(　　)。

A. 资金成本高　　　　　　　　　　B. 企业控制权容易分散
C. 财务风险大　　　　　　　　　　D. 弱化企业信誉

【实训题目 9】

望海公司 2017 年股票市价为 25 元/股,公司预备筹集 900 000 元的资金,请计算望海公司必须发行多少股?(假设股票发行的总费用为总发行价格的 10%)

【实训题目 10】

望海公司将于 2017 年投资 1000 万元购买设备,其资金来源为:(1)从工商银行借入一笔 600 万元的长期借款;(2)将税后盈余除发放股利之外的剩余部分用于该项投资(2016 年的税后盈余为 600 万元,股利发放比例为 40%)。

请计算为了筹资到扩充所需的资金,公司还需要发行多少新股(1 元/股)?

【实训题目 11】

望海公司为了开发新市场,通过配股筹资方案并进行公告(见附件 1-32),假设公司股票每股市价为 40 元,无长期负债,并且新筹集的资本能够得到良好的回报。请分别计算:(1)新股的数量;(2)发行新股筹集的资本数量;(3)发行后公司的总价值;(4)发行后股票的价格。

知识点 4:短期借款筹资

【实训题目 12】

北海公司 2017 年 1 月 1 日与银行签订了一份周转信贷协议。协议中关键条款信息:周转

贷额度为 50 万元人民币、贷款利率为 10%，按借款未使用部分收取 0.5% 的承诺费。根据以往经验预计，北海公司周转信贷额度的使用率为 60%。要求计算：

（1）该公司预计每年应向银行支付的承诺费；

（2）该贷款的实际利率。

【实训题目 13】

北海实业有限公司按年利率 10% 向工商银行借入一笔一年期的借款，取得相应的借款借据如图 1-9 所示。

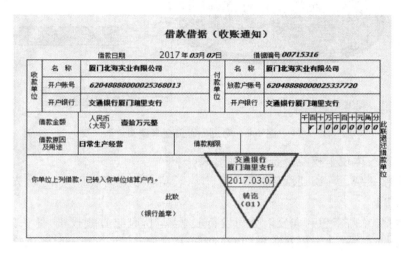

图 1-9 借款借据

工商银行要求北海实业有限公司在账号为 6204888800025337720 的户头上保留的存款余额不得低于此次借款金额的 10%，请计算北海实业有限公司占用这笔借款的实际利率是多少？

【实训题目 14】

光华管理有限公司 2017 年与建设银行签订了一份借款合同，其中交由财务部保管的合同副本由于实习生王晓在整理过程中操作不慎，致使部分内容（补偿性余额）被墨迹掩盖。王晓万分着急，他查阅了财务部相关资料，得知此次借款的实际利率为 11.5%，请结合附件 1-33 和附件 1-34 中被墨迹洒到的合同副本，帮助王晓确定被墨迹掩盖的准确内容。

【实训题目 15】

"您好，这里是工商银行客服处，请问有什么可以帮忙的？"

"我要借款 10 万元"

"好的，借款 10 万元，年利率 10%，但我行采用的是贴现法计息，所以您实际负担的实际利率应该是 11.11%。"

请根据所学的知识，推导出该客服人员提到的实际利率 11.11% 的计算过程。

【实训题目 16】

王刚购入了一辆大众小轿车，向银行借款了 10 万元，借款年利率为 10%，偿还方式为分 12 个月等额偿还本息。

问：这笔借款的实际利率。

【实训题目 17】
光达公司 2017 年资金需要量为 80 万元,可通过以下两种方式向银行借款。
方式 1:银行年利率 10%,公司按借款金额的 20% 作为补偿性余额。
方式 2:采用贴现法向银行借款,年利率为 12%。
要求:(1)确定该公司应选择的贷款方式;
(2)计算该公司需要向银行申请的贷款数额。

【实训题目 18】
望海公司与交通银行协商一笔 20 000 元的一年期贷款,交通银行提供了四种可供望海公司选择的贷款方式。
方式 1:年利率为 15%,没有补偿性余额,利息在年底支付。
方式 2:年利率为 12%,补偿性余额等于贷款额的 15%,利息在年底支付。
方式 3:年利率为 11% 的贴现利率贷款,要求保留贷款额 10% 的补偿性余额。
方式 4:年利率为 10%,利息在年度支付,但需要在每月平均偿还贷款。
请你帮助望海公司选择一种适合的贷款方式。

知识点 5:商业信用筹资

【实训题目 19】
望海公司 2017 年拟购入一批办公设备,总价款为 10 000 元。供应商提供了以下几种付款方式:
(1) 若立即付款,付款金额为 9630 元;
(2) 若 30 天内付款,付款金额为 9750 元;
(3) 若在第 31 天至 60 天内付款,付款金额为 9870 元;
(4) 若在第 61 天至 90 天内付款,付款金额为 10 000 元。
要求计算以上各种付款方式下折扣后应付价款和折扣率。

【实训题目 20】
望海公司 2017 年预计购进一批办公设备,给出的信用条件是 (2/20, n/60)。
请分别根据以下两种情况进行决策:
(1) 企业现金不足,需要从银行借入资金支付购货款,此时,银行借款利率为 12%;
(2) 企业有支付能力,但现有一短期投资机会,预计投资报酬率为 20%。

【实训题目 21】
望海公司拟采购一批零件,货款为 200 万元,供应商规定的付款条件为 "2/20, 1/30, n/40",如果全年按 360 天计算,请分别回答以下问题:
(1) 计算该公司放弃 2% 现金折扣时的资本成本;
(2) 计算该公司放弃 1% 现金折扣时的资本成本;
(3) 公司若能按 14% 年利率获得短期借款,是否应放弃现金折扣?
(4) 如果公司现金充裕,确定对公司最有利的付款日期。

【实训题目 22】
实习生王晓欲编制一份短期现金收支计划,本月有一笔采购,付款条件:"2/10, 1/20, n/30",分别确定以下情况下公司最佳付款日期:

(1) 假定银行短期贷款的利率为15%；
(2) 假定目前有一短期投资报酬率为40%。

知识点6：长期借款与融资租赁筹资

【实训题目23】

观山公司与工商银行签订借款合同，借款总额为1000万元人民币，期限为6年，年利率为10%，要求计算：

(1) 如果按复利计息，到期一次还本付息，应偿还的金额；
(2) 按分期等额偿还，每年应偿还的金额。

【实训题目24】

按照我国会计准则，下列哪些项目属于融资租赁的条件（　　）。

A. 租赁期满时，租赁资产的所有权转移给承租人
B. 租赁资产性质特殊，如果不做重新改制，只有承租人才能使用
C. 租赁期占租赁资产可使用年限的大部分（通常解释为大于等于75%）
D. 租赁开始日最低租赁付款额现值几乎相当于（通常解释为大于等于90%）租赁开始日租赁资产原账面价值
E. 承租人有购买租赁资产的选择权，所订立的购价预计将远低于行使租赁选择权资产的公允价值，因此在租赁开始日就可以合理确定承租人将会行使这种选择权

知识点7：长期债券筹资

【实训题目25】

望海公司2017年1月1日发行面值为500元，票面利率为8%（年利率，单利计息），5年期的债券，到期一次还本付息。

请计算当市场利率为8%、6%、10%时，该债券的发行价格。

【实训题目26】

望海公司2017年1月1日发行5年期的债券，面值为1000元，票面利率为10%，共发行2000张，一年付息一次。当市场利率为8%和10%时，请确定债券的发行价格。

【实训题目27】

望海公司2017年1月1日，发行5年期的债券，面值500元，无息折价发行债券，当市场利率分别为8%、6%、10%时，确定该债券的发行价格。

【实训题目28】

望海公司2017年1月1日，期望通过发行债券筹集5000万元的资金，债券面值为2000元，期限为6年，每年年末付息一次，票面利率为9%，假定市场利率为10%，请计算应该发行多少数量的公司债券？

【实训题目29】

望海公司按面值发行20年期的可转债100 000元，款项已收到，票面利率为6%。发行5年后，可按25元/股的价格转换为普通股。假定二级市场上类似的不附带转换权的债券市场利率为9%。请计算：

(1) 该可转债的债务成分的价值；
(2) 该可转债的权益成分的价值。

知识点 8：筹资决策综合

【实训题目 30】

望海公司 2017 年为了扩大销售规模需要增加部分资金，现有以下两种筹资方式，请根据已知条件做出决策（假定仅考虑筹资成本）。

方式 1：向银行贷 14% 的贴现利率的贷款。

方式 2：选用放弃现金折扣后商业信用的资金，目前的信用条件为 "2/10，n/30"由于供应商生产能力过剩，即使在第 60 天付款，也不会有任何惩罚。

实训 3.2　资本成本

知识点 9：资本成本内容、种类、影响因素

【实训题目 31】

以下属于资本成本的内容有（　　）。

A. 望海公司发行股票所支付的评估费
B. 观山公司发行债券支付的公证费、宣传费
C. 望海公司向工商银行借入一笔 5 年期的长期借款，每年末支付银行的利息
D. 观山公司年末向股东分配的股利

【实训题目 32】

请阅读附件 1-35 中的部分内容，确定其中的"投资要点"主要体现了以下哪些影响资本成本的因素？

A. 证券市场条件
B. 企业内部的经营和融资状况
C. 项目融资规模
D. 总体经济环境

知识点 10：个别资本成本的计算

【实训题目 33】

观山公司向工商银行借入一笔一年期的贷款：贷款年利率为 8%，补偿性余额为 25%，请计算该贷款的实际利率是多少？

【实训题目 34】

观山公司取得一笔长期借款，借款金额为 500 万元人民币，年利率为 11%，筹资费用率为 0.5%，借款期限为 5 年，所得税税率为 33%。要求：计算该项长期借款的资本成本？（假设不考虑货币的时间价值）

【实训题目 35】

望海公司 2017 年 1 月 1 日发行债券，债券面值 500 万元人民币，票面利率为 12%，发行费用率为 5%，所得税税率为 15%，要求计算债券的资本成本。

【实训题目 36】

观山公司发行面值为 1000 元，票面利率为 8% 的债券，债券筹资费率为 4%，所得税率为

33%,请分别计算债券按平价发行和按1050元发行价格发行的资本成本。

【实训题目37】

实习生王晓为了计算观山公司股票的资本成本,从各类财经网站及行业分析资料中查到如下相关数据:β系数为1.2,政府发行的国债利息率为8%,证券市场普通股平均收益率为12%,请帮王晓计算一下该股票的资本成本。

【实训题目38】

南方集团公司2017年发行股票,发行价格及发行费用见附件1-36该公司发行公告书中部分内容。南方集团预计第一年分派的现金股利为1.5元/股,以后每年股利增长率为5%。请计算该公司2017年发行股票的资本成本。

【实训题目39】

望海公司为满足未来的财务的需求,拟增发300万股新普通股,每股发行价格为10元,发行费率为5%,同时从当年实现的税后净利润中留存500万元,预期每股股利为1元,股利增长率为4%。根据已知资料计算留存收益资本成本。

【实训题目40】

观山公司2017年准备发行一批优先股,每股发行价格为5元,发行费用为0.2元,预计年股利0.5元。请计算该批优先股的资本成本。

知识点11:加权平均资本成本

【实训题目41】

王海公司筹集一笔1 000万元的长期资金,具体情况如表1-12所示,请计算综合资本成本。

表1-12 王海公司资本结构表

来源	金额/万元	资金成本率
长期债券	300	6%
优先股	100	11%
普通股	500	12%
留存收益	100	10%

【实训题目42】

南方集团筹资1000万元,现有甲、乙两套方案,如表1-13所示。请分别计算两个方案的资本成本,并确定所选的方案。

表1-13 南方集团筹资方案信息表

筹资来源	甲方案		乙方案	
	筹资额/万元	资本成本	筹资额/万元	资本成本
普通股	500	12%	620	12%
公司债券	300	10%	200	10.5%
长期借款	200	9%	180	9%

【实训题目43】

望海公司2017年拟筹集一笔资金,筹集计划为:公司采用平价发行债券筹集200万元,票面利率为8%;发行优先股200万元,年股利率为15%;发行普通股筹资100万元,预计下年度的股利率为17%,股利年增长率为1%。请计算该筹资方案的综合资本成本。

知识点12：边际资本成本的计算

【实训题目44】

北方工业集团是一家跨国经营公司,现在公司发现新的投资机会,准备筹集资金进行投资。公司现有资金500万元,其中银行借款200万元,普通股300万元,计划筹集新的资金,并维持目前的资金结构不变。公司增资额及个别资本成本变化表如表1-14所示。

表1-14 公司增资额及个别资本成本变化表

资金种类	新筹资额/万元	资本成本
银行借款	<30	8%
	30—80	9%
	>80	10%
普通股	<60	14%
	>60(含60)	16%

请根据以上资料确定：
(1) 计算各筹资总额的分界点；
(2) 计算各筹资总额范围内资金的边际成本。

实训3.3 杠杆原理

知识点13：经营杠杆

【实训题目45】

杠杆原理是物理学上的概念,关于杠杆原理,古希腊科学家阿基米德曾有这样一句流传千古的名言:"给我一个支点,我就能撬动地球!"财务管理中运用杠杆原理,主要用于描述一个量的变动会引起另外一个量更大的变动,请判断以上论述是否正确。(   )

【实训题目46】

以下关于经营杠杆系数的分析,正确的有(   )。
A. 在单价和成本不变时,东西卖得越多,息税前利润增长得越快,是经营杠杆效应的体现
B. 经营杠杆产生的原因之一在于销售量增加对固定成本的分摊
C. 经营杠杆跟经营风险关系不大
D. 经营杠杆系数反映的是销售量的变化对息税前利润的影响

【实训题目47】

山野公司开发了一款新型的户外用椅,假定公司推出此款产品采取了比较保守的战略,即初定的市场价格与同类产品保持一致,市场同类产品价格为50元/把,公司财务部门核算结果显示:单位变动成本为25元,相关固定成本总额为100 000元,

请计算：
(1) 户外用椅的单位边际贡献；
(2) 盈亏平衡点的销量。

【实训题目48】

山野公司推出的新型的户外用椅，由于兼具轻便、人性化设计等优势，符合广大户外运动者的喜爱，2017年1月份一经推出后一直处于热销中，财务部门提供的有关该产品1月份的相关资料见附件1-37和附件1-38，请根据附件资料信息，计算山野公司1月份息税前利息。

【实训题目49】

在学习完经营杠杆之后，王小小和李丫丫根据教科书中资料（见表1-15）计算经营杠杆系数，计算过程见附件1-39，请判断该计算过程的正确性。

表1-15 光明公司盈利情况表 （单位：元）

项目	第一年	第二年	第三年
单价	150	150	150
单位变动成本	100	100	100
单位边际贡献	50	50	50
销售量	10 000	20 000	30 000
总的边际贡献	500 000	1 000 000	1 500 000
固定成本	200 000	200 000	200 000
息税前利润	300 000	800 000	1 300 000

【实训题目50】

绿野公司2017年年终述职会议，销售经理汇报全年销售量为10 000件，销售单价为30元，成本核算经理汇报单位变动成本为15元，固定成本为100 000元，请计算公司的经营杠杆系数。

【实训题目51】

光良实业有限公司只经营一种乐器，本年度经营情况见附表利润表（2009年年度），假定本年的财务费用均为利息费用，请结合附件1-40至附件1-42中的资料信息，计算该公司的经营杠杆系数。

【实训题目52】

实习生王晓接到财务助理下达的任务：协助其他财务人员编制年度财务预算，她收集相关数据资料见附件1-43至附件1-46，请根据附件中的资料内容帮助王晓预测2017年该企业的息税前利润。（已知：负债利息率为8%）

知识点14：财务杠杆

【实训题目53】

财务经理助理刘凤在核算普通股每股收益时遇到如下情况：2017年和2016年企业的资金构成保持一致，2017年息税前利润比2016年增长近1倍，而每股收益的增长远远不止于此，下列哪些选项可以合理解释上述现象（　　）。

A. 财务杠杆效应的存在

B. 息税前利润增长时,资本结构保持不变,利息不变
C. 普通股每股收益增长总是比息税前利润增长快
D. 经营杠杆效应的存在

【实训题目54】

李梦在学完财务管理中的杠杆原理后罗列了相关内容,以下属于财务杠杆相关内容的是(　　)。

A. 它体现了利润变动与销量变动之间的变化关系
B. 资本结构与该系数密切相关,支付债务利息越多,该系数越大
C. 企业举债越大,该系数越大,相应奉献越大
D. 固定成本不变,销售额越大,该系数越小,相应的风险越小
E. 企业可通过增加销售额、降低产品单位变动成本、降低固定成本比重使该系数下降

【实训题目55】

光明商贸有限公司2014年、2015年、2016年三个年度利润表(见附件1-47至附件1-49),公司普通股100 000股,财务费用即为利息费用。

请你计算2015年、2016年两年的财务杠杆系数。

【实训题目56】

根据光明公司2016年年度的报表计算得知息税前利润为10万元,公司适用的所得税税率为20%。该公司资本构成为:普通股10万股(面值1元/股);优先股500股(面值20元/股),年股利率为6.25%;发行债券20万元,年利率为5%。

请根据以上资料计算公司的财务杠杆系数。

【实训题目57】

公司目前资本结构计算的财务杠杆系数为1.5,2016年度净利润为420万元,公司财务制度根据有关法律文件要求规定:适用的所得税税率为20%。

请根据以上资料帮助财务经理助理刘风确定2016年的利息总额和当年的已获利息倍数。

知识点15:综合杠杆

【实训题目58】

光良实业有限公司只生产一种产品,财务部门提供如下数据:2017年年度息税前利润总额为180万元,产品的变动成本率为40%,债务筹资的利息总额为80万元,产品的单位变动成本200台,2017年年度的销售数量为10 000台。

请根据以上资料计算公司的经营杠杆、财务杠杆、综合杠杆系数。

【实训题目59】

南方集团的相关资料如下:
(1)2016年全年的销售商品数量为12 000件,平均单件售价240元;
(2)每件产品的单位变动成本180元,全年发生的固定成本总额为320 000元;
(3)总资产5 000 000元,资产负债率为40%,债务年利率为8%,普通股占权益资金的份额为50%,不存在优先股,普通股面值为20元/股;
(4)所得税税率为25%。

请根据以上资料,计算公司的综合杠杆系数、普通股每股收益。

【实训题目 60】
2017年1月15日,财务经理助理刘风完成了上年度财务报表的编制工作。编制完毕的报表数据显示:2016年企业的净利润为1200万元,资产总额为7500万元。请结合附件1-50至附件1-52中的信息,帮助刘风确定下列指标的具体数据:息税前利润、经营杠杆系数、财务杠杆系数、综合杠杆系数、综合资本成本、权益乘数、已获利息倍数、销售利润率、销售净利率。

实训 3.4　资本结构决策

知识点 16:资本结构决策

【实训题目 61】
王刚2017年6月1日购入南方集团的股票,他从《中国证券报》披露的南方集团2016年年度报表及报表附注中获知相关数据如下:
(1)息税前利润为1 000万元,长期债券为400万元(此债券为南方集团2016年12月20日发行,3年期,利率为8%);
(2)财务费用为50万元,所得税税率为18%,普通股股数1850万股,无优先股。
请根据以上数据帮助王刚估算南方集团股票的每股收益。

【实训题目 62】
2017年年初,南方集团为开拓非洲市场,拟增加资金2500万元,为此,在2017年1月5日召开的董事会上财务经理王刚提出了两种筹资方案供董事讨论。
筹资方案一:增发1000万股普通股,市价2.5元/股。
筹资方案二:平价发行债券2500万元,每年年末付息,票面利率为10%。
公司长期资本构成图见附件1-53所示,不考虑股票、债券的发行费用,所得税税率为25%。请结合附件资料解决以下问题:
(1)计算两种筹资方案的每股收益无差别点的息税前利润和每股收益;
(2)当息税前利润为1000万元和2000万元时,分别进行筹资方案决策。

【实训题目 63】
北航实业有限公司财务经理助理李玉为了计算公司价值及综合资本成本,搜集了如下相关数据及资料:
(1)2016年年度利润表中税后净利润为400万元,公司负债的市场价值与账面价值相等,票面利率为8%;
(2)公司股票的β系数为1.5,无风险报酬率为6%,平均风险股票必要报酬率为10%,所得税税率为25%。
根据公司2016年12月31日资产负债表(见附件1-54)和公司价值及综合资本成本计算(见附件1-55),请判断附件1-55的计算是否正确。
根据以上资料计算公司价值和综合资本成本。

【实训题目 64】
南方集团向来不举债经营,该政策实施多年后遭到越来越多股东的反对,大多数股东认为目前的资本结构不尽合理。公司于 2017 年 3 月聘请苏赛尔资讯公司,协助其进行资本结构的优化决策。(假设公司拟以发行债券的方式进行举债),请结合附件 1-56 和附件 1-57 中的信息,确定公司的最优资本成本。

实训 3.5　小结性案例

舒居家具概况

舒居家具公司是由几个具有丰富专业知识的投资者于 2000 年创立的。经过几年的发展,到 2009 年,销售收入、净利润发展较快,已经跃居行业中上游水平。

舒居家具生产线较少,不能向市场推出大量的新产品。2009 年,该公司的生产线以各种系列门窗家具为主,各类家具一般是按照传统方式,采用木质结构制作的,或采用类似木质材料进行表面装饰,使其既有实用性,又有观赏性。

从生产能力来看,目前公司拥有 1 套独立的生产设备,该生产设备设在西林,占地面积为 3 万平方米。

为了发展,公司经常组织有关人员进行市场调查,了解消费者的喜好,不断改进产品设计,每年在家具市场上推出 2~3 种新型家具,并且关闭了相同数量的过时或不受欢迎的生产线,使公司避免了生产线的过度扩张与生产线的低效率。

公司的销售人员近 50 人,销售网点遍及全国各地,拥有客户 5000 多家。目前,市场部门致力于组建地区连锁店及平价商店,公司的管理人员确信,只有连锁店或平价商场才有利于在既定价格下大批量地推销家具。2009 年,公司拥有平价商店 14 家,2012 年达到 24 家。

舒居家具历年销售情况分析及预测报告见附件 1-58,产品单位变动成本定额标准见附件 1-59,固定费用明细表见附件 1-60,公司资本构成图及其他相关信息见附件 1-61,家具行业简介见附件 1-62。

请根据以上附件 1-58 至 1-62 的信息,完成以下实训题目。

【实训题目 65】

舒居家具自创建开始并保持强劲的发展态势,销售量在激烈的市场竞争中占据了有利地位,公司高管为了更好规划未来发展,欲对未来一年的资金需求量做出预测,并在此基础上制定相应的筹资计划。请你运用高低点法对 2018 年公司资金需求量做出预测。

【实训题目 66】

2017 年公司的销量在 2008 年的基础上进一步增长,销售单价维持往年的水平,取得的息税前利润为 20 万元。公司变动产品成本核算按照定额标准结转,请结合相关资料计算公司的本年经营杠杆系数、财务杠杆系数和总杠杆系数,并进行分析(行业经营杠杆和财务杠杆系数为 1.8 和 2)。

【实训题目 67】

公司 2017 年内部留存收益增加 5 万元,对未来一年所需的资金量,公司有两种筹资方式可供选择。

方案一:发行股票方式筹资,在证券市场上,公司普通股每股发行价 9 元(假定不考虑发行费用)。

方案二：通过借款的方式向投资银行筹措资金，年利率为6%，期限10年，举债筹资可以降低资本成本。

请根据以上计算所得的2018年资金需要量，并结合附件资料，计算两种筹资方式中每股收益无差别点的息税前利润。

【实训题目68】

财务经理和销售经理共同编制的下年度生产经营预测报告显示：息税前利润将增长20%，请结合上一题计算结果，确定对公司最有利的筹资方式。

本章实务演练及讨论

1. 2000年3月，中国联想集团顺利完成了一笔因特网融资。通过在香港股市配售联想股票，联想集团成功筹集到30亿元人民币。联想的股票行情在此前的一年间直线上升，从2元多一直飙升到40多元。此次成功融资使联想集团拥有更充足的资金，得以尽力发展因特网这个充满无限商机的市场。你知道联想集团的这种筹资方式属于什么方式吗？公司股票上市对公司有哪些好处？有哪些弊端？在中国，公司股票上市有哪些条件？

2. 精明的小老板常常打着小算盘，"这件事情收益是多少，成本是多少，这件事情能不能干？"你在公司的经营中是否也有自己的小算盘呢？筹资决策是公司经理人员做出的最重要和最困难的决策之一。做出适当的筹资决策需要考虑多方面的因素。你知道怎样考虑筹资决策吗？

3. "给我一个支点，我能撬起地球。"阿基米德这句脍炙人口的名言形象地描述了自热科学中的杠杆作用，杠杆能产生神奇的力量，而杠杆作用在财务管理中同样存在，我们来看这样一个例子：

刘先生的冀华公司和张先生的海天公司是两家除了财务杠杆比率不同之外十分相似的公司。两家公司的资金总额均为1000万元。刘先生从小接受的祖训是：最好不要借钱，因而冀华公司的负债率很低，仅有10%；张先生长期鼓吹负债筹资，以小博大，四两拨千斤，所以海天公司的负债率非常高，达到50%。两家公司的债务利息率都是10%。在第一年，两家公司的资金回报率都是20%，在第二年则均为5%。冀华公司和海天公司的股权资金回报率如表1-16所示。

表1-16 冀华公司和海天公司的股权资金回报率表

项目	第一年		第二年	
	冀华公司	海天公司	冀华公司	海天公司
税前盈余	200	200	50	50
债务利息(10%)	10	50	10	50
盈余	190	150	40	0
股权资金回报率/(%)	21.1	30	4.4	0

在第一年，具有较高财务杠杆比率的海天公司具有30%的股权资金回报率，大大高于具有较低财务杠杆比率的冀华公司的21.1%。在第二年，冀华公司具有4%的股权资金回报率，而海天公司的股权资金回报率为0。你能解释为什么第一年负债率高的海天公司的股权资本回报率更高？而第二年，冀华公司的股权资本回报率为4.4%，海天公司为0？

4. 有一个妇人有 1 只母鸡。这只母鸡每天生 1 个鸡蛋。过一段时间妇人就拿鸡蛋去卖，得到的钱买些小麦回来糊口。妇人贪心，常常想，如果能让母鸡每天多生 1 个蛋就好了，那样就可以多换 1 倍的小麦回来。如何才能每天得到两个鸡蛋呢？为了这个问题，她常常睡不好觉。一天，她突然"开窍"，想到了一个办法：每天给那只母鸡吃双倍的小麦。过了一段时间，母鸡变得肥肥胖胖，但不再生蛋了。妇人气愤地说："我给你双倍的粮食你不但不多生蛋，连 1 个也不生了！我要把你宰了！"这个妇人真的很笨，以为母鸡吃得多就会生得多。然而不少企业的管理者也有这种思想，以为筹集越多的资金投入运营就会赚取更多的钱，但结果并非如此，你知道这是为什么吗？

5. 2000 年 2 月前后，香港商界上演了一场收购大战。香港巨商李嘉诚之子李泽楷任主席的盈科数码动力与新加坡前总理李光耀之子李显扬任总裁的新加坡电信行政，争夺香港电讯的收购权。双方斗智斗勇，几经波折，最终盈科数码动力胜出。在这场收购大战中，盈科数码动力获胜的一个重要因素，是其为争夺香港电讯控制权，向多家银行包括汇丰投资、法国国家巴黎银行及中银融资等，筹措了 100 亿美元（约 770 亿港元）的过渡性贷款，不惜每年负担 50 亿港元的利息支出，打破以往银行财团贷款的最高纪录。这确实是借入资本筹资运作的大手笔。但是，公司随后面临着巨大的还款压力。一年后，该公司由于负担过重出现亏损。这值得我们深思：如果你是盈科数码动力或新加坡电信行政的总经理，当如何决策？

第4章 项目投资管理

实训目的

通过本章案例实训,要求学生能够正确估算投资项目的现金流量;能够熟练计算项目投资中各种折现指标值和非折现指标值,并判断投资项目的可行性;能够评价各种投资决策指标的优劣;能够采用各种投资决策方法进行判断;从而具备一定的投资决策能力。

理论知识框架图

理论知识框架图如图 1-10 所示。

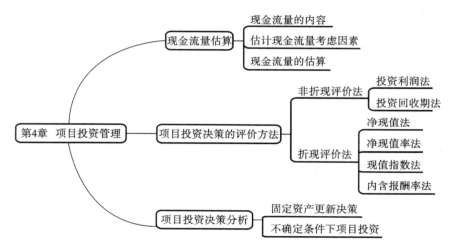

图 1-10 理论知识框架图

案例导入

两熊赛蜜

黑熊和棕熊喜食蜂蜜,都以养蜂为生。它们各有一个蜂箱,养着同样多的蜜蜂。有一天,它们决定比赛看谁的蜜蜂产的蜜多。

黑熊想,蜜的产量取决于蜜蜂每天对花的"访问量"。于是它买来了一套昂贵的测量蜜蜂访问量的绩效管理系统。在它看来,蜜蜂所接触的花的数量就是其工作量。每过完一个季度,黑熊就公布每只蜜蜂的工作量;同时,黑熊还设立了奖项,奖励访问量最高的蜜蜂。但它从不告诉蜜蜂们它是在与棕熊比赛,它只是让它的蜜蜂比赛访问量。

棕熊和黑熊想的不一样。它认为蜜蜂能产多少蜜,关键在于它们每天采回多少花蜜,花蜜越多,酿的蜂蜜也越多。于是它直截了当地告诉众蜜蜂:它在和黑熊比赛看谁产的蜜多。它花了不多的钱买了一套绩效管理系统,测量每只蜜蜂每天采回花蜜的数量和整个蜂箱每天酿出蜂蜜的数量,并把测量结果张榜公布。它也设立了一套奖励制度,重奖当月采花蜜最多的蜜蜂。如果一个月的蜜蜂总产量高于上个月,那么所有蜜蜂都受到不同程度的奖励。

一年过去了,两只熊查看比赛结果,黑熊的蜂蜜不及棕熊的一半。

黑熊的评估体系很精确,但它评估的绩效与最终的绩效并不直接相关。黑熊的蜜蜂为尽可能提高访问量,都不采太多的花蜜,因为采的花蜜越多,飞起来就越慢,每天的访问量就越少。另外,蜜蜂之间由于竞争的压力,一只蜜蜂即使获知某个地方有一片巨大的槐树林,它不愿将此信息与其他蜜蜂分享。

棕熊的蜜蜂则不一样,因为它不限于奖励一只蜜蜂,为了采集到更多的花蜜,蜜蜂相互合作,嗅觉灵敏、飞得快的蜜蜂负责打探哪儿的花最多最好,然后回来告诉力气大的蜜蜂一齐到那儿去采集花蜜,剩下的蜜蜂负责贮存采集回的花蜜,将其酿成蜂蜜。虽然采集花蜜多的能得到最多的奖励,但其他蜜蜂也能"捞到部分好处",因此蜜蜂之间远没有到人人自危相互拆台的地步。

与项目投资评价相关的是,一个项目的好坏优劣有多种评价指标,如我们的净现值、净现值率、内含报酬率、获利指数等。采用不同的指标对项目投资的评价结论会有不同,甚至完全相反。项目投资评价是专注于活动,还是专注于最终成果,必须结合实际需要来抉择。

实训 4.1　现金流量的估算

知识点 1:现金流量的分类

【实训题目 1】

按现金流量的发生时间,现金流量可分为:初始现金流量、营业现金流量和终结现金流量这三类,请判断以下项目分别归属于哪一类现金流量,并填写在表 1-17 中的空格中。

A. 固定资产投资额
B. 流动资产投资额
C. 营业收入
D. 原有固定资产的变价收入
E. 固定资产变价净收入或残值净收入
F. 利息费用
G. 付现成本
H. 所得税
I. 其他投资费用
J. 收回的垫支营运资金

表 1-17　现金流量分类表

初始现金流量	营业现金流量	终结现金流量

知识点2：估计现金流量考虑的因素

【实训题目2】

估计在现金流量的问题中不需要考虑的因素是（　　）。

A. 现金流量的总量

B. 现金流量的增量

C. 机会成本

D. 沉没成本

E. 现有会计利润数据

F. 项目对其他部门的影响

知识点3：项目现金流量的评价

【实训题目3】

新宇公司正在开会讨论投产一种新产品，对下列收支发生争论，你认为不应列入该项目评价的现金流量有（　　）。

A. 新产品投产需要占用营运资金80万，它们可以在公司现有周转资金中解决，不需要另外筹集

B. 该项目利用现有未充分利用的厂房和设备，如将该设备出租可获收益200万元，但公司规定不得将生产设备出租，以防止对本公司产品形成竞争

C. 新产品销售会使本公司同类产品减少收益100万元；如果本公司不经营此产品，竞争对手也会推出新产品

D. 拟采用借债方式为本项目筹资，新债务的利息支出每年50万元

知识点4：现金流入量的估算

【实训题目4】

华美饮料有限责任公司2017年年初预投资一条新生产线，加工新型玉米汁饮料，根据附件1-63中的可行性分析报告做出决策：如果不考虑所得税影响，该项投资的终结现金流量为多少？

知识点5：营运资金投资的估算

【实训题目5】

华美饮料有限责任公司2017年年初预投资一条新生产线，加工新型玉米汁饮料，根据附件1-63中的可行性分析报告，做出决策：如果不考虑所得税影响，分析该项投资经营期2019—2023年的营运资金情况。

知识点6：付现成本的估算

【实训题目6】

华美饮料有限责任公司2017年年初预投资一条新生产线，加工新型玉米汁饮料，根据附件1-63中的可行性分析报告，做出决策：如果不考虑所得税影响，分析该项投资2019—2023年估算的付现成本。

知识点7：现金净流量的计算

【实训题目7】

绿园化工有限公司为生产新研制成功的新型氮肥，决定新建一座厂房。如果不考虑所得税

因素,估算项目各年的现金净流量,并填写在表1-18中的空格中。(流出量用"—"表示)

具体资料:建设起点预计需要一次性投入资金1000万元,建设期2年;建设期满需要投入流动资金200万元,于项目终结时一次收回;完工后,固定资产估计可使用10年,净残值100万元,直线法计提折旧,预计投产后每年可为企业多创造利润100万元。

表1-18 现金净流量计算表

项目	现金流量/万元
(1)初始现金流量(第0年)	
初始现金流量(第1年)	
初始现金流量(第2年)	
(2)营业现金流量(第3～11年各年)	
(3)终结现金流量(第12年)	

【实训题目8】

华美股份有限公司为扩大橙汁产能,在2017年年初预投资购入一台新设备,假定不考虑所得税因素,请估计各年的现金净流量,并填写在表1-19中的空格中。(流出量用"—"表示)

已知:建设起点,项目初始投资100万元,开办费需要3万元,建设期1年;建设期完工时投入流动资产10万元(第1年年末);投产后,预计可使用年限为5年,按直线法计提折旧,期满无净残值,开办费自投产年份起分3年摊销完毕;预计投产后第一年获利5万元利润,以后每年递增5万元,从经营期第一年连续4年归还借款利息11万元,流动资金于终点一次回收。

表1-19 现金净流量计算表

年份	现金流量/万元
初始现金流量(第0年)	
初始现金流量(第1年)	
营业现金流量(第2年)	
营业现金流量(第3年)	
营业现金流量(第4年)	
营业现金流量(第5年)	
营业现金流量加终结现金流量(第6年)	

【实训题目9】

2017年年末北方股份有限公司考虑将一台2013年年末购入的比较陈旧又缺乏效率的旧设备予以更新,新旧设备具体情况见表1-20。所得税税率25%,若继续使用旧设备,请根据要求计算新、旧设备的现金流量,填写表1-20中的空格部分的数据。

北方股份有限公司设备更新评估情况如下。

新设备:购买成本为64 000元,可使用6年,期满税法规定的净残值为4000元,按直线法计提折旧;启用后销售额可由每年的30 000元上升到33 000元,运营成本由每年的24 000元降至20 000元,期满估计可售5000元。

旧设备:2013年年末以50 000元购入,可使用10年,期满无残值,按直线法计提折旧,目前设备的账面价值为30 000元,旧设备目前的市价为24 000元。

表 1-20　新、旧设备现金流量计算表

项目		时间	现金流量(元) (流出量以"—"号表示)
旧设备	旧设备变现价值=旧设备当前市价	第 0 年(即第 1 年年初)	
	变现损失减税=(账面价值－市价)×所得税率	第 0 年	
	初始现金流量=旧设备变现价值＋变现损失减税	第 0 年	
	营业现金流量=净利润＋折旧额	第 1～6 年	
	终结现金流量=残值收入－(残值收入－预计残值)×所得税率	第 6 年	
新设备	初始现金流量=初始投资额	第 0 年(即第 1 年年初)	
	营运现金流量=净利润＋折旧额	第 1～6 年	
	残值净收入	第 6 年	

实训 4.2　项目投资决策的评价方法

知识点 8：非折现评价法-投资利润率

【实训题目 10】

华威有限责任公司于 2017 年年初用自有资金购置设备一台，2017 年年初需要一次性投资 100 万元购置设备。经测算，该设备使用寿命为 5 年，预计的净残值率为 5％，按直线法折旧，均符合税法规定，该设备投入运营后每年可新增利润 20 万元。请根据以上条件，假设不考虑建设安装期和公司所得税，计算该项投资的投资利润率(以百分比表示)。

【实训题目 11】

国盛集团 2017 年预投资新建一条生产线，资料如下：预计建设期为 1 年，建设期内资本化利息为 10 万元；初始投资 100 万元和开办费 5 万元于建设期起点投入；流动资金 20 万元于完工时(第 1 年年末)投入，于终点一次收回；该生产线使用寿命为 10 年，按直线法计提折旧，净残值为 10 万元；开办费自投产年份起分 5 年摊销完毕；预计投产后第 1 年获利 5 万元利润，以后每年递增 5 万元；从经营期第 1 年起连续 4 年每年规划借款利息 11 万元。

要求：计算该项投资的投资利润率(以"％"表示，并保留 2 位小数)。如果同期市场无风险投资利润率为 10％，判断该项目是否可行。

【实训题目 12】

万宝集团决定投资一条新生产线，目前有三个方案，请根据以表 1-21 中的数据进行分析，分别计算三个方案的投资利润率(以"％"比表示，需要四舍五入的保留 2 位小数)，并做出决策。

表1-21 万宝集团投资方案收益及现金流量表　　　　　　　　　　　单位：万元

年份	A方案		B方案		C方案	
	净收益	现金净流量	净收益	现金净流量	净收益	现金净流量
0	—	−40 000	—	−18 000	—	−18 000
1	3600	23 600	−3600	2400	900	6900
2	6480	26 480	6000	12 000	900	6900
3	—	—	6000	12 000	900	6900
合计	10 080	10 080	8400	8400	2700	2700

知识点9：非折现评价法-投资回收期

【实训题目13】

北京华福化工有限公司准备投资一项固定资产，现有甲、乙两个方案可供选择。该企业适用的所得税税率为25%。

甲方案：无建设期，需要投资10 000元；使用寿命5年，采用直线法计提折旧，5年后无残值；5年中每年付现成本为2000元。

乙方案：无建设期，需要投资12 000元，另需要垫支营运资金3000元，使用寿命为5年，采用直线法计提折旧，残值收入2000元，5年终每年的销售收入为8000元，付现成本第1年为3000元，以后每年增加修理费400元。

要求：(1) 计算两种方案的年折旧额；

(2) 填制营业现金流量计算表；

(3) 填制投资项目现金流量计算表；

(4) 计算乙方案的投资静态回收期；

(5) 计算甲方案的投资静态回收期，并做出决策。

知识点10：折现评价法（净现值法）

【实训题目14】

某精密零部件生产车间准备购入一台新设备，生产零件，设备购置价为180万元，安装费用为20万元。该项目筹建期1年，新设备生产期为5年，采用直线法计提折旧，根据附件1-64至附件1-67中的信息：

(1) 计算项目计算期内各年净现金流量；

(2) 计算项目净现值，并评价其财务可行性。

【实训题目15】

张华是2014级的本科毕业生，大学毕业后准备自主创业，现有一项计划，在一所大学附近开一家果汁店。需要购入果汁机等设备。果汁机等机器设备预计使用年限为5年，采用直线法计提折旧，残值率为5%，不考虑任何税费。根据附件1-68至附件1-70中的信息，对该项目进行评价。

要求：(1) 计算使用期内各年净现金流量；

(2) 如果以10%作为折现率，计算其净现值。

知识点 11：折现评价法（净现值率法）

【实训题目 16】

关于净现值率的说法中，正确的有（　　）。

A. 净现值率＝现金流入现值合计÷现金流出现值合计

B. 净现值率大于 0 时，净现值大于 0

C. 相对于净现值，净现值率是一个相对数指标可以反映投资的效率

D. 净现值率计算步骤和净现值的一样，只是最后一步的公式不一样

【实训题目 17】

北京宏达有限公司现有三个投资项目，投资方案现金流量数据如表 1-22 所示。如果公司确定的必要报酬率为 10％，通过查询相关现值终值系数表，计算各方案的净现值、净现值率，并进行投资决策。

表 1-22　北京宏达有限公司投资方案现金流量表

年份	A 方案	B 方案	C 方案
0	－40 000 元	－18 000 元	－18 000 元
1	23 600 元	2400 元	6900 元
2	26 480 元	12 000 元	6900 元
3	—	12 000 元	6900 元

【实训题目 18】

某花卉中心，拟建造一项生产设备，预计建设期为 1 年，所需原始投资 100 万元于建设起点一次投入。该设备预计使用寿命为 4 年，使用期满报废清理时残值 5 万元。该设备折旧方法采用双倍余额递减法。适用的行业基准折现率为 10％。结合附件 1-72 和附件 1-73 中的信息，对项目进行评价：

（1）计算该项目的计算期内各年的固定资产折旧；

（2）计算该项目现金净流量、净现值、净现值率；

（3）利用净现值率指标评价该投资项目的财务可行性。

知识点 12：折现评价法（现值指数法）

【实训题目 19】

北京宏达有限公司现有三个投资项目，根据表 1-22 中的现金流量数据，如果公司确定的必要报酬率为 10％，请计算现值指数并进行投资决策；结合附件 1-70 和附件 1-71 中的内容计算花卉中心生产项目的现值指数，并进行评价。

知识点 13：项目比较评价

【实训题目 20】

A 项目：项目原始投资 120 000 元，净现值 67 000 元，现值指数 1.56。B 项目：原始投资 150 000 元，净现值 79 500 元，现值指数 1.53。C 项目：原始投资 300 000 元，净现值 111 000 元，现值指数 1.37。D 项目原始投资 160 000 元，净现值 80 000 元，现值指数 1.5。

请按以下要求填写表 1-23 中的空格：

（1）投资总额不受限制时，请确定投资组合；

(2) 如果投资总额限定为 50 万元时,请做出投资组合决策;
(3) 总额受限时,请确定投资额。

表 1-23 项目投资决策分析表

确定投资顺序	确定投资总额不受限制时(填写字母)	投资总额限 50 万的排序(填写字母)	总额受限时的投资额(单位/元)
优先考虑的是			
其次			
再次			
最后			

知识点 14:评价指标比较

【实训题目 21】

京都投资有限公司收到两个子公司的项目商业计划书:宏达公司的建立猕猴桃汁专用生产线(以下简称甲方案),零点公司的建立网上衬衫直销平台(以下简称乙方案)。已知甲、乙两个互斥方案的原始投资额相同,如果决策结论是"无论从什么角度来看甲方案均优于乙方案",则必然存在的关系有(　　)。

A. 甲方案的净现值大于乙方案
B. 甲方案的净现值率大于乙方案
C. 甲方案的投资回收期大于乙方案
D. 差额投资内含报酬率大于设定折现率

知识点 15:内部报酬率决策

【实训题目 22】

北京宏达公司欲建立一芭乐汁生产线,需要购入设备,设备询价结果、折旧年限及残值率,投产后预测销售收入和成本费用见附件 1-72 至附件 1-75。已知垫支的流动资金为 50 000 元,在项目初期一次性投入。假定该项新产品的最低投资报酬率为 10%,不考虑所得税,公司采用直线法计提折旧。垫支的流动资金为 50 000 元,在项目初期一次性投入。

要求:
(1) 计算项目各年的现金净流量;
(2) 计算该项目的内部收益率指标,并对该项新产品开发案是否可行进行评价。

知识点 16:用差额内部收益率法决策

【实训题目 23】

宏达公司计划采用新设备替换现有的旧设备,已知新、旧设备原始投资的差额为 200 000 元,经营期为 5 年,新设备投入使用后,每年可增加营业收入 100 000 元,每年增加的现付成本 35 000 元,新、旧设备预期无残值,新设备无建设期。该企业按直线法计提折旧,所得税税率为 25%,要求的最低报酬率为 10%。要求:使用差额内部收益率法确定应否用新设备替换现有旧设备。

实训4.3 项目投资决策分析

知识点17：固定资产更新决策

【实训题目24】

北京靓牌有限公司2009年年初欲引进一新的陶瓷生产设备,旧设备的有关资料及折旧方法见固定资产验收单,另有一买家对此设备感兴趣并进行了询价,北京靓牌有限公司也对新设备进行了询价,新设备按照固定资产管理制度采用直线法计提折旧,旧设备的产销收支(如利润表)近期内保持不变,新设备的产销收支(如预测表),公司要求的最低投资报酬率为10%,若采用固定资产验收单中的月折旧率计算旧设备的月折旧额,则月折旧额保留整数。

请根据附件1-76至附件1-81中的相关信息：

(1) 计算该公司在计算期内各个年份的差额净现金流量；

(2) 计算项目的差额内含报酬率并对是否更新进行决策。

知识点18：项目投资影响因素分析

【实训题目25】

北京安达公司拟于2017年年初新建一生产车间用于某种新产品的开发,则与该投资项目有关的现金流量有(　　)。

A. 需要购置新的生产流水线价值30万元,同时垫付2万元的流动资本

B. 2016年公司支付1万元的咨询费,请专家论证

C. 公司全部资产目前已经提折旧40万元

D. 利用现有的库存材料,目前市价位3万元

E. 投产后每年创造销售收入20万元

知识点19：折旧的抵税作用

【实训题目26】

折旧具有抵税作用,可用来计算由于计提折旧而减少的所得税的公式是(　　)。

A. 折旧额×所得税税率   B. 折旧额×(1－所得税税率)

C. (总成本－折旧)×所得税税率   D. 付现成本×所得税税率

知识点20：项目投资比较分析

【实训题目27】

北京念秋有限公司有A和B两个投资机会。假设未来的经济状况只有三种：繁荣、正常、衰退,有关的概率分布和预期收益率如表1-24所示。

要求：分析该公司投资哪个项目更好？

表1-24 投资项目概率和预期收益率表

投资项目	A项目		B项目	
经济状况	发生概率	预期收益率	发生概率	预期收益率
繁荣	0.3	90%	0.3	20%

续表

投资项目	A 项目		B 项目	
正常	0.4	15%	0.4	15%
衰退	0.3	−60%	0.3	10%

【实训题目 28】

在表 1-25 中所给的四种经济状况下，A 项目和 B 项目相应的预期收益率和发生概率，比较两个项目的风险大小。

表 1-25　投资项目概率和预期收益率表

投资项目	A 项目		B 项目	
经济状况	发生概率	预期收益率	发生概率	预期收益率
衰退	0.1	−3%	0.1	2%
稳定	0.3	3%	0.3	4%
迅速增长	0.4	7%	0.4	10%
繁荣	0.2	10%	0.2	20%

【实训题目 29】

按照投资的风险分散理论，以等量资本投资甲、乙两个项目。下列说法正确的是(　　)。
A. 若甲项目、乙项目完全负相关，组合后的风险完全抵消
B. 若甲项目、乙项目完全负相关，组合后的风险不扩大也不减少
C. 若甲项目、乙项目完全正相关，组合后的风险完全抵消
D. 若甲项目、乙项目完全正相关，组合后的风险不扩大也不减少
E. 若甲项目、乙项目零相关，组合后的风险不扩大也不减少

【实训题目 30】

投资项目期望收益率相同时，下列说法正确的有(　　)。
A. 两个项目的风险程度不一定相同
B. 两个项目的风险程度一定相同
C. 方差大的项目风险大
D. 方差小的项目风险大
E. 标准差大的项目风险大

实训 4.4　小结性案例

奇锐投资咨询有限公司简介

奇锐投资咨询有限公司作为一家专注于基础设施项目投融资咨询及管理咨询的公司，为相关政府机构、社会投资者和项目公司提供投融资及管理咨询、公用事业市场化运作的政策咨询等专业服务。

奇锐投资咨询有限公司服务领域涵盖各类经营性、准经营性基础设施和公用事业，诸如电

厂、收费公路、桥梁隧道、轨道交通、供水、供气、污气处理、固体垃圾处理、文教体卫设施、娱乐设施及园林绿化,等等。

奇锐投资咨询有限公司引以为豪的是它最重要的资产——高素质咨询团队。该团队在各类基础设置和招商引资、金融运作、投资分析和运营管理等领域拥有丰富的专业经验和行之有效的操作方法。

奇锐投资咨询有限公司正在与世界银行、亚洲开发银行、公共民营基础设施顾问团等国际金融组织和研究机构开展合作,致力于将世界范围内基础设施民营化的研究成果和改革经验与中国推进公共基础设施市场化进程的努力结合起来,协助开创中国基础设施市场化改革的"新天地"。

碧海公司和东大公司都是奇锐投资咨询有限公司的老客户,奇锐投资咨询有限公司与它们建立了非常融洽的关系。

【实训题目31】

碧海公司是奇锐投资咨询有限公司的客户,现在正面临两个方案的选择:一个是欢乐谷娱乐项目;另外一个是户外拓展项目,向奇锐投资咨询有限公司咨询两个项目的净现值,根据附件1-82中的碧海公司的项目信息,请计算:

(1) 碧海公司甲、乙方案各年的现金净流量;

(2) 基准折现率为10%,两个方案的净现值。

【实训题目32】

东大公司是奇锐投资咨询有限公司的客户,管理层对是否引进设备产生争议。于是向奇锐投资咨询有限公司咨询。设备价格和折旧年限及残值率在附件1-83和附件1-84中的报价函和公司固定资产管理制度中列示,公司采用直线法计提折旧;引入设备后可带来的收支情况预测见附件1-85。

公司因流动资金不足,若购置设备,所需资金欲通过发行债券方式予以筹措:债券面值总额为1500万元,期限3年,票面年利率8%,债券发行价格为1500万元。该公司的所得税税率为25%,要求的投资收益率为10%。根据附件1-83至附件1-85中东大公司的项目信息,计算引进设备的净现值。

本章实务演练及讨论

1. 小赵碰巧在一个近乎完美的投资环境中"淘到"一个发财的机会。他发现了一个项目,需要20万元的启动资金,虽然期限只有1年,但1年后可收回24万元的现金流量。报酬率高达20%,远远超过现行10%的利率水平。小赵劝说自己的女友玲玲和他一人出资10万元,一起投资这个项目,1年后各分得12万元。可玲玲却是一名典型的"月光族",宁肯今年花明年的钱,也不愿推迟消费把钱用于投资。但小赵最终说服了玲玲,使她愉快地接受了小赵的建议。你知道小赵是怎样说服玲玲的吗?

2. 1950年春天,坐落在匹兹堡附近的经济运输公司的主计长为执行委员会准备了一份报告,其内容是关于该公司的一艘蒸汽船是维修还是将其替换成一艘新的机电船的可行性。经济运输公司主要从事煤的运输,将附近开采的煤炭运输到钢铁公司、公用事业机构以及匹兹堡附近的其他企业。有时公司的一些蒸汽船也运送货物到较远的地区,如新奥尔良等地。公司拥有的船全部都是蒸汽动力,均已有10年的航龄,其中大部分的使用寿命为15~30年。假若你是经济运输公司的主计长,你如何做出关于维修该公司的一艘蒸汽船还是将其替换成一艘新的机电船的可行性分析?

3. 东方公司财务经理说:预测现金流量应遵循增量现金流量原则,只有增量现金流量才是与项目相关的现金流量。所谓增量现金流量,是指接受或拒绝某个投资项目后,企业总现金流量因此发生的变动。只有那些由于采纳某个项目引起的现金支出的增加额,才是该项目的现金流出;只有那些由于采纳某个项目引起的现金流入增加额,才是该项目的现金流入。你同意他的观点吗?

4. 有人认为如果将非相关成本纳入投资方案的总成本,则一个有利的方案可能因此变得不利,一个较好的方案可能变为较差的方案,从而造成决策的失误。你同意这种观点吗?

5. 华油钢管公司财务经理在讨论项目投资时说:在只有一个备选方案的决策中,如果方案的净现值大于零,表明该项目的投资收益大于资本成本,则该项目是可行的;如果方案的净现值小于零,则应放弃该项目。在有多个备选方案的互斥选择决策中,应选择净现值最大者。你同意这种观点吗?

第5章 证券投资

实训目的

通过本章案例实训,要求学生能够正确计算出股票和债券的价值及收益率;能理解股票与债券价值影响因素的含义,并做出正确判断;能根据证券市场特征,计算证券投资组合的收益率以及评价证券组合的风险;从而具备一定的证券投资决策能力。

理论知识框架图

理论知识框架图如图1-11所示。

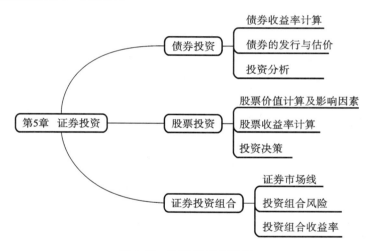

图1-11 理论知识框架图

案例导入

三个奴仆的故事

主人外出,招聘了三个仆人。主人根据他们才干的不同分配银子:第一个奴仆五千两银子、第二个奴仆两千两银子、第三个奴仆一千两银子。主人走后,前两个人用所得银子做生意,分别赚了五千、两千,第三个仆人胆小慎微,为显示对主人的忠诚,将一千两银子埋了起来。主人回来后,对第一个奴仆和第二个奴仆赞赏有加,说:"好,我要把许多事派你们管理,让你们享受主人的欢乐。"对第三个仆人,则斥其懒惰与胆怯,逐出门外,并将一千两银子奖赏给已拥有一万两银子的那位仆人。

现代企业需要的不仅是忠实,更渴望胆识!缩手缩脚,从不冒险的企业家顶多维持不亏本的局面,而取得卓越成功的通常皆是有胆有识、敢冒风险的人。风险和利益的大小是成正比的。

如果风险小,许多人都会去追求这种机会,因此利益也不会很大。如果风险大,许多人就会望而却步,所以敢冒风险的人能得到的利益也就大些。从这个意义上来说,有风险才有利益。可以说,利益就是对人们所承担的风险的相应补偿。

有风险才有诱惑,没有风险的社会,就没有成果而言。在证券投资市场上也是如此,如何把握风险和收益之间的度,则需要我们在具备证券投资基础知识的前提下,树立正确的风险意思。

实训 5.1　债券投资

知识点 1:债券投资决策

【实训题目 1】

债券到期收益率计算原理是(　　)。

A. 到期收益率是购买债券后一直持有到期的内含报酬率
B. 到期收益率是能使债券每年利息收入的现值等于债券买入价格的折现率
C. 到期收益率是债券利息收益率与资本利得收益率之和
D. 到期收益率的计算以债券每年末计算并支付利息,到期一次还本为前提

【实训题目 2】

假设王先生投资一个 5 年期债券,面值 100 000 元,平价发行,按年复利计息,到期一次还本付息。在到期日王先生可收回多少现金?(计算结果非整数的,保留 2 位小数)如果王先生在第 4 年年末需要现金 123 000 元,这一投资选择能否满足他的要求?(计算结果非整数的,保留 2 位小数)

不同年限债券对应的年利率表见表 1-26 所示。

表 1-26　不同年限债券对应的年利率表

期限	1 年	2 年	3 年	4 年	5 年
年利率	4.00%	4.35%	4.65%	4.90%	5.20%

【实训题目 3】

假设你的投资组合中包括三种不同的债券,面值均为 1 000 元,根据以下资料(见表 1-27),请计算每种债券的现值。

表 1-27　债券投资信息表

债券	数量	利率	付息方式	到期期限/年	必要报酬率
09 鲁高速	10	0%	零息债券	5	6.0%
08 宁交投	5	8%	半年付息一次	3	6.6%
07 中铝	8	7%	每年年末付息	4	6.2%

【实训题目 4】

关于债券价值的表述中,正确的有(　　)。

A. 债券面值越大,债券价值越大
B. 票面利率越大,债券价值越大

C. 必要收益率越大,债券价值越小
D. 如果必要收益率高于息票率,债券价值低于面值
E. 随着到期时间的缩短,债券价值逐渐接近其票面价值

知识点 2：债券发行与估价

【实训题目 5】

2017 年常州投资集团有限公司发布了债券募集说明书,其相关摘要信息已在《中国证券报》进行披露(见附件 1-86)。兴达公司欲于公司债券发行之日购入常州投资集团有限公司的债券,正在和该债券主承销商进行洽谈之中。

请你根据所学知识计算并分析以下问题：
(1) 当市场利率为 8% 时,预测该债券的发行价格；
(2) 当市场利率为 12% 时,预测该债券的发行价格。

【实训题目 6】

在债券的息票率、到期期限和票面价值一定的情况下,决定债券价值的唯一因素是(　　)。

A. 票面利率　　　　B. 市场利率　　　　C. 红利率　　　　D. 折现率

【实训题目 7】

欣威公司购买以下两种债券：5 年期债券和 20 年期债券,两种债券额面值均为 10 000 元,票面利率均为 8%,每年年末付息一次。

请你结合所学知识计算以下两种情况下债券的价值：
(1) 市场利率为 9%；
(2) 市场利率为 7%。

【实训题目 8】

可转换债券的持有者的现金流入可能包括(　　)。

A. 债券发行价格　　　B. 资本转换费用　　　C. 利息收入
D. 面值　　　　　　　E. 转换溢价

实训 5.2　股票投资

知识点 3：股票投资理论

【实训题目 9】

在股票估价基本模型下,股票投资的现金流量包括(　　)。

A. 折现率
B. 每期的预期股利
C. 股票出售时的预期价值
D. 股票最初买价
E. 股票面值

【实训题目 10】

关于股利稳定增长模型,下列表述错误的是(　　)。

A. 每股股票的预期股利越高,股票价值越大
B. 必要收益率越小,股票价值越小
C. 股利增长率越大,股票价值越大
D. 股利增长率为一常数,且折现率大于股利增长率

【实训题目 11】

立威廉想要购买埃米达公司的股票,该股票为固定成长股,年增长率为8%,预计下一年的股利为0.8元,市价为16元,假设市场利率为12%。请你根据所学知识计算埃米达公司股票的价值,并判断是否应当购买该股票?

【实训题目 12】

不同经济状况下股指收益率和股票收益率,见表1-28数据所示,请计算:
(1) 股市期望收益率与标准差;
(2) 股票期望收益率与标准差。

表1-28 股指收益率与股票收益率表

经济状况	概率	股指收益率	股票收益率
差	0.05	-20%	-30%
较差	0.25	10%	5%
中	0.35	15%	20%
较好	0.20	20%	25%
好	0.15	25%	30%

知识点 4:股票估价

【实训题目 13】

不同经济状况下两支不同类型股票的收益情况见表1-29所示。

表1-29 不同类型股票的收益情况表

经济状况	出现概率	成熟股的收益率	成长股的收益率
繁荣	0.2	10%	20%
适度增长	0.4	7%	10%
稳定	0.3	3%	4%
差	0.1	3%	2%

假设这两种股票的投资额相同,请计算以下相关指标:
(1) 两种股票的期望收益率;
(2) 两种股票各自的标准差;
(3) 两种股票之间的相关系数;
(4) 两种股票投资组合的期望收益率;
(5) 两种股票投资组合的标准差。

【实训题目 14】

普贤公司计划用一笔长期资金投资购买股票,现有海通证券股份有限公司和中国玻纤股份

有限公司两只股票可供选择。海通证券:上年每股股利为 0.3 元,预计以后每年以 3% 的增长率增长。中国玻纤:上年每股股利为 0.4 元,一贯坚持固定股利政策。假设普贤公司要求的必要报酬率为 8%,请结合附件 1-87 至附件 1-90 中的信息,对以下问题予以解答。

(1) 利用股票股价模型,分别计算海通证券股份有限公司和中国玻纤股份有限公司的股票价值;

(2) 代普贤公司做出股票投资决策。

【实训题目 15】

股票的未来股利不变,当市价低于股票价值时,则预期报酬率(　　)投资人要求的最低报酬率。

　　A. 高于　　　　　　B. 低于　　　　　　C. 等于

【实训题目 16】

与股票内在价值是反方向变化的因素有(　　)。

　　A. 股利增长率　　　B. 预期报酬率　　　C. β系数

实训 5.3　证券投资组合

知识点 5:证券市场线

【实训题目 17】

有关证券市场线的表述正确的是(　　)。

A. 证券市场线的斜率表示了系统风险程度

B. 它测度的是证券或证券组合每单位系统风险的超额收益

C. 证券市场线比资本市场线的前提窄

D. 反映了每单位整体风险的超额收益

知识点 6:证券投资组合风险

【实训题目 18】

下列有关证券组合风险的表述正确的有(　　)。

A. 证券组合的风险不仅与组合中的每个证券的报酬率标准差有关,而且与各证券之间报酬率的协方差有关

B. 持有多种彼此不完全正相关的证券可以降低风险

C. 资本市场线反映了在资本市场上资产组合风险和报酬的权衡关系

D. 证券组合的种类越多,分散组合风险的效应越明显

【实训题目 19】

津滨公司持有紫金矿业、平煤股份、长城开发、天山纺织四种股票,假定股票的市场收益率为 14%,无风险收益率为 10%。请结合附件 1-91 和附件 1-92 中的信息,计算以下相关指标。

(1) 该证券投资组合的 β 系数;

(2) 该证券投资组合的风险收益率;

(3) 该证券投资组合的必要收益率。

实训 5.4　小结性案例

天创证券公司概况

发展历程

2005年5月,天创证券公司成立。

2008年5月,公司改制为有限责任公司。

公司成立9年间,坚持"稳健经营、规范发展、开拓创新"的经营方针,积极、稳妥地进行经营品种、业务规模和营业网点的综合性扩张。至2008年年底,公司资产总额逾25亿元人民币,净资产达2.52亿元人民币,下设北京、上海、武汉、成都、三明、泉州六个管理总部(代表处)以及省内外19个证券营业部。一个以福州为中心,以北京、上海、武汉、成都为支撑的全国性证券业务网络已经形成。

业务范围

发行和代理发行各种有价证券;

自营、代理证券买卖业务;

代理支付证券本息和红利;

办理证券的代保管、鉴证和过户业务;

证券贴现和抵押融资业务;

基金和资产管理业务;

企业重组、收购与兼并业务;

投资咨询、财务顾问业务。

天创证券已具备了为政府、企业以及广大证券投资者提供全方位的高品质服务的丰富经验。

【实训题目20】

为了补充后备分析人才,2017年3月10日天创证券在高校召开校园招聘会,招聘程序包括笔试、群体面试和最后的一对一面试。普贞贤为会计系大四的毕业生,她参加了天创证券笔试考试。答题情况见附件1-93。请判断附件中招聘试卷(部分)中普贞贤的作答是否正确。

【实训题目21】

普贞贤在面试中表现优异,最终被天创证券录用,做证券分析师杨凯的助理。杨凯负责一投资组合,该组合由五粮液、恒丰纸业、丹化科技三种股票组成。杨凯交代普贞贤收集与该投资组合相关的股票信息,并提供与该投资组合相关的资料信息,要求普贞贤计算与该投资组合相关的指标。请你根据附件1-94和附件1-95中的信息,代普贞贤计算该投资组合的β系数、风险收益率、必要收益率。

【实训题目22】

普贞贤在对五粮液、恒丰纸业、丹化科技三只股票持续关注中,注意到五粮液在2009年5月份发放了上一年派发的股利120 000元,根据天创证券对五粮液历年数据分析显示,预期的股利增长率为8%。请结合附件1-94至附件1-96中的信息,计算五粮液的预期收益率和必要收益率,并分析当前时点应否继续持有该股票。

【实训题目 23】

2017 年 7 月份,普贞贤接到杨凯下达的一项工作任务,对公司目前准备承销的债券进行估价,并撰写债券评估报告,为债券拟发行价格提供参考。关于该债券的发行,天创证券内部有两种不同的方案,目前市场环境比较低迷,债券发行价格不宜过高,假定市场利率为 8%。请结合附件 1-97 和附件 1-98 中的信息,计算两种发行提案下债券的价值,并确定应选择哪种方式比较合适?

本章实务演练及讨论

1. 证券投资的风险有多种,以下属于哪种风险?某长期债券的利率为 12%,短期债券的利率为 10%,为减少利率风险,投资者 A 购买了短期债券。在短期债券到期收回现金时,市场利率降到 8%,投资者 A 此时只能找到报酬率大约为 8% 的投资机会。如果他当初购买长期债券,现在仍可获得 12% 的收益。

2. B 企业 1995 年按面值购进国库券 100 万元,年利率 14%,3 年期。购进后一年,如果市场利率上升到 24%,则这批国库券的价格将下降到约 92.36 万元,损失 21.64 万元,高达本金的 22%。具体计算过程如下:

国库券到期值 = 100 万元 × (1+3×14%) = 142 万元
一年后的现值 = 142 万元 × (P/F,24%,2) = 92.36 万元
一年后的本利和 = 100 万元 × (1+14%) = 114 万元
投资损失 = 114 万元 − 92.36 万元 = 21.64 万元

请问 B 企业发生的证券投资损失,应归类于哪种证券投资风险?

3. 甲种债券面值 2 000 元,票面利率为 8%,每年付息,到期还本,期限为 5 年,当前的市场利率为 10%,债券目前的市价是 1 800 元,某投资者拟购买该债券。他认为如果不考虑风险问题,购买此债券是合算的,可获得大于 10% 的收益。你赞同该投资者的说法吗?如果甲种债券为到期一次还本付息债券,且单利计息,其他条件不变,你认为该投资者还会购买该债券吗?为什么?

4. 通常大公司都有知识全面且素质较高的财务管理人员,为什么在筹集新资本时,大公司还是倾向于花钱聘用投资经纪人,以得到他们的服务?

第6章 营运资金管理

实训目的

通过本章案例实训,要求学生能够深刻理解营运资金管理的内涵,能够运用相应的方法熟练计算最佳现金持有量、应收账款的成本、存货经济订货批量,正确进行短期经营决策,从而具备一定的短期经营管理能力。

理论知识框架图

理论知识框架图如图 1-12 所示。

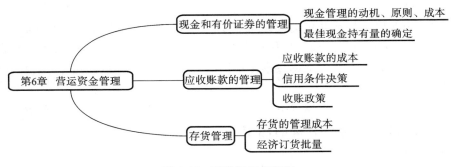

图 1-12 理论知识框架图

案例导入

100 元和 1000 元的故事

富翁走过地下通道,碰到一个乞丐,看到乞丐衣衫单薄的样子,富翁一下动了恻隐之心,掏钱时才发现身上只带了 100 元,"把钱给了乞丐,自己午饭怎么解决?"富翁手里拿着 100 元犹豫了,乞丐看到这 100 元心里一阵狂喜,但突然富翁又把钱收起来了,乞丐吞了一下口水。富翁脱下自己的大衣对乞丐说,"衣服给你吧,价值 1000 多元呢。"富翁以为乞丐会很感激。乞丐接过大衣,但很快又还给他,却盯着他的钱包说,"你还是给我现金吧,衣服不能拿来去买饭吃!"这回富翁饿了一中午。

从这个故事中可以了解一些财务原理:名贵衣服虽然价值 1000 多元,但只能用来穿,而 100 元可以让乞丐买到很多他需要的东西,对乞丐来说,100 元现款比 1000 多元的衣服更具有诱惑力。对一个企业来说,是利润重要还是手里的现金重要呢?如果一个企业没有现金,公司的流动性就不存在,结果就是破产。实际上,企业保证一定比例的流动资金在任何一个企业的理财中都十分关键,这也就是财务管理中的营运资金的问题。

实训 6.1　现金和有价证券的管理

知识点 1：现金管理的成本

【实训题目 1】

Sally 所在的公司喜欢持有大量的现金，她认为，企业持有现金在正常生产经营秩序和紧急需要用钱的情况下可以保持一定的现金支付能力，另外准备一定的现金有利于企业抓住不寻常的投资机会。根据 Sally 的说法，可把现金的持有动机归结为（　　）。

　　A. 交易动机　　　　B. 预防动机　　　　C. 投资动机　　　　D. 投机动机

【实训题目 2】

Sally 承认持有现金有一定成本，但考虑到持有现金的动机和需要，又有必要持有一定量的现金。她认为持有现金的成本包括（　　）。

　　A. 机会成本　　　　B. 管理成本　　　　C. 转换成本　　　　D. 短缺成本

【实训题目 3】

Sally 认为，企业出于各种动机的要求而持有一定量的货币，但出于成本和收益关系的考虑，必须确定最佳现金持有量。确定最佳现金持有量的方法主要有成本分析模式和存货模式。但在这两种不同的模式下需要专虑的成本是不同的，请指出成本分析模式与存货模式需要考虑的成本分别是（　　）。

　　A. 机会成本　　　　B. 管理成本　　　　C. 短缺成本　　　　D. 转换成本

知识点 2：最佳现金持有量的确定

【实训题目 4】

根据预测，公司 2017 年的现金需求总量为 90 万元，目前有价证券的年利率为 12%，现金与有价证券转换成本为每次 60 元。请你利用存货模式确定一下最佳现金持有量，并填写表 1-30 中的数据。

表 1-30　存货模式计算表

项目	金额（单位/元）
2017 年现金需求总量/T	
每次的转换成本/F	
有价证券的年利率/K（百分数形式）	
最佳现金持有量/Q	
机会成本/全年总数	
转换成本/全年总数	
转换次数/次	

【实训题目 5】

大方公司有 5 种现金持有方案（见表 1-31），请计算每种方案的总成本后，为大方公司选择最佳的现金持有量方案。

表 1-31 大方公司现金持有方案信息表

持有方案	现金持有量/元	机会成本率	短缺成本/元
A	10 000	12%	5 600
B	20 000	12%	2 500
C	40 000	12%	0
D	30 000	12%	1 000

【实训题目 6】

大方公司现金收支情况比较稳定,采用存货模式确定最佳现金持有量。2016 年 11 月 30 日预测的 2017 年的现金需要量为 1 440 000 元,有价证券的年利率为 16%,全年按 360 天计算;目前持有的现金(见图 1-13)现金日记账;现金与有价证券的转换成本为每次 72 元。

要求计算:

(1)企业目前持有现金的机会成本、转换成本和现金总管理成本各是多少?

(2)现金的最佳持有量是多少?有价证券的交易次数和交易的时间间隔分别是多少?

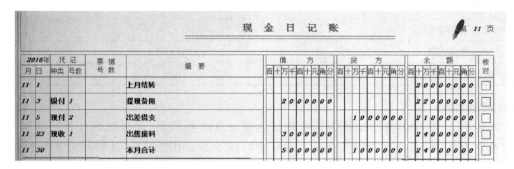

图 1-13 现金日记账

实训 6.2 应收账款的管理

知识点 3:应收账款的成本

【实训题目 7】

你认为应收账款的管理成本包括(   )。

A. 坏账损失

B. 收账费用

C. 客户信誉调查费

D. 占用资金的应计利息

【实训题目 8】

大方公司财务部在编制完 2017 年年度销售预算后,对应收账款进行管理。公司销售全部采用商业信用方式。信用条件为"2/10,1/20,n/30",有价证券年利率为 8%,变动成本率为 60%;客户付款情况如图 1-14 所示。

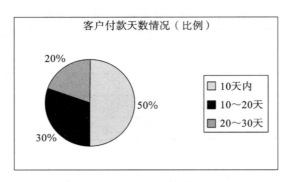

图 1-14 客户付款天数情况图

请根据附件 1-99 中的信息,填写表 1-32 中的数据。

表 1-32 大方公司应收账款计算表

项目	金额(单位/元)
(1)企业收款平均间隔天数/天	
(2)每日信用销售额	
(3)应收账款平均余额	
(4)维持赊销业务所需资金	
(5)应收账款的机会成本	

【实训题目 9】

大方公司 2016 年年度赊销额为年销售商品收入总额的 30%;销售部估计收账期为 30 天,变动成本率为 60%,资金成本率为 8%。请根据附件 1-100 中的信息,计算大方公司应收账款的机会成本。

知识点 4:应收账款信用条件决策

【实训题目 10】

构成企业信用政策的主要内容有(　　)。

A. 信用标准　　　　B. 信用期间　　　　C. 收账方法　　　　D. 现金折扣政策

【实训题目 11】

关于信用期间,以下结论错误的有(　　)。

A. 信用期间越长,企业坏账风险越小

B. 信用期间越长,表明客户享受的信用条件越优越

C. 延长信用期限不利于销售收入的扩大

D. 信用期间越长,应收账款的机会成本越低

【实训题目 12】

大方公司采用赊销的方式销售某产品,变动成本率为 60%,资金成本率为 10%。固定成本总额在一定期间内保持不变,甲、乙两种方案信用条件如表 1-33 所示。请你根据附件 1-101 中的信息,帮助大方公司做出决策。

表 1-33 大方公司赊销方式数据表

项目	甲方案	乙方案
信用条件	$n/45$	$2/15,1/30,n/45$
年销售额	960 万元	960 万元
坏账损失率	3%	1%
收账费用	30 万	12 万

知识点 5：收账政策

【实训题目 13】

美味公司销售水果和菜,每年赊销额为 240 万元,产品变动成本率为 80%,资金成本率为 8%。现有两种收账政策 A 和 B,见表 1-34 所示。

表 1-34 美味公司收账政策信息表

项目	平均周期/天	转账损失率	年收账费用/万元
A 政策	60	3%	1.8
B 政策	45	2%	3.2

要求：比较两种收账政策,填写表 1-35 中的数据,并确定较优的方案。

表 1-35 美味公司收账政策决策分析表　　　　　　　　　　　　单位:万元

项目	A 收账政策	B 收账政策
应收账款机会成本		
坏账损失		
年收账费用		
收账成本合计		
较优方案(A 或 B)		

【实训题目 14】

应收款管理的目标:发挥扩大销售功能的同时,尽可能地降低使用应收账款成本,减少坏账损失与管理成本。企业提供商业信用,采取赊销、分期收款等销售方式,可以扩大销售,增加利润。但是,随着应收账款的增加,也会造成资金成本坏账损失等费用的增加。所以,选择恰当的信用政策和收账政策非常关键。

根据附件 1-102 中的信息,比较不同的收账政策,并填写表 1-36 中的数据。

表 1-36 收账政策分析表　　　　　　　　　　　　单位:万元

项目	目前收账政策	方案 A	方案 B
年销售额			
应收账款平均余额			
应收账款机会成本①			
坏账损失②			

续表

项目	目前收账政策	方案 A	方案 B
收账费用（每年）③			
收账成本④＝①＋②＋③			
边际收益			
最佳决策方案			

实训6.3 存货管理

知识点6：存货的管理成本

【实训题目15】

在基本模型下确定经济订货批量，应考虑以下哪些成本（　　）。

A. 订货成本　　　　　　　　　　B. 缺货成本

C. 储存成本　　　　　　　　　　D. 订货成本和储存成本

【实训题目16】

存货成本包括（　　）。

A. 购置成本　　　　　　　　　　B. 订货成本

C. 储存成本　　　　　　　　　　D. 缺货成本

【实训题目17】

东正公司为一家计算机制造企业每年需要订购大量的磁盘。订购单位为"打"，请根据附件1-103和附件1-104中的有关信息，填写表1-37空格中的数据（存货的持有成本为1.56元/打）。

表1-37　不同订购量的成本计算表

一次订购量/打	2500	5000	10 000	20 000	130 000	260 000
订货次数/次						
平均存货量/打						
持有成本/元						
订货成本/元						
总成本/元						

知识点7：经济订货批量

【实训题目18】

绿色面包公司每年需要购买26万蒲式耳小麦（1吨小麦＝38.01蒲式耳）。采购部说小麦单价可参见入库单（见附件1-105），每次订购量必须是500蒲式耳，订购成本每次需要5000元，年储存成本为采购价格的2%从订购至到货要6个星期。要求：分别计算绿色面包公司的经济订货批量、再订购点和存货总成本，填写表1-38空格中的数据。

表 1-38　绿色面包公司存货成本计算表

项目	金额
经济订购批量/蒲式耳	
平均每星期耗用量/蒲式耳	
再订货点/蒲式耳	
总存货成本＝与批量有关存货成本＋购置价/元	

【实训题目 19】

光达公司 A 零件的年需要量为 720 件,该零件单位标准价格为 100 元,已知每次订货成本 50 元,单位零件年储存成本为 200 元。A 零件供应商的销售政策为:

当:一次订货量＜100 件时,标准价每件为 10 元。

当:100≤一次订货量＜200 时,每件标准价优惠 1.5%;

当:一次订货量≥200 时,每件标准价优惠 2%;

要求:计算最佳订货批量,填写表 1-39 空格中的数据。

表 1-39　光达公司最佳订货批量计算分析表

项目	数据
不考虑价格优惠下的经济订货批量/件	
按不考虑价格优惠下的经济订货批量订购的存货相关总成本/元	
100 件订货批量的存货相关总成本/元	
200 件订货批量的存货相关总成本/元	
最佳订货批量(直接填批量数字即可)/件	

【实训题目 20】

大方公司生产周期为一年,甲材料全年需用量为 360 000 千克,材料的交货时间为 5 天,在此期间的需求量概率分布见附件 1-106,设单位材料的年缺货成本为 100 元/千克,变动储存成本为 15 元。请根据附件 1-106 中的信息,计算大方公司再订货点和保险储备量,并填写表 1-40 空格中的数据(表 1-40 中"相关总成本"是指保险储存成本和缺货成本)。

表 1-40　大方公司保险储备量和再订货点计算分析表

项目	对应值
原材料每日平均耗用量(一年以 360 天计)/千克	
不考虑保险储备量时的再订货点/千克	
保险储备量为 0 时的相关总成本/元	
保险储备量为 100 千克时的相关总成本/元	
保险储备量为 200 千克时的相关总成本/元	
保险储备量为 300 千克时的相关总成本/元	
应设保险储备量/千克	
保险再订货点/千克	

【实训题目 21】

连海公司为一花园中心,每年需要 2 400 000 包肥料,交货时间为 0,即当天订货,即时就可到货。每包售价:4 元,存货持有成本占 30%,单次订购成本为 25 元,保险储备量 1 200 包。请分别计算连海公司的经济订货批量、再订购点、平均存货量。

实训 6.4　小结性案例

Sunny 面包公司概况

Sunny 面包公司成立于 2009 年,其主打产品是全麦面包。全麦面包拥有丰富的膳食纤维,让人比较快就产生饱腹感,间接减少摄取量,且易于消化,不会对胃肠造成损害。在推崇素食健康饮食的今天,Sunny 面包特别受欢迎,加上 Sunny 面包公司注重产品质量和服务质量,短短 8 年间销量成倍数增长,年销售现已达 2000 多万元。

Sunny 面包公司生产面包的原料主要有谷物、各种果仁及小麦等。为保证面包的质量,Sunny 公司对供应商要求非常严格。通过各项指标的考核和现场的考察,选定了绿色农贸公司作为主供应商。

绿色农贸公司的小麦,生长过程无污染,各项指标严格按照国家关于食品安全的有关规定。小标准价格是 8 元/千克。为了促销,规定:客户每批购买量不足 900 千克的,按照标准价格 8 元/千克计算;每批购买量 900 千克以上,1800 千克以下的,价格优惠 1%;每批购买量 1800 千克以上的,价格优惠 3%。

Sunny 公司现金收支状况比较稳定,预计全年(按 360 天算)需要现金 150 000 元,现金与有价证券的转换成本为每次 600 元,有价证券的年利率为 5%。

2017 年年度的各项预算工作已经结束。Sunny 公司采取赊销的方式销售,财务部门根据销售部门提供的资料已经按照现行的收账政策做好了销售预算。在现行收账政策下,所有账户的平均收账期为 2 个月,坏账损失率为 2%,收账费用一年需要 40 万元。

在最近的经理会议上,对现有的收账政策进行讨论。经过讨论,与会人员一致认为目前的收账政策过于严厉,不利于扩大销售,且收账费用较高。在讨论会议上,财务经理提出了两个替代的收账方案:

甲方案:所有账户的平均收账期延长 3 个月,因此年销售可达 2600 万,收账费用相应地减少到 20 万元/年,但是坏账损失率会提高到 2.5%。

乙方案:所有账户的平均收账期为 4 个月,年销售额达 2700 万元,收账费用为 10 万元/年,坏账损失率为 3%。(Sunny 公同资金成本率为 10%)

【实训题目 22】

Sunny 面包公司对 2017 年需要的小麦数量已经根据面包生产量做出采购预算,在确定每批购入量时,需要考虑供应商绿色农贸公司给予的销售折扣。每次进货费用 25 元,单位材料的年储存成本 2 元。请根据附件 1-107 中的信息,计算实行数量折扣时的最佳经济订货批量。

【实训题目 23】

要求根据背景资料中有关现金信息,对最佳现金持有量做出决策。计算并填写表 1-41 空格中的数据。

表 1-41　Sunny 公司最佳现金持有量计算分析表

项目	金额
最佳现金持有量/元	
最低现金管理相关总成本/元	
全年现金转换成本/元	
全年现金持有机会成本/元	
最佳现金持有量下的全年有价证券交易次数/次	
有价证券交易间隔期/天	

【实训题目 24】

请结合附件 1-108 中的有关 2017 年的销售预算，通过计算分析是否应该改变现行的收账政策，如要改变，应选择甲方案还是乙方案？填写表 1-42 空格中的数据。（已知变动成本率为 80%）

表 1-42　Sunny 公司收账政策计算分析表　　　　　　　　　　　　　　　　　　单位：万元

项目	现行收账政策	甲方案	乙方案
年销售额			
毛利（信用成本前收益）			
平均应收账款			
应收账款投资应计利息			
坏账费用			
收账费用			
信用成本后收益			
是否变更政策？若变，应选择甲方案还是乙方案			

本章实务演练及讨论

1. 柯达公司财务总监毕盛曾讲："我坚持认为现金是最重要的。如果一个公司没有现金的话，公司的流动性就不存在，结果就是破产；现金是衡量一个公司实力的重要标准，足够的现金储备能够为公司的投资提供支付保障。"你同意他的观点吗？为什么企业要持有现金？

2. 总经理："我们的业务规模和竞争对手差不多，你凭什么认为我们需要维持比它们多出将近一倍的现金持有量呢？"财务总监："因为我们的现金周转期太长了，老板！"总经理："即使是最佳现金持有量，也应当努力维持在一个较低的水平。"请你试想一下，假如同行业当中，其他业务规模类似的企业只要维持 20 万元左右的现金余额就能满足日常开支所需，而你的企业却要为此维持 30 多万元的现金余额。这对企业会有怎样的影响呢？

3. 家里该怎样储备粮食？是一次性买五六百斤，放在家里慢慢吃上一年，还是一粒米都不存，每天做饭时再去买呢？恐怕没有哪户人家会采用这两种办法。每个家庭都会储备一些粮食，不会太多，够吃十天半个月就行，但也不会一点粮食不存，因为天天都去买米买面实在太麻烦,万一没买到还有饿肚子的危险。

企业储备存货就像居家过日子储备粮食一样,你必须盘算好一个合适的数量。存货储备太多,会大量占用资金,导致公司资金短缺、现金循环不畅,还会使仓库爆满,仓储、保险、维护费用直线上升。存货储备太少,你又不得不频繁地进行采购。这样不仅麻烦,由此带来的高额订货费用也会让你吃不消,而且公司还要时刻面临缺货停业的威胁。所以,存货储备量就像美人的身材,增一分则肥,减一分则瘦,必须不多不少恰到好处。那么,怎样确定这个恰到好处的存货储备量呢?

4. 你一定还记得鲁迅的名作《孔乙己》吧。孔乙己被打断双腿后,又艰难地来到咸亨酒店讨酒喝,但被老板拒绝了,直到他掏出现钱买酒。为什么呢?因为他已经欠酒店八个铜板了。应收账款可不是多多益善,无限度地给客户提供信用是危险的。如果不想被巨额应收账款所带来的机会成本和坏账损失拖垮,你必须确定公司愿意接受的信用额度。你知道怎样确定公司愿意接受的信用额度吗?

5. 假若你所在的公司 2007 年应收账款总额为 800 万元,当年必要现金支付总额为 500 万元,应收账款收现以外的其他稳定可靠的现金流入总额为 300 万元,你知道该公司 2007 年应收账款收现保证率是多少吗?

6. 眼下你正急需现金来周转,但应收账款都还没到期。怎么办?眼睁睁地看着现金握在别人手里,就只有干着急的份儿吗?问问你的老朋友——银行吧,也许它能帮你一把。你知道你的老朋友——银行,除贷款以外,还能用何种方法帮你吗?

7. 在规定的时间内提前偿付贷款的客户可按销售收入的一定比率享受现金折扣,折扣比率越高,越能及时收回贷款,减少坏账损失,所以企业将现金折扣比率定得越高越好,你同意这种观点吗?

8. 三星 CEO 尹钟龙先生曾认为,寿司与手机有不少共同点。他说,再贵的鱼,一两天后也会变得便宜。无论是寿司店还是数码业,存货都是有害的,速度就是一切。你如何理解这种观点?

第7章 利润分配管理

实训目的

通过本章案例实训,要求学生能够深刻理解股利政策概念内涵,能够正确计算不同股利政策下的股利发放额;掌握股利分配的计算;能够对股利分配方案做出正确决策;理解股票股利、股票分割、股票回购的区别;具备一定的利润分配决策的能力。

理论知识框架图

理论知识框架图如图 1-15 所示。

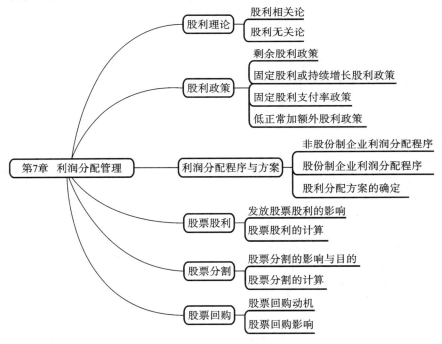

图 1-15 理论知识框架图

案例导入

猎人与狗的故事

从前,有位猎人养了几条猎狗,他一直在想办法让它们抓到更多的兔子。开始猎人规定,凡是能够在打猎中捉到几只兔子的,就可以得到几只骨头,捉不到的就没有。这一招果然有用,猎狗纷纷努力追兔子,因为谁也不愿意看着别的猎狗有骨头吃,自己没得吃。

可是不久后,猎人又发现,由于猎狗获得骨头是以兔子的数量而定,和兔子的大小无关,而大兔子显然比小兔子要难捉很多,所以猎狗捉来的兔子数量没变,但却越来越小。于是,猎人改变做法,规定猎狗获得的骨头奖赏和兔子的重量挂钩,这样猎人捕获兔子的重量和数量都得到了保证。

但是过了一段时间,猎人发现猎狗捕捉兔子的数量又少了,而且越有经验的猎狗捉兔子的数量下降得越厉害。于是猎人去问猎狗,猎狗说:我们把最好的时间都奉献给了你,主人,但是我们随着时间的推移会老去,当我们捉不到兔子的时候,你还会给我们骨头吃吗?猎人恍然大悟,于是规定,今后不管是否能够捉到兔子,猎狗都能得到基本的骨头,同时根据捕获兔子的多少进行提成,随着贡献增大,提成的比例还可以上升。这个决定重新调动了猎狗捕猎的热情。

如果将猎狗比作企业的投资者,而捕获的兔子作为企业的利润,上述的这个故事实际上反映了企业收益分配的基本原理。

实训 7.1 股利政策

知识点 1:股利理论

【实训题目 1】

关于股利相关论,以下四种说法中正确的是(　　)。

A. 股利支付率不影响公司的价值
B. 投资人并不关心股利的分配
C. 股利支付率会影响公司的价值
D. 投资人对股利和资本利得并无偏好

【实训题目 2】

以下哪些是股利无关论的观点(　　)。

A. 投资人根本不关心股利的分配
B. 股利支付率不影响公司的价值
C. 只有股利支付会影响公司的利润
D. 投资人对股利和资本利得无偏好
E. 存在个人所得税和企业所得税

知识点 2:股利政策的内容

【实训题目 3】

对于股份公司来说,制定一个正确的、合理的股利政策是非常重要的,股利政策包括(　　)。

A. 剩余股利政策
B. 固定股利政策
C. 固定股利支付率政策
D. 低正常股利加额外股利政策

【实训题目 4】

能使公司在股利发放上具有较大的灵活性的股利政策;为了保持理想的资本结构,能使加权平均资本成本最低的股利分配政策;股利支付与公司盈利能力相脱节的股利分配政策;以上三种股利政策分别是（　　）。

A. 剩余股利政策　　　　　　　　B. 固定股利政策
C. 固定股利支付率政策　　　　　D. 低正常股利加额外股利政策

【实训题目 5】

小红：快看！公告出来了，公司决定从今年开始采取低正常股利加额外股利政策。

小江：低正常股利加额外股利政策？为什么采取？给我个理由。

以下对低正常股利加额外股利政策的说法正确的有（　　）。

A. 向市场传递公司非正常发展的信息
B. 使公司具有较大的灵活性
C. 保持理想的资本结构，使综合成本最低
D. 大大降低股票的市场价格
E. 使依靠股利度日的股东有比较稳定的收入，从而吸引这部分投资者

知识点 3：不同股利政策的股利计算

【实训题目 6】

光达公司 2017 年年度投资计划所需资金为 700 万元，公司的目标资本结构为借入资金 40%，自有资金 60%，根据附件 1-109 和附件 1-110 中的信息，若公司实行剩余股利政策，2016 年年度应向投资者发放多少股利？

【实训题目 7】

光达公司 2017 年年度投资计划所需资金为 700 万元，公司的目标资本结构为借入资金 40%，自有资金 60%，根据附件 1-109 和附件 1-110 中的信息，若公司实行固定股利政策，2017 年支付固定股利 320 万元。2016 年利润净增 5%，请计算 2016 年年度向投资者发放多少股利？

【实训题目 8】

光达公司 2017 年年度投资计划所需资金为 700 万元，公司的目标资本结构为借入资金 40%，自有资金 60%。根据背景资料，若公司实行固定股利支付率政策，公司每年按 40% 比例分配股利，2016 年年度向投资者发放多少股利？请结合附件 1-109 和附件 1-110 中的信息，判断附件 7-3 中小红和小江的解答过程（见附件 1-111），谁的是正确的？

【实训题目 9】

光达公司 2017 年年度投资计划所需资金为 700 万元，公司的目标资本结构为借入资金 40%，自有资金 60%，根据附件 1-109 和附件 1-110 中的信息，若公司实行低正常股利加额外股利政策，一般为 320 万元，当实现净利润增加 5%，按净利润的 1% 发放额外股利，2016 年年度向投资者发放多少股利？

实训 7.2　股利支付的程序和方式

知识点 4：利润分配程序

【实训题目 10】

请按照规定，给股份制企业和非股份制企业分配程序排序，填写表 1-43 空格中的内容。

股份制企业：A. 提取法定盈余公积
　　　　　　B. 弥补以前年度的亏损
　　　　　　C. 提取任意盈余公积
　　　　　　D. 向投资者分配利润
非股份制企业：A. 提取法定盈余公积
　　　　　　　B. 弥补以前年度的亏损
　　　　　　　C. 向投资者分配利润

表 1-43　股份制企业和非股份制企业分配程序表

不同的企业	按顺序排列字母
股份制企业	
非股份制企业	

知识点 5：利润分配方案

【实训题目 11】

中国铝业下月拟召开董事会会议，确定股利分配方案和对股利分配方案做出决策，根据附件 1-112 中的信息，请判断股利分配方案涉及的问题有（　　）。

A. 股利支付程序中各日期的确定
B. 股利支付方式
C. 股利支付比例
D. 选择股利政策类型

知识点 6：股利支付方式

【实训题目 12】

我国股利支付方式有哪些（　　）。

A. 现金股利　　　B. 股票股利　　　C. 财产股利　　　D. 负债股利

知识点 7：股利分配的计算

【实训题目 13】

陌彩伊家具股份有限公司经董事会批准，在 2016 年增发新股。目前已发行的股票每股市价为 42 元。2015 年年度利润表见背景资料。按照税后利润的 15% 提取盈余公积金，剩余部分全部用来分配股利。2016 年公司增资后，预计股票的市盈率将下降 25%，每股盈利将下降为 7 元。根据附件 1-113 和附件 1-114 中的信息，请计算：

（1）可分配的利润；
（2）每股收益；
（3）实际市盈率；
（4）预计市盈率；
（5）股票的发行价格。

【实训题目 14】

光达公司本年度实现税后利润 200 万元，公司年初未分配利润为 40 万元，下个季度将面临一个投资计划，需要投资 100 万元。公司预期的最佳资本结构是权益负债比 3∶2，公司发行在外的普通股为 80 万股。该公司计提公积金的比例为 15%，公司拟采用剩余股利政策。

要求计算：
(1) 应提取的盈余公积金数额；
(2) 本年应发放的股利数额；
(3) 年末未分配利润；
(4) 每股收益和股利。

【实训题目 15】

晨辉文具公司以 50% 的资产负债率作为目标资本结构。公司 2016 年的税后利润为 1000 万元，2017 年公司未来的总资产见预计资产负债表（见附件 1-115），现有的权益资本为 500 万元。

请计算：
(1) 若采用剩余股利政策，2016 年股利支付率为多少？
(2) 若股利支付率为 100%，计算在市盈率为 10，每股盈余为 2 元的条件下应增发的普通股股数？

实训 7.3　股票股利、股票分割与股票回购

知识点 8：股票股利

【实训题目 16】

光达公司原发行股票 100 000 股，拟发行 15 000 股，已知发放股利前的收益总额是 345 000 元，则发放股票股利后的每股收益为多少元？

【实训题目 17】

关于股票股利的说法，以下说法正确的是（　　）。

A. 股票股利不会降低每股市价
B. 股票股利会导致公司资产的流失
C. 股票股利会增加公司财产
D. 股票股利会引起所有者权益各项目的结构比例发生变化

【实训题目 18】

陌彩伊股份有限公司 2016 年股本面值为 2 元，现在外的有 300 000 股，2016 年年度公司因现金不足，决定发放 8% 的股票股利。已知当时市价为 24 元，2016 年年度净利润为 540 000 元。

请结合附件 1-116 中的信息计算：
(1) 发放股票股利后股东权益各项目的金额；
(2) 发放股票股利前后每股利润各为多少？

知识点 9：股票分割

【实训题目 19】

关于股票分割的说法，不正确的是（　　）。

A. 股票分割会改变公司价值
B. 股票分割会增加发行在外的普通股股数

C. 股票分割会使普通股每股面额降低
D. 股票分割会使每股盈余下降

【实训题目 20】

股票分割后的影响有（　　）。

A. 减少股利支付
B. 吸收更多的投资者
C. 降低年股盈余
D. 树立企业发展形象

【实训题目 21】

顺达公司股票的现行市价为 50 元，股票按一股换成两股的比例分割后，公司的权益账户（见表 1-44）将如何变化？请填写表 1-45 空格中的数据。

表 1-44　顺达公司的权益账户表

权益账户	金额
普通股（每股面值 5 元）	500 000 元
资本公积金	300 000 元
未分配利润	2 200 000 元
股东权益总额	3 000 000 元

表 1-45　股票分割计算表

项目	计算结果
分割后普通股股数/股	
分割后普通股账户金额/元	
分割后每股面值/（元/股）	
分割后资本公积/元	
分割后未分配利润/元	
分割后股东权益总额/元	

【实训题目 22】

Jenny：Linda，与现金股利相比，股票回购有什么特点？Linda：Jenny，我认为，与现金股利相比，股票回购可以提高每股收益，使股价上升或将股价维持在一个合理的水平上。你认为 Linda 的观点正确吗？

实训7.4　小结性案例

大海公司收益分配管理

大海公司位于美丽的滨海城市——大连，创立于 2000 年。旗下经营有海滨浴场、海景酒店。公司为前来观光的游客提供服务，并迅速发展壮大，于 2003 年在深圳证券交易所上市。

随着经济的发展,物质生活水平的提高,游客数量直线上升。大海公司以其优质的服务获得了游客的好评。营业规模亦不断增大。其新建的黄金海岸浴场,延绵4.5公里,沙软滩平,水质清洁。2008年被评为大连夏季"3S"旅游示范基地,是辽东半岛最佳的海水浴场之一,被誉为"东方的夏威夷",并成为沙滩文化节的主会场。海滨浴场提供吃、住、玩一条龙服务。美丽的海滨浴场让每一位游客都充分感受到海滨的浪漫与体贴。

公司负责人张楚是一位年轻有为的CEO,他精通财务知识。他认为公司利润分配不是越高越好,处理好股份分配与公司持续发展之间的关系,才能实现公司和股东的双赢。

2016年年度财务报表已经报出,对2017年的投资计划也做了安排。现在需要提交董事会决议的是权益分配的方案。税后利润应该分配多少给股东呢?发放现金股利、股票股利还是进行股票分割?请根据附件1-117至附件1-119中的信息,完成以下实训题目。

【实训题目23】

2016年权益分配有四个方案:第一个是发放现金股利;请根据权益分配方案计算大海公司应发放的现金股利。

【实训题目24】

2016年权益分配的第二个方案:采用剩余股利政策发放股利。

2017年计划增加投资,所需资金1000万元,目标资本结构为自有资金占50%,借入资金占50%。请计算大海公司2016应发放的现金股利。

【实训题目25】

2016年权益分配的第三个方案:发放股票股利(宣布发放10%的股票股利);普通股面额2元,已发行200 000股,股票当时市价15元,请分析公司发放股票股利对股东权益有什么影响?

【实训题目26】

2016年权益分配的第四个方案:假定按1股换成2股的比例进行股票分割,普通股面额2元,已发行200 000股,请计算分割后的股东权益项目金额为多少?

本章实务演练及讨论

1. 有个养猴人和猴子谈判。养猴人:"每天早上给你们四枚果子,晚上再给你三枚果子,好不好?"猴子们一齐摇头。养猴人:"要不这样吧,每天早上给你们三枚果子,晚上再给你们四枚果子,行了吧?"猴子们欢呼雀跃。这个故事讲的是你耳熟能详的成语"朝三暮四"。著名经济学家米勒和莫迪格里安尼为我们证明了,在完善的资本市场中,当公司的投资政策和投资收益一定时,股东在乎股利的多少,就像成语"朝三暮四"里关心果子个数的猴子那样可笑。你知道这是理财学中的什么理论吗?这种理论的主要观点是什么?

2. 据说,杜鲁门总统在任时最不想见"两面派律师"。因为这些人一方面基于种种理由建议你应当这样做,另一方面又基于其他理由告诉你不能这样做。股利无关论过于脱离现实的假设使它很难成为公司制定股利政策的理论指导。公司在制定股利政策时,更多的是考虑股利相关论的观点。不过,千万别想当然地认为股利相关论就是主张股利越多越好的理论。实际上,股利相关论很像令杜鲁门总统讨厌的"两面派律师",一些观点主张你多发股利,另一些观点却告诫你应当少发点儿股利。请说明你是否同意以上观点,为什么?

3. 朋友答应送你可爱的百灵鸟做生日礼物。他领你到后花园,指着在树丛中一边飞舞一边歌唱的两只百灵鸟说:"如果你能抓到。它们就是你的礼物。"他又指着身边的一只鸟笼说:

"如果你不想费事去抓它们,你可以把笼中的这只百灵鸟拿走。"你是愿意拿走那只笼中的百灵鸟呢,还是愿意去抓那两只林中的百灵鸟呢?请用股利理论解释这一故事。

4. 假若你是主要依靠股利维持生活的股东和养老基金管理人,请问你最不赞成的公司股利政策是什么?

5. 你所在企业 2006 年实现销售收入 2480 万元。全年固定成本 570 万元(含利息),变动成本率 55%,所得税税率 33%。年初已超过 5 年的尚未弥补亏损的 40 万元,按 15% 提取盈余公积金,向投资者分配利润的比率为可供投资者分配利润的 40%,不存在纳税调整事项。2006 年的未分配利润为多少?

6. 某公司经理讲:相对于其他股利政策而言,既可以维持股利的稳定性。又有利于优化资本结构的股利政策是低正常股利加额外股利政策。你同意这种观点吗?

第二篇
财务决策案例库

CAIWU JUECE ANLIKU

实训目的

通过筹资决策、投资决策、营运管理、利润分配、预算管理、财务分析等财务决策模块的案例实训,要求学生能够进一步运用财务管理定性及定量分析方法进行综合分析,从而具备一定的财务管理综合分析及决策能力。

案例1 华光机电股份有限公司筹资决策案例实训

华光机电股份有限公司是集工业仪器仪表、自动控制设备生产、销售与技术服务于一体的机电公司,是国内知名的仪表供应商之一,常年为石化企业、钢铁企业、电力企业提供各种仪表,如压力表、温度仪、流量表、阀门等现场一次仪表,记录仪、调节器等二次仪表,以及特殊场合(如防爆区、毒液区)使用的仪表等。

华光机电股份有限公司按照股份有限公司的组织形式设立,依照《中华人民共和国公司法》组建并登记,是实行自主经营、自负盈亏、独立核算的经济组织。

公司多年来诚实可靠的经营风格使其获得很高的声誉,不但所供应产品质量良好、价格合理,而且售后服务极其规范。

1. 财务风险

请根据附件2-1至附件2-4中的信息,完成以下实训题目。

【实训题目1】

华光机电股份有限公司在2017年将筹集资金以扩大生产规模,提高经营效益。财务管理人员在制定筹资策略时,必须先分析公司的财务结构。请根据华光公司2016年的财务报告,填写表2-1空格中的数据(计算结果均保留2位小数)。

表2-1 华光公司财务结构表

报表项目	金额/万元	占资产比例	行业标准(百分比表示)
流动负债			
长期负债			
总负债			
所有者权益			
资产		100.00%	100.00%

【实训题目2】

根据华光机电股份有限公司的财务结构,结合公司所处的行业特殊性,公司的流动负债比率 __(1)__ 行业标准,长期负债比率 __(2)__ 行业标准,总负债比率 __(3)__ 行业标准,表明公司整体的财务风险 __(4)__ ,负债结构 __(5)__ ,公司可以考虑将一些 __(6)__ 负债转变为 __(7)__ 负债,以平衡债务结构。如果采用债券筹资,长期负债的比率将 __(8)__ ;而用股权筹资,长期负债与净资产的比率会 __(9)__ 。

(1)高于/低于   (2)高于/低于   (3)高于/低于

(4)很高/很低/尚可   (5)合理/不合理   (6)长期/流动

(7)长期/流动   (8)下降/上升   (9)下降/上升

【实训题目3】

华光机电股份有限公司本年并没有资本化的利息费用,财务费用中的"利息费用"核算的是全部费用化了的利息费用。请根据华光机电股份有限公司的财务报表分析该公司的偿债能力,填写表 2-2 空格中的数据(计算结果保留 2 位小数)。

表 2-2　华光机电股份有限公司偿债能力

流动资产/万元		速动资产/万元		息税前利润/万元	
流动负债/万元		流动负债/万元		利息费用/万元	
流动比率		速动比率		利息保障倍数	
行业标准		行业标准		行业标准	

【实训题目4】

根据华光机电股份有限公司的各偿债能力指标,结合公司所处的行业特殊性,公司的流动比率__(1)__行业标准,速动比率__(2)__行业标准,利息保障倍数__(3)__行业标准,表明公司的整体偿债能力__(4)__。一般认为,__(5)__比率比__(6)__比率更能准确、可靠地衡量公司的短期偿债能力,因为它剔除了变现能力较差且不稳定的存货、1 年内到期的非流动资产等,与行业平均水平相比,公司的该比率表明短期偿债能力__(7)__。而利息保障倍数是衡量公司长期偿债能力大小的重要标志,公司的该值表明长期偿债能力__(8)__。

(1)高于/低于　　　(2)高于/低于　　　(3)高于/低于　　　(4)很强/很差/尚可
(5)速动/流动　　　(6)速动/流动　　　(7)较强/较弱　　　(8)较强/较弱

【实训题目5】

华光机电股份有限公司将为生产经营筹集资金,所筹集资金主要用于购买生产设备、建设新生产线,从而提高产量,扩大销售,增加利润。考虑到公司目前的财务结构,公司比较适合采用__(1)__筹资方式,因为这样能提高__(2)__,使财务结构更合理。考虑到公司的偿债能力,若采用上述筹资方式,因为公司目前__(3)__同类资金,所以在筹资后,__(4)__影响偿债能力,__(5)__。

(1)长期负债/短期负债/权益　　　(2)长期负债比率/短期负债比率/所有者权益负债比率
(3)较少/较多/没有　　　　　　　(4)会/不会
(5)会影响速动比率/会影响流动比率/会影响利息保障倍数/不会影响任何值

2. 筹资方式比较

请根据附件 2-1 至附件 2-10 中的信息,完成以下实训题目:

【实训题目6】

请计算普通股的筹资成本(普通股每股面值 1 元,股票发行费率 5%。普通股成本数据保留 3 位小数)。请填写表 2-3 空格中的数据。

表 2-3　普通股成本计算表

项目	数值
2016 年每股收益/元	
2016 年每股股利/元	

续表

项目	数值
报告日每股市价/元	
股利年增长率/(%)	
普通股成本/(%)	

【实训题目 7】

请计算向银行贷款的筹资成本(华光机电股份有限公司所得税税率为 25%,答案均保留 2 位小数)。请填写表 2-4 空格中的数据。

表 2-4　借款成本计算表

借款年限	年利率/(%)	税后筹资成本/(%)
3 年		
5 年		
10 年		

【实训题目 8】

请结合市面上已经发行的其他公司的债券信息,计算华光机电股份有限公司平价发行债券的筹资成本(不考虑货币时间价值,适用所得税税率为 25%,答案均保留 2 位小数)。请填写表 2-5 空格中的数据。

表 2-5　债券成本分析表

债券期限	票面利率/(%)	税后筹资成本/(%)
3 年		
5 年		
10 年		

【实训题目 9】

结合不同筹资方式下的资本成本计算以及相关法律规定,请从发行费用、筹资成本、筹资主体限制性条件、偿还风险、筹资速度、筹资范围、财务杠杆、分散控制权等八个方面进行比较,并在表 2-6 空格中用①、②、③、④、⑤、⑥、⑦、⑧排序。

表 2-6　筹资方式分析表

项目	债券筹资	股权筹资	银行贷款
发行费用			
筹资成本			
筹资主体限制性条件			
偿还风险			
筹资速度			
筹资范围			
财务杠杆			
分散控制权			

3.债券发行

请结合附件 2-1、附件 2-3、附件 2-9 及附件 2-11 至附件 2-14 中的信息,完成以下实训题目。

【实训题目 10】

考虑了公司的财务结构和偿债能力后,华光机电股份有限公司的财务管理人员提议通过发行债券来筹资,请根据公司的财务状况判断公司的净资产是否符合国家关于发行债券的规定。请填写表 2-7 空格中的数据。

表 2-7　公司净资产计算表

法律规定最低净资产/万元	
公司净资产/万元	
是否符合	

【实训题目 11】

华光机电股份有限公司的财务管理人员提议通过发行 7 亿元债券来筹资,且公司之前并无未到期债券。请根据公司的财务状况判断公司本次发行债券后,累计债券余额能否符合国家关于发行债券的规定。请填写表 2-8 空格中的数据。

表 2-8　债券发行计算分析表

法律规定累计债券最高比例/(%)	
公司累计债券余额/万元	
公司净资产/万元	
累计债券余额/净资产/(%)(保留 2 位小数)	
是否符合	

【实训题目 12】

华光机电股份有限公司此次筹集资金主要用于购买生产设备、建设新生产线,从而提高产量,这种为　(1)　建设项目筹集资金而发行的债券,发行期限应该适当　(2)　一些,因为这类项目只有投产获利后,公司才有　(3)　,而如果是用来满足暂时流动资金不足而发行的债券,期限就可以适当　(4)　一些。

(1)经常性/生产性/投机性/临时性　　(2)长/短
(3)销售能力/生产能力/偿债能力　　(4)长/短

【实训题目 13】

对于投资者来说,在购买债券时,因为债券的风险　(1)　银行储蓄的风险,所以会要求债券利率　(2)　同期储蓄存款的利率水平。对于华光机电股份有限公司来说,在确定债券利率水平时,为了保证利息费用在公司的承受范围内,会倾向于　(3)　利率,但是这样就会　(4)　债券对投资者的吸引力。另一方面,公司的信用等级也是制定债券利率的重要影响因素。公司的信用等级越高,债券利率就可以适当　(5)　,如果拟发行的债券附有抵押或担保等保证条款,债券利率也可以适当　(6)　。最终,财务管理人员建议利率定在 5.04%。

(1)小于/大于　　(2)高于/低于　　(3)降低/提高
(4)降低/提高　　(5)降低/提高　　(6)降低/提高

【实训题目 14】

华光机电股份有限公司的财务管理人员提议通过发行 5 年期的债券来筹资建设新生产线，扩大生产规模。在债券的存续期间，根据清偿方式不同，公司的 __(1)__ 会不同。如果是到期一次还本付息的方式，在生产线的建设期间，__(2)__ 支付利息的压力，同等条件下，相对于其他方式来说现值 __(3)__ 。如果是按年付息、到期还本的方式，将付息的压力分散，又不会影响对本金的使用，在一定程度上显得更为 __(4)__ 。

(1)利息收入/利息支出　　　　　　(2)没有/有
(3)较小/较大　　　　　　　　　　(4)稳健/冒险

【实训题目 15】

华光机电股份有限公司的财务管理人员提议发行 7 亿元 5 年期债券来筹措资金，并对公司的债券利息支付能力进行粗略估算。请填写表 2-9 空格中的数据(计算结果保留 2 位小数)。

表 2-9　利息支付估算表

项目	金额/万元
债券 1 年利息	
2014 年可分配利润	
2015 年可分配利润	
2016 年可分配利润	
最近 3 年平均可分配利润	
能否支付	

4．投资者风险

请结合附件 2-15 完成以下实训。

【实训题目 16】

在华光机电股份有限公司债券的存续期间，受国民经济总体运行状况、经济周期、国家财政和货币政策的影响，利率存在变化的可能性。公司债券属于利率 __(1)__ 投资品种，其投资价值 __(2)__ 随着利率变化而变动。一般来说，市场利率越高，债券的当前价值 __(3)__ ，且债券的期限越长，利率对价值的影响 __(4)__ 。因此，当公司债券的存续期较长时，利率的波动将对投资者的收益水平 __(5)__ 。

(1)非敏感性/敏感性　　　　　　　(2)会/不会
(3)越高/越低　　　　　　　　　　(4)越明显/越不明显
(5)造成较大不确定性影响/无重大影响

【实训题目 17】

华光机电股份有限公司的财务管理人员提议通过发行债券来筹措资金，以购买生产设备、建设新生产线，从而扩大生产规模，并依据公司的财务状况草拟了发行方案。为了降低债券的利率风险，公司财务管理人员在提出筹资方案时，要考虑以下哪些内容？（　　　）

A．针对存续期内可能存在的利率风险，确定适当的票面利率水平

B．如何加强对债权筹集资金使用的监控

C．能否在交易所上市以提高债券流动性

D. 是否要设置债券赎回条款
E. 严格控制成本支出,确保资金的投入在预算以内

【实训题目 18】

在华光机电股份有限公司债券的存续期间,如果公司的__(1)__发生重大变化,比如由于市场的变化,实际需求量与__(2)__存在较大差异,导致产大于销,影响公司的__(3)__,因而不能从预期的__(4)__来源获得足够的资金,那么将影响到__(5)__本息的支付,使投资者遭受损失。

(1)经营状况/所有者权益状况/债务状况　　(2)预测数/销售量
(3)项目收益/经营效益/生产能力　　　　　(4)本金/收益/利息
(5)本期票据/本期债券

【实训题目 19】

华光机电股份有限公司的财务管理人员提议通过发行债券来筹措资金,以购买生产设备、建设新生产线,从而扩大生产规模,并依据公司的财务状况草拟了发行方案。为了降低债券发行后的信用风险对投资者所造成的损失,华光机电股份有限公司在生产经营过程中应注意(　　)。

A. 加强对债券筹集资金使用的控制
B. 确保筹集资金投资项目的正常建设和运营
C. 提高经营过程中的现金流和收益水平
D. 寻找可为公司债券提供担保的金融机构

【实训题目 20】

华光机电股份有限公司的财务管理人员提议通过发行债券来筹措资金,以购买生产设备、建设新生产线,从而扩大生产规模,并依据公司的财务状况草拟了发行方案。此次发行债券后,在存续期内,为了保证债券的兑付和维持公司的负债比率,不打算再发行新债券了。除利率风险和信用风险外,华光机电股份有限公司债券的投资者在债券存续期间还可能面临的风险有(　　)。

A. 通货膨胀风险:通货膨胀债券实际收益率下降
B. 流动性风险:公司债券已经承诺上市却未能如期上市,使债券无法流通
C. 回收性风险:附带回收性条款的债券,被强制收回后给投资者造成损失
D. 政策性风险:国家政策变动或地方政府对证券市场的管理,对公司发行新债券有限制

案例 2　东方贸易股份有限公司投资决策案例实训

东方贸易股份有限公司成立于 1976 年,1995 年改组为综合性外贸集团公司,注册资金为 5 亿元人民币,以"大经贸""市场多元化""以优取胜"为发展战略,大力开展技术与成套设备进出口、国际工程承包与劳务合作、实业投资及一般贸易等方面的经营业务,以平等互利为原则,积极同境内外经济组织、社会团体、工商企业开展多种形式的经济合作和贸易往来。集团化、国际化、实业化、多元化战略布局取得了成效。

想客户之所想,为客户之所为,是东方贸易股份有限公司多年经营和发展的精髓。东方贸易股份有限公司的成功是以雄厚的业务基础和良好的客户体系为基础,追求卓越,不断进步,公司经营每一种产品、每一个项目、每一项服务都是为了客户。

1. 项目投资

请根据附件 2-16、附件 2-17 中的信息,完成以下实训题目。

【实训题目 1】

东方贸易股份有限公司正在开发一个芦荟生产项目。该公司将货币资金直接投入该项目,建成两条生产线,并在今后 5 年里生产芦荟产品以供销售,获取经济收益,因此这属于__(1)__投资、__(2)__投资、__(3)__投资、__(4)__投资。

(1)间接/直接　　　　(2)长期/短期　　　　(3)非生产性/生产性

(4)流动资产/有价证券/无形资产/房地产/固定资产

【实训题目 2】

该项目投资不具有以下哪个特点?(　　)

A. 影响时间长　　　B. 投资数额大　　　C. 经常发生　　　D. 变现能力差

2. 现金流量测算和项目评价

请结合附件 2-16 至附件 2-34 中的信息,完成以下实训题目。

【实训题目 3】

请计算东方贸易股份有限公司投资的芦荟生产项目的现金流量,填写表 2-10 空格中的数据(现金流出用"-"号表示)。

表 2-10　现金流量

时间	现金流量/元
投资期初	
第一年	
合计	

【实训题目 4】

请根据附件 2-16 至附件 2-34 中的信息,估算浓缩液和冻干粉的成本,并填写表 2-11 空格中的数据。

表 2-11　产品成本计算表

计算项目	浓缩液车间	冻干粉车间
材料单价/(元/吨)		
材料用量/吨		
材料成本/元		
人工成本/元		
制造费用/元		
总成本/元		
产量/吨		
单位成本/(元/吨)		

【实训题目 5】

请计算该项目经营期的现金流量。填写表 2-12 空格中的数据。

表 2-12　生产期现金流量表　　　　　　　　　　　　　　　　　　　　　　单位：元

项目	2018 年	2019 年	2020 年	2021 年	2022 年
销售收入					
生产成本					
销售和管理费用					
税前利润					
所得税					
税后利润					
折旧及摊销					
营业现金流量					

【实训题目 6】

请根据附件 2-16 至附件 2-34 中的信息，计算该项目终结点的现金流量。填写表 2-13 空格中的数据。

表 2-13　终结点现金流量

项目	金额/元
固定资产残值收入	
收回的垫支营运资金	
合计	

【实训题目 7】

根据附件 2-19 中的信息，填写表 2-14 空格中的数据。

表 2-14　每张债券相关数据

项目	金额/元
债券面值	
发行价格	
发行费用	
筹集金额	
支付年利息	
到期还本	

【实训题目 8】

根据债券的相关数据，计算不同折现率下每张债券的现值，填写表 2-15 空格中的数据（计算结果保留 2 位小数）。

表 2-15　不同折现率下债券现值计算表　　　　　　　　　　　　　　　　　单位：元

现值项目	折现率为 7% 时	折现率为 8% 时
利息现值		
本金现值		
债券现值		

【实训题目 9】

利用插值法计算可得,公司专门为芦荟投资项目募集资金而发行的公司债券的税前实际成本率和税后实际成本率分别为(　　)。

A. 6.84%,5.13%　　B. 7.16%,5.37%　　C. 7.69%,5.77%　　D. 8.04%,6.03%

【实训题目 10】

根据资本资产定价模型计算公司股票的成本。其中公司股票的贝塔系数为0.8,无风险收益率和风险溢价见附件2-28证券交易相关数据。填写表2-16空格中的数据。

表2-16　股票资本成本计算表

无风险收益率	风险溢价	贝塔系数	股票资本成本
		0.8	

【实训题目 11】

根据项目总投资金额中股票和债券各自的比重,计算项目的折现率,也即加权平均资本成本。填写表2-17空格中的数据(除筹资金额外,其他均填写百分数,并保留2位小数)。

表2-17　加权平均资本成本计算表

筹资方式	筹资金额/万元	比重	税后资本成本	加权资本成本
债券				—
股票				—
合计		100.00%	—	

【实训题目 12】

计算该项目的税后年平均收益率。填写表2-18空格中的数据。

表2-18　年平均收益率计算表

项目年限/年	
净收益总额/元	
年平均净收益/元	
投资总额/元	
年平均净收益率/(%)(保留2位小数)	

【实训题目 13】

计算该项目的税后投资回收期。填写表2-19空格中的数据(投资回收期不包括建设期,计算结果保留2位小数)。

表2-19　尚未收回的投资额计算表　　　　　　　　　　　　　　单位:元

年份	每年净现金流量	年末尚未收回的投资额
2018年		
2019年		
2020年		

续表

年份	每年净现金流量	年末尚未收回的投资额
2021 年		
2022 年		
静态投资回收期/年		

【实训题目 14】

按照加权平均资本成本计算该投资项目的净现值。填写表 2-20 空格中的数据（复利现值系数保留 4 位小数，其他有小数的保留 2 位小数）。

表 2-20　净现值计算表　　　　　　　　　　　　　　　　　　　　　　　单位：元

	净现金流量	复利现值系数	现值
期初		1.0000	
第一年			
第二年			
第三年			
第四年			
第五年			
合计			

【实训题目 15】

计算该项目的净现值、总投资的现值、投资的净现值率（计算结果有小数的保留 2 位小数）。

【实训题目 16】

计算该项目投资的现金流入现值、现金流出现值、获利指数（计算结果有小数的保留 2 位小数）。

【实训题目 17】

计算该项目的动态投资回收期。填写表 2-21 空格中的数据（不包括建设期，数据均填写现值，且保留 2 位小数）。

表 2-21　尚未收回的投资额计算表　　　　　　　　　　　　　　　　　　单位：元

年份	每年净现金流量	年末尚未收回的投资额
2018 年		
2019 年		
2020 年		
2021 年		
2022 年		
动态投资回收期/年		

案例3　深远电网股份有限公司营运资金管理案例实训

深远电网股份有限公司成立于2000年2月19日,是经国务院同意进行国家授权投资的机构和国家控股公司的试点单位。公司作为关系国家能源安全和国民经济命脉的国有重要骨干企业,以投资建设运营电网为核心业务,为经济社会发展提供坚强的电力保障。

公司视人才为企业的第一资源,坚持以人为本、共同成长的社会责任准则。公司善待员工,切实维护员工的根本利益,充分尊重员工的价值和愿望,保证员工与企业共同发展;公司善待客户,以客户为中心,始于客户需求,终于客户满意;公司善待合作伙伴,互利互惠,合作共赢,努力营造健康、和谐、有序的电力运营和发展环境。

公司的奋斗方向:建设国际一流企业、坚持以国际先进水平为导向,以同业对标为手段,推进集团化运作、集约化发展、精细化管理、标准化建设,把公司建设成为具有科学发展理念、持续创新活力、优秀企业文化、强烈的社会责任感和国际一流竞争力的现代企业。

1. 现金管理

请根据附件2-35至附件2-41中的信息,完成以下实训题目。

【实训题目1】

根据背景材料分析可知:深远电网股份有限公司之所以持有一定数量的现金,主要是基于三个方面的动机:公司为正常生产经营(附件中所提到的公司日常支出等项目)而应当保持一定的现金支付能力,称为___(1)___动机;公司为应付紧急情况(材料中所指出的紧急状况等)而需要保持的现金支付能力,称为___(2)___动机;公司置存现金用于不寻常的购买机会(材料中所提到的对宏观环境和供应商的分析),称为___(3)___动机。

(1)预防/投机/交易　　(2)预防/投机/交易　　(3)预防/投机/交易

【实训题目2】

背景资料指明了公司持有现金的重要作用,但对于深远电网股份有限公司来说,为确定其最优现金持有量,需要充分考虑下列各项成本因素影响,其中与现金持有量之间成正比例关系的是(　　)。

A. 机会成本　　　B. 管理成本　　　C. 转换成本　　　D. 短缺成本

【实训题目3】

深远电网股份有限公司为确定最佳现金持有量,现对以下三个方案进行成本分析:方案一,现金持有量为120 000元;方案二,现金持有量为180 000元;方案三,现金持有量为240 000元,请根据所给资料,采用成本分析模式,计算深远电网股份有限公司各个方案的现金持有成本,并填写表2-22空格中的数据(机会成本率以国债年利率为准)。

表2-22　现金持有总成本计算表　　　　　　　　　　　　　　　　　　　　　　单位:元

方案	方案一	方案二	方案三
现金持有量	120 000	180 000	240 000
机会成本			
管理成本			
短缺成本			

续表

方案	方案一	方案二	方案三
总成本			
方案选择			

【实训题目 4】

深远电网股份有限公司现金收支平衡,并对全年(按 360 天计算)的现金需要量进行了预测,有价证券的年利率参照二十年期国债年利率(以国债 010107 为准),请采用存货模式确定公司最佳现金持有量并填写表 2-23 空格中的数据。

表 2-23　现金持有量计算表　　　　　　　　　　　　　　　　　　　单位:元

项目	金额
最佳现金持有量	
最佳现金持有量下的现金持有机会成本	
最佳现金持有量下的现金转换成本	
全年现金管理相关总成本	

【实训题目 5】

深远电网股份有限公司持有现金最低额度不少于 1000 元,公司每次有价证券的固定转换成本参照现金转换成本明细表,有价证券年利率以二十年期国债利率为准(参照国债 010 107),根据深远电网股份有限公司每日现金支出量预测表及其他相关资料,采用随机模式确定公司现金返回线(R)、现金持有量上限(H),填写表 2-24 空格中的数据(1 年按 360 天计算,计算结果精确到个位)。

表 2-24　随机模式计算表

项目	数值
预期每日现金余额的期望值/元	
预期每日现金余额变化的方差(δ 的平方值)	
现金返回线 R/元	
现金持有量上限 H/元	
当现金持有量达到现金持有量上限时买进有价证券/元	
当现金持有量达到现金持有量下限时卖出有价证券/元	

2. 应收账款管理

请根据附件 2-42 至附件 2-46 中的信息,完成以下实训题目。

【实训题目 6】

根据相关资料分析,下列说法中正确的是(　　)。

A. 深远电网股份有限公司提取的坏账准备属于应收账款的成本

B. 深远电网股份有限公司应收账款的机会成本实质上就是应收账款占用资金的应计利息

C. 深远电网股份有限公司发生的收账费用也是应收账款机会成本的一种

D. 深远电网股份有限公司只有在无法收回欠款时,才会发生应收账款的成本

【实训题目 7】

根据所给出的资料计算应收账款的成本并填写表 2-25 空格中的数据。其中资金成本率参照公司的借款利息率计算,变动成本率以公司变动成本与赊销额的比值计算,其他内容以所给资料为准(1 年按 360 天计算)。

表 2-25 公司应收账款成本计算表

成本项目	数值
年赊销额/万元	
平均收账天数/天	
变动成本率/(%)	
年资金成本率/(%)	
应收账款的机会成本/万元	
应收账款管理成本/万元	
坏账损失/万元	
相关总成本/万元	

【实训题目 8】

深远电网股份有限公司拟发展凌霄建筑公司为新客户,现采用 5C 系统对该客户的信用进行评价,为此收集了很多信息,请判断下列信息分别属于 5C 系统中哪一个标准。请填写表 2-26 空格中的内容。

表 2-26 5C 系统信息表

信息	标准
凌霄建筑公司注册资本 100 万元,年营业额 500 万元,财务实力雄厚	
近些年来,建筑行业蓬勃发展,市场前景广阔	
凌霄建筑公司信誉良好,从不恶意拖欠,行业内口碑甚好	
凌霄建筑公司近 3 年来流动比率维持在 100% 以下	
凌霄建筑公司愿意以现有的部分建筑材料用于抵押	

【实训题目 9】

深远电网股份有限公司根据 5C 系统所评价的内容,决定为凌霄建筑公司开出"2/10, $n/45$"的信用条件,下列关于这一信用条件表现形式说法正确的是(　　)。

A. 这一信用条件表明客户若能在发票开出后的 10 日内付款,可以享受 2% 的现金折扣

B. 这一信用条件表明客户购买的电量越多,现金折扣就越多,10 千瓦时可让利 2%,45 千瓦时以上折扣更多

C. 这一信用条件表明公司信用期限为 45 天,10 天为折扣期限,2% 为现金折扣率

D. 这一信用条件表明即使客户放弃折扣优惠,其全部款项也要在 45 日内付清

E. 这一信用条件表明公司信用期限为 45 天,信用期限越长,销售收入增长越多,企业坏账风险也越小

【实训题目 10】

根据会议记录中所提的内容：深远电网股份有限公司的信用政策过于严厉，不利于扩大销售且收账费用较高，公司正在研究修改现行政策。请采用总额分析法进行分析，并填写表 2-27 空格中的数据，以确定所应采用的最优方案，假设公司变动成本率即变动成本/赊销额不变，资金成本按深远电网股份有限公司银行借款年利率计算（1 年按 360 天计算，不考虑所得税的影响）。

表 2-27　信用政策调整计算表　　　　　　　　　　　　　　　单位：元

方案	现有政策	方案一	方案二
年赊销额/万元			
现金折扣/万元			
变动成本/万元			
应收账款机会成本/万元			
坏账损失/万元			
收账费用/万元			
相关收益/万元			
应选择的最优方案		—	—

3. 存货管理

根据附件 2-47 至附件 2-50 中的信息，完成以下实训题目。

【实训题目 11】

如果不考虑深远电网股份有限公司能够享受的数量折扣，运用存货经济批量模型计算、填写表 2-28 空格中的数据（1 年按 360 天计算）。

表 2-28　不考虑折扣的订货量计算表

项目	数值
年需要量/吨	
变动订货成本/（元/次）	
变动储存成本/（元/吨）	
经济进货批量/吨	
年订货次数/次	
年储存总成本/元	
年订货总成本/元	
年材料购置成本/元	
总成本/元	

【实训题目 12】

如果考虑数量折扣，当深远电网股份有限公司每次进货 1200 吨时，填写表 2-29 空格中的数据（1 年按 360 天计算）。

表 2-29　每次进货 1200 吨总成本计算表

项目	数值
年需要量/吨	
年订货次数/次	
年订货总成本/元	
年储存总成本/元	
年材料购置成本/元	
总成本/元	

【实训题目 13】

如果考虑数量折扣,当深远电网股份有限公司每次进货 1800 吨时,填写表 2-30 空格中的数据(1 年按 360 天计算)。

表 2-30　每次进货 1800 吨总成本计算表

项目	金额
年需要量/吨	
年订货次数/次	
年订货总成本/元	
年储存总成本/元	
年材料购置成本/元	
总成本/元	

【实训题目 14】

根据前面的计算,可以了解到:当不考虑折扣时,经济订货量为____吨,总成本为____元;当每次进货 1200 吨享受折扣时,总成本为____元;当每次进货 1800 吨享受折扣时,总成本为____元;因此,深远电网股份有限公司的最优订货量为____吨,每年需订货____次,花费的总成本为____元。

请根据附件 2-48、附件 2-49、附件 2-51、附件 2-52、附件 2-53 完成以下实训。

【实训题目 15】

采购部年终总结发表在公司《深远报》上之后,引起了公司各部门人员的密切关注,目前来看,确定是否设置合理的保险储备量已成为采购部门新的一年工作的首要任务。仓储部张义提出方案一:不设置保险储备量。请填写表 2-31 空格中的数据。

表 2-31　方案一分析表

项目	数值
交货时间/天	
平均日需求量/吨	
保险储备/吨	
再订货点/吨	

续表

项目	数值
缺货期望值/吨	
年订货次数/次	
缺货成本/元	
保险储备成本/元	
方案一相关总成本/元	

【实训题目 16】

采购部年终总结发表在公司《深远报》上之后,引起了公司各部门人员的密切关注,目前来看,确定是否设置合理的保险储备量已成为采购部门新的一年工作的首要任务。仓储部林霞提出方案二:将保险储备量设置为 10 吨。请填写表 2-32 空格中的数据。

表 2-32　方案二分析表

项目	数值
交货时间/天	
平均日需求量/吨	
保险储备/吨	
再订货点/吨	
缺货期望值/吨	
年订货次数/次	
缺货成本/元	
保险储备成本/元	
方案二相关总成本/元	

【实训题目 17】

采购部年终总结发表在公司《深远报》上之后,引起了公司各部门人员的密切关注,目前来看,确定是否设置合理的保险储备量已成为采购部门新的一年工作的首要任务。采购部陈秀提出方案三:将保险储备量设置为 20 吨。请填写表 2-33 空格中的数据。

表 2-33　方案三分析表

项目	数值
交货时间/天	
平均日需求量/吨	
保险储备/吨	
再订货点/吨	
缺货期望值/吨	
年订货次数/次	
缺货成本/元	

续表

项目	数值
保险储备成本/元	
方案三相关总成本/元	

【实训题目 18】

采购部年终总结发表在公司《深远报》上之后,引起了公司各部门人员的密切关注,目前来看,确定是否设置合理的保险储备量已成为采购部门新的一年工作的首要任务。采购部林立提出方案四:将保险储备量设置为 30 吨。请填写表 2-34 空格中的数据。

表 2-34　方案四分析表

项目	数值
交货时间/天	
平均日需求量/吨	
保险储备/吨	
再订货点/吨	
缺货期望值/吨	
年订货次数/次	
缺货成本/元	
保险储备成本/元	
方案四相关总成本/元	

【实训题目 19】

采购部年终总结发表在公司《深远报》上之后,引起了公司各部门人员的密切关注,目前来看,确定是否设置合理的保险储备量已成为采购部门新的一年工作的首要任务。采购部张为民提出方案五:将保险储备量设置为 40 吨。请填写表 2-35 空格中的数据。

表 2-35　方案五分析表

项目	数值
交货时间/天	
平均日需求量/吨	
保险储备/吨	
再订货点/吨	
缺货期望值/吨	
年订货次数/次	
缺货成本/元	
保险储备成本/元	
方案五相关总成本/元	

【实训题目 20】

采购部年终总结发表在公司《深远报》上之后,引起了公司各部门人员的密切关注,目前来看,确定是否设置合理的保险储备量已成为采购部门新的一年工作的首要任务。现有的五个方案的相关总成本我们已经进行了详细的计算,请根据前述计算内容,填写表 2-36 空格中的数据。

表 2-36　确定保险储备量计算表

保险储备量/吨	成本/元
0	
10	
20	
30	
40	
最佳保险储备量	

案例 4　蓝龙汽车配件股份有限公司利润分配案例实训

蓝龙汽车配件股份有限公司成立于 1987 年,是一个集铸造、加工、装配为一体的现代化企业,主要为世界著名汽车公司本田、宝马等生产配套汽车线束,拥有一流的技术人才和先进的机械设备,是充满活力和具有广阔前途的企业。

自成立以来,蓝龙汽车配件股份有限公司一方面为客户提供最优质的产品,不断提升对客户的服务,另一方面注重社会责任,热心公益事业,为中国的发展贡献自己的力量。

公司站在企业兴衰的高度,坚持走"以人为本,文化兴企"之路,工作中做到对待员工人人平等、一视同仁,极大鼓舞了员工的工作积极性,不断增强他们对企业的认同感,有力地促进了企业各项工作的协调发展。

1. 利润分配

根据附件 2-54 至附件 2-58 中的信息,完成以下实训题目。

【实训题目 1】

2017 年 4 月 19 日,蓝龙汽车配件股份有限公司召开股东大会,讨论 2016 年年度利润分配方案。

A. 提取法定公积金

B. 向股东分配股利

C. 弥补在税前利润弥补亏损之后仍存在的亏损

D. 弥补以前年度的亏损,但不得超过税法规定的弥补期限

E. 提取任意公积金

F. 缴纳所得税

顺序	1	2	3	4	5	6
利润分配项目						

【实训题目2】
根据2015年的资产负债表,关于蓝龙汽车配件股份有限公司的盈余公积,下列说法正确的是(　　)。
A. 蓝龙汽车配件股份有限公司2016年可以不提取法定公积金
B. 蓝龙汽车配件股份有限公司2016年须按5%~10%提取法定公积金
C. 蓝龙汽车配件股份有限公司2016年须按10%提取任意公积金
D. 2016年蓝龙汽车配件股份有限公司的盈余公积可以用来弥补亏损
E. 2016年蓝龙汽车配件股份有限公司不能将盈余公积转增资本

【实训题目3】
根据历年股利分配情况,蓝龙汽车配件股份有限公司的股利支付方式有(　　)。
A. 现金股利　　　B. 股票股利　　　C. 财产股利　　　D. 负债股利

2. 股利分配

根据附件2-58至附件2-64中的信息,完成以下实训题目。

【实训题目4】
蓝龙汽车配件股份有限公司于2017年4月19日召开了股东大会,讨论了2016年年度的利润分配方案。请根据材料填写2016年年度利润分配表(见表2-37)空格中的数据。

表2-37　利润分配表　　　　　　　　　　　　　　　　　　　单位:元

项目	本期金额	上期金额
一、净利润		60 000 000.00
加:年初未分配利润		57 000 000.00
二、可供分配利润		117 000 000.00
减:提取法定公积金		6 000 000.00
提取任意公积金		3 000 000.00
三、可供股东分配利润		108 000 000.00
减:应付普通股股利		36 000 000.00
转作股本的股利		0.00
四、年末未分配利润		72 000 000.00

【实训题目5】
从公司历年股利分配情况可知:公司近3年派现较多,这主要是因为公司经过20年的经营,已经进入快速发展阶段,并积累了较多资金,所以在进入21世纪后,开始回报股东。根据资产负债表,2014年货币资金占总资产的__(1)__％,2015年占__(2)__％,2016年占__(3)__％,呈逐年__(4)__趋势。虽然这3年每股股利__(5)__,但高派现要求有宽裕的现金,所以会对公司运营造成一定的压力。(数据保留2位小数)
(1)下降/上升　　　(2)逐年下降/逐年上升/不变

【实训题目6】
从派现水平来看,公司2015年的股利支付率是__(1)__％,__(2)__行业平均水平,2016年是__(3)__％,比上一年__(4)__较多。行业的平均支付率呈逐年__(5)__趋势,不派现企业

___(6)___,___(7)___企业所占比例明显上升,说明近年来分红企业的数量虽然有所___(8)___,但整体派现水平___(9)___,其中象征性派现的企业趋多。(数据保留 2 位小数)

(1)　　　　　　　　　　　(2)远远高于/远远低于/大致等于　　　(3)

(4)下降上升　　　　　　　　(5)下降/上升　　　　　　　　　　　　(6)增加/减少

(7)高派现/低派现/不派现　　(8)增加/减少　　　　　　　　　　　　(9)下降/上升

【实训题目 7】

讨论利润分配前后对公司财务状况的影响。填写表 2-38 空格中的数据。(假定利润分配方案公告后,市场还来不及做出反应,所以市价保持不变。除普通股数保留整数外,其他数据均保留 2 位小数。)

表 2-38　利润分配方案影响分析表

影响项目	分配后	分配前
普通股股数		
每股账面价值/(元/股)		
每股净收益/(元/股)		
市盈率		

【实训题目 8】

股票股利是公司以___(1)___的股票作为股利的支付方式。对于蓝龙汽车配件股份有限公司的股东来说,这种支付方式___(2)___直接增加它们的财富。相对于其他支付方式而言,股票股利___(3)___引起公司资产的流出或负债的增加,___(4)___引起股东权益内部结构的调整。发放股票股利后,如果盈余总额不变,且股票市价与账面价值保持固定比例,会由于普通股股数___(5)___而引起每股收益___(6)___,每股市价___(7)___,每位股东所持股票的市场价值总额___(8)___。

(1)拥有的其他企业/增发的本公司　　(2)会/不会　　　　　(3)会/不会

(4)会/不会　　　　　　　　　　　　(5)增加/减少/不变　　(6)不变/下降/上升

(7)不变/下降/上升　　　　　　　　　(8)不变/下降/上升

【实训题目 9】

根据附件中的信息,填写表 2-39 空格中的数据。

表 2-39　股利支付程序

	日期
股利宣告日	
股利登记日	
股利支付日	

【实训题目 10】

蓝龙汽车配件股份有限公司送股后,市场可流通总股数___(1)___,那么原来的市场价格必须进行除权。除权日一般在股权登记日___(2)___,这一天或以后购入蓝龙汽车股份有限公司股票的股东,不再享有该公司此次分红。因此,在除权日之前购买的股票,购买价格会___(3)___。

(1)增加/减少　　　　(2)之前/之后　　　　(3)较高/较低

3. 股利政策

根据附件 2-56、2-59、2-62，以及附件 2-65 至附件 2-68 中的信息完成以下实训题目。

【实训题目 11】

公司最近 3 年的现金股利政策最可能是(　　　)。

A. 剩余股利

B. 固定股利

C. 固定支付率股利

D. 固定增长率股利

E. 低正常股利加额外股利

【实训题目 12】

关于公司最近 3 年所采用的现金股利政策，其优点是(　　　)。

A. 股利与企业盈余紧密结合，体现投资风险与投资收益的对称性

B. 有利于优化资本结构，降低综合资本成本

C. 股利额稳定，有利于投资者安排收入与支出

D. 既体现维持股利的稳定性，又体现优化资本结构的灵活性

【实训题目 13】

如果蓝龙汽车配件股份有限公司在今后保持最近 3 年的股利政策，且不再以任何形式增加新股，请采用股利贴现法估计公司的股权价值。根据资本资产定价模型计算公司股权成本。其中公司股票的贝塔系数为 1.1031，无风险收益率和风险溢价率见附件证券交易数据。请填写表 2-40 空格中的数据。

表 2-40　股权价值估计表

估计项目	数值
无风险收益率/(%)	
风险溢价率/(%)	
贝塔系数	1.1031
股权成本/(%)(保留两位小数)	
每年股利/元	
股权价值/元	

【实训题目 14】

公司近年来业绩良好，销售收入不断提高，预计 2017 年还可以继续提高 60%。而由于加强了管理，预计 2017 年管理费用将增加 30%。请粗略估算 2017 年的利润，填写表 2-41 空格中的数据(所得税税率为 25%)。

填写事项说明：

(1) 观察利润表，营业成本、税金及附加、销售费用这些项目，长期以来与营业收入保持了较为稳定的比例；

(2) 财务费用(主要是利息费用)来自短期借款、长期借款和债券(短期借款按上年年末余

额 1 年期计算,长期借款和债券主要是 3 年期的);

(3) 暂时不考虑非经常发生的业务损益。

表 2-41 2017 年利润估算表

项目	金额/元
营业收入	
营业成本	
税金及附加	
销售费用	
管理费用	
财务费用	
利润总额	
所得税费用	
净利润	

【实训题目 15】

预计蓝龙汽车配件股份有限公司 2018 年需要追加投资 26 000 万元,且投资额将在 2018 年年初投入,所以所需资金必须在 2017 年筹集完备。所需资金由权益资金和负债资金构成。2017 年除了为 2018 年筹集资金并支付 2017 年股利外,不考虑其他影响资产负债表的业务。根据估算的 2017 年利润,请计算不同股利政策对公司财务状况的影响。填写表 2-42 空格中的数据(计算结果有小数的保留 2 位小数)。

填写事项说明:

(1) 在剩余股利政策下,仍要保持 2016 年的资本结构,若 2017 年增加的净利润不足以提供所需的权益资金,则需外部筹集权益资金。

(2) 在固定股利政策下,仍要保持 2016 年的每股股利,资金不足时,以负债资金补充。

(3) 在固定股利支付率政策下,若 2017 年增加的净利润提取股利后不足以提供所需的权益资金,则以负债资金补充(固定股利支付率为 41.25%)。

表 2-42 不同股利政策的应用表   单位:元

项目	剩余股利政策	固定股利政策	固定支付率股利政策
2018 年所需投资额	260 000 000	260 000 000	260 000 000
2017 年净利润			
获得权益资金			
需筹集负债资金			
需筹集权益资金			
资产负债率			
支付股利			
支付每股股利			
股利支付率			

【实训题目 16】
对于蓝龙汽车配件股份有限公司来说,固定股利政策和固定支付率股利政策都无法保持公司的资本结构,所需筹集的负债资金__(1)__,资产负债率__(2)__,因此__(3)__给公司造成较大的财务压力。但剩余股利政策也有其不足,即__(4)__较低,可能会降低对投资者的吸引力。但是公司目前的股利支付率__(5)__,为了满足公司扩张的资本需求,应适当__(6)__。经过考量,公司管理层决定实行正常股利加额外股利的政策,既能满足公司投资的需要,又能满足股东的利益需求。

(1)较少/较多 　　　　(2)较高/较低 　　　　(3)会/不会
(4)资产负债率/ 　　　(5)较高/较低 　　　　(6)降低/提高
　　股利支付率/
　　盈利能力/
　　市盈率

案例 5　盛云棉纺有限公司全面预算管理案例实训

盛云棉纺有限公司是一家以棉纺织业为主的国家大型二级企业。发展至今,公司拥有固定资产 3.5 亿元,员工 4200 人,主要生产精梳 40S、32S、10S 纯棉纱、篷盖布、橡胶帆布、缝纫线等产品。

公司设有公司总部以及棉纺厂、帆布厂、热电厂、针织厂、印染厂、制线厂 6 个分厂,公司总部下设总务部、供应部、财务部、人力部、预算部 5 个职能部门(见图 2-1)。

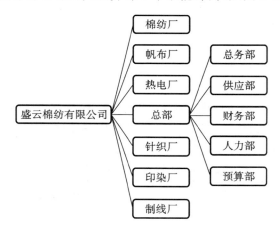

图 2-1　盛云棉纺有限公司内部结构

公司总部作为投资管理中心,下属分厂为二级法人企业,是公司的利润中心。部门以上经理人员的任用及重大投资、融资决策均在公司总部,各部门只能作为职能部门对总经理负责。

为保障利润全面预算管理模式的良好运行,公司还设立了全面预算管理委员会、改善提案委员会和物价管理委员会,委员会主任均由总经理兼任(见图 2-2)。

1. 目标利润预算

请根据附件 2-69 至附件 2-73 中的信息,完成以下实训题目。

【实训题目 1】
根据材料判断下列关于目标利润预算的说法正确的是(　　)。

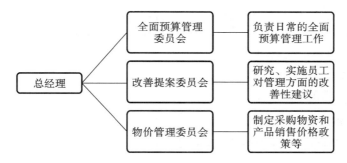

图 2-2　全面预算管理模式图

A. 目标利润是预算编制的起点
B. 先编制销售预算,再根据以销定产的原则编制生产预算
C. 先编制生产预算,再根据以产定销的原则编制销售预算
D. 根据生产预算编制直接材料预算、直接人工预算和制造费用预算
E. 预算的制定和执行是自下而上的过程

【实训题目 2】

关于目标利润在预算管理中的作用,说法正确的有(　　　)。
A. 公司总部对分厂的管理控制和考核应该围绕目标利润进行
B. 目标利润是实行预算管理的核心
C. 目标利润是预算编制的总纲领
D. 部门的费用预算也要围绕目标利润制定,将费用控制在预算范围内

【实训题目 3】

请代盛云棉纺有限公司编制 2017 年的利润预算,填写表 2-43 空格中的数据(结果保留 2 位小数)。

表 2-43　2017 年公司目标利润

分厂	2016 年利润/万元	2017 年利润/万元	利润增加额/万元	利润增长百分比/(%)	利润结构百分比/(%)
棉纺厂					
帆布厂					
针织厂					
制线厂					
印染厂					
热电厂					
合计					

【实训题目 4】

通过预测确定的目标利润,__(1)__。各分厂全面预算的编制和责任落实程序,是在__(2)__确定的基础上进行的,并且应该从__(3)__开始。对于销售预算、生产成本预算、费用预算来说,各分厂的编制原理、方法是__(4)__,而公司的综合预算是各分厂预算的__(5)__。

(1) 既有公司的总目标利润,又有
    各分厂的子目标利润/
    只有各分厂的子目标利润/
    只有公司的总目标利润

(2) 目标利润/
    生产能力市场需求

(3) 销售预算/
    费用预算/
    生产预算

(4) 各不相同/一致的

(5) 细化/汇总

2. 棉纺厂产销能力分析

根据附件2-74至附件2-76中的信息,完成以下实训题目。

【实训题目5】

棉纺厂是盛云棉纺有限公司各分厂中创立最早的分厂,到如今,已经发展成为实力雄厚、资金充足、设备先进、运作成熟的利润中心。请根据2016年各季度产销表,分析该分厂的产销情况:棉纺厂2016年的销售状况__(1)__,能够满足市场上的需求,而且基本上属于__(2)__。除了第一季度是销售淡季外,其他季度的销量__(3)__。生产设备的利用率__(4)__,__(5)__满负荷生产,因此,在市场需求未完全满足的情况下,棉纺厂应该__(6)__棉纺产品的生产。

(1) 良好/不好　　(2) 产销平衡/产过于销/产不应销　　(3) 波动较大/比较稳定

(4) 较高/较低　　(5) 尚未达到/基本达到　　(6) 增加/减少

【实训题目6】

请根据2016年的实际利润表和预计利润表,计算该年的预算差异,填写表2-44空格中的数据(保留2位小数)。"差异"栏填写百分数,"－"号表示没有达到或者节省,"＋"号表示超额完成或者超支。

表2-44　预算差异分析表

	预算	实际	差异/(%)
年销售额/吨			
生产成本总额/万元			
销售及管理费用总额/万元			
营业利润/万元			

【实训题目7】

结合2016年的预算,棉纺厂的成本控制__(1)__,因为实际生产成本都__(2)__预算,而费用控制相对__(3)__。年度营业利润与预算相比,差距__(4)__,这主要是由__(5)__引起的。

(1) 较差/较好　　(2) 高于/低于　　(3) 较差/较好

(4) 较小/较大　　(5) 费用/成本

3. 棉纺厂全面预算的编制

根据附件2-74至附件2-85中的信息,完成以下实训题目。

【实训题目8】

为达到公司制定的分厂目标利润,预算管理委员会要求棉纺厂2017年销售量应与目标利润同比例增长。请填写表2-45空格中的数据(除销量和产量保留整数外,其他数据保留2位小数)。

表 2-45　销售量预算表

项目	金额
2016 年实际利润/万元	
2017 年实际利润/万元	
增长率/(%)	
2016 年实际销量/吨	
2017 年目标销量/吨	

【实训题目 9】

由于行业的特性，估计棉纺厂 2017 年各季度的销量比重与 2016 年相同。根据年度销量预算，编制 2017 年的季度销售预算，填写表 2-46 空格中的数据。

表 2-46　2017 年预计销量表

	第一季度	第二季度	第三季度	第四季度	全年合计
销售量/吨(保留整数)					
销售单价/(万元/吨)					
销售额/万元					
销量结构百分比/(%)	20.13%	26.47%	26.64%	26.76%	100.00%

【实训题目 10】

根据销售季度预算完成 2017 年的生产预算(保留整数)。根据以往的经验，产成品必须留有下期销售量的 10%，才能满足销售的需要，以保证经营不会中断。请填写表 2-47 空格中的数据。

表 2-47　2017 年年度　生产预算表　　　　　　　　　　单位:吨

摘要	第一季度	第二季度	第三季度	第四季度	全年
预计销售需要量 加:预计期末存货量					127
预计需要量合计 减:期初存货量					270
预计生产量					

【实训题目 11】

根据 2016 年的产品成本明细，结合价格预测报告中的信息，编制 2017 年的单位变动制造费用预算。请填写表 2-48 空格中的数据(除价格预测报告中提及的事项，其他费用未发生变化。数值有小数的保留 2 位小数)。

表 2-48　单位变动制造费用预算表

费用明细	单位变动制造费用/(元/吨)
间接材料费用	

续表

费用明细	单位变动制造费用/(元/吨)
间接人工费用	
机物料消耗费用	
低值易耗品费用	
水费	
电费	
包装费	
装卸费	
合计	

【实训题目 12】

根据 2016 年的产品成本明细,结合价格预测报告中的信息,编制 2017 年的单位变动成本预算。填写表 2-49 空格中的数据("价格标准"需填写单位,并参照 2016 年的产品成本计算表填写。数值有小数的保留 2 位小数)。

表 2-49　单位变动成本预算表

成本项目	价格标准	用量标准	单位成本＝价格×用量/(万元/吨)
直接材料费用		1 吨/吨	
直接人工费用		1000 小时/吨	
变动制造费用		1000 小时/吨	
合计	—	—	

【实训题目 13】

棉纺厂 2016 年对固定费用加强管理,控制得当。预计 2017 年除了"市场价格预测"里发生的事项外,其他费用仍可以与 2016 年保持在同一水平上。假如固定制造费用各季度等额发生,请根据材料编制制造费用预算。填写表 2-50 空格中的数据(除产量保留整数外,其他数据保留 2 位小数)。

表 2-50　2017 年年度　制造费用预算表　　　　　　　　　　　　　单位:万元

摘要	一季度	二季度	三季度	四季度	合计
预计生产量/吨					
单位变动制造费用					
变动制造费用总额					
其中:间接材料费用					
间接人工费用					
其他变动费用					
固定制造费用总额					
其中:折旧费					

续表

摘要	一季度	二季度	三季度	四季度	合计
管理人员工资					
其他固定费用					
制造费用合计					
减:折旧费					
资金支出的费用					

【实训题目 14】

棉纺厂采用变动成本法核算产品成本。请根据材料完成生产成本预算,填写表 2-51 空格中的数据。

填写说明:

(1) 单位成本中的单价应参照 2016 年的产品成本计算表填写单位。

(2) 表中的括号内填写相应的产量,需填写"吨",并保留整数。

(3) 销货成本中包含 2016 年年末的库存产品成本。

(4) 其他数值均以万元为单位(不必填写"万元")并保留 2 位小数。

表 2-51　2017 年年度　产品成本预算表　　　　　　　　　　　　单位:万元

项目	单位成本		成本	生产成本 (5543 吨)	期末存货成本(127 吨)	销货成本 (5686 吨)
	单价	用量				
直接材料费用		1 吨/吨				
直接人工费用		1000 小时/吨				
变动制造费用		1000 小时/吨				
固定制造费用						
合计						

【实训题目 15】

请根据材料编制 2017 年的销售和管理费用预算,其中变动费用与销售量有关,固定费用在各季度之间均匀发生,管理费用全部是固定费用。单位变动销售及管理费用的单位是万元/吨,请填写表 2-52 空格中的数据。

(销售量保留整数,其他数据有小数的保留 2 位小数)

表 2-52　2017 年年度　销售及管理费用预算表　　　　　　　　　　单位:万元

摘要	一季度	二季度	三季度	四季度	全年
预计销售量/吨					
单位变动成本					
预计变动成本					
预计固定费用					
人员工资费用					

续表

摘要	一季度	二季度	三季度	四季度	全年
折旧费及摊销费					
水电费					
办公费					
其他					
销售及管理费用					
合计					
减:折旧及摊销					
现金支付数					

【实训题目 16】

根据编制的各预算表,进一步编制预计利润表。请填写表 2-53 空格中的数据(数据有小数的保留 2 位小数)。

表 2-53　预计利润表

摘要	金额/万元	结构百分比/(%)
销售收入		100.00%
减:变动成本		
其中:变动生产成本		
变动销售及管理费用		
贡献毛益总额		
减:固定成本		
其中:固定制造费用		
固定销售及管理费用		
营业利润		

【实训题目 17】

经过预算,与总部制定的目标利润相比,棉纺厂___(1)___公司的利润指标,销售利润率___(2)___2016 年的水平。造成这一差异的主要原因是___(3)___。在预算的执行过程中,办公费、差旅费、修理费等___(4)___费用项目也有可能因为___(5)___等原因,而与预算发生差异。

(1)超额完成(差异≥3%)/
　　未能完成(差异≤-3%)/
　　基本完成(差异为-3%~3%)

(2)高于/低于

(3)期间费用支出增加/
　　成本要素价格上涨/
　　产品销售价格下降

(4)固定/变动

(5)销售变动/
　　管理不善/
　　市场不景气

【实训题目 18】

棉纺厂的预算编制完成后,即输入计算机管理系统,修改权由全面预算管理委员会控制,并由预算部对棉纺厂的预算执行进行日常监控。在预算的执行、监控过程中,预算部主要注意以下哪些问题(   )。

A. 对生产量、原材料、可变费用等预算指标进行控制,及时发现存在的问题,并分析差异原因

B. 制定一系列的激励政策,以调动预算执行者的积极性

C. 制定一系列的惩罚措施,未完成预算的,按实际与预算的差额处以一定的罚金

D. 对超出预算的费用,一律不予支付,由部门自行解决

E. 根据每日执行结果逐日及时调整预算,以使预算更接近实际情况

案例 6 南海钨业股份有限公司财务分析案例实训

南海钨业股份有限公司是在深圳证券交易所上市的集团型股份公司,主要从事钨冶炼产品、钨粉末、硬质合金、钨钼丝材、新能源材料等的研发、生产与销售,是国家级重点高新技术企业和全国"十佳最具成长性上市公司"。

公司现拥有三个矿山、两个钨冶炼公司、两个硬质合金公司、三个钨钼丝材公司,打造了从钨矿山到冶炼再到深加工完整的产业链,总资产 17.79 亿元,净资产 4.9 亿元。

公司研发实力雄厚,拥有国家级企业技术中心、博士后科研工作站,具有多项发明专利,实力新型专利和专有技术,多项核心技术处于国际领先水平,公司承担建设的多个科研项目被国家科技部认定为"国家级火炬计划项目"。公司在生产过程中严格执行检测标准,追求完美的产品质量,已全面通过 ISO9001 国际质量体系认证,并获商检局出口货物检验检疫通关"绿色通道"的待遇。公司在快速发展的同时,力争占领技术制高点,不断完善产业结构,培育新的市场增长点,增强企业可持续发展能力,为打造国际一流的钨业公司而不懈奋斗!

1. 偿债能力分析

请根据附件 2-86 至附件 2-92 中的信息,完成以下实训题目。

【实训题目 1】

以下为衡量南海公司短期偿债能力的指标,请根据所给出的背景材料填写表 2-54 空格口的数据(结果保留 2 位小数)。

表 2-54 短期偿债能力指标计算表

项目	数值(按年末数计算)	数值(按年初数计算)
营运资本/元		
流动比率/(%)		
速动比率/(%)		
现金比率/(%)		
现金流动负债比率/(%)		

【实训题目 2】

根据前面所计算的指标分析:年末数与年初数相比,南海钨业股份有限公司的营运资本增

加___(1)___元,由此可知公司的短期偿债能力___(2)___;钨业公司流动比率的行业标准为___(3)___%,南海钨业股份有限公司的年初和年末流动比率___(4)___行业标准,并且年末的比率比年初升高了___(5)___个百分点,这表明南海钨业股份有限公司具有___(6)___的短期偿债能力。(结果保留2位小数)

(1)　　　　　　　　　(2)降低了/有所提高　　　　　　(3)

(4)均高于/均低于　　　(5)　　　　　　　　　　　　　(6)较强/较差

【实训题目3】

南海钨业股份有限公司年末速动比率比年初提高了___(1)___%,表明公司债务偿还的安全性___(2)___,国际上通常认为,速动比率达到___(3)___%较为恰当;南海钨业股份有限公司的现金比率比年初减少了___(4)___%,说明公司为每100元流动负债提供的现金资产保障减少了___(5)___元;公司年末现金流动负债比率比年初提高了___(6)___%,说明公司流动负债的经营现金流量保障程度___(7)___。(结果保留2位小数)

(1)　　　　　　　　　(2)有所下降/有所上升　　　　　(3)

(4)　　　　　　　　　(5)　　　　　　　　　　　　　(6)

(7)有所下降/有所上升

【实训题目4】

衡量公司短期偿债能力既要根据公司财务报表资料进行计算,也要充分考虑一些表外因素(以会议记录为参考,判断所列事项对短期偿债能力的影响)。请根据前述计算及背景材料,填写表2-55空格中的数据。

表2-55　短期偿债能力因素分析表

项目	内容
表内因素	
营运资本应用的特点	
评价各企业流动比率是否合理	
影响速动比率可信性的重要因素	
现金比率中的现金资产	
现金流动负债比率对企业偿债能力的评价	
表外因素:(会议记录)	
事项一	
事项二	

【实训题目5】

结合附件信息,填写表2-56空格中的数据。

表2-56　长期偿债能力指标计算表

项目	数值(按年末数计算)	数值(按年初数计算)
资产负债率/(%)		

续表

项目	数值(按年末数计算)	数值(按年初数计算)
产权比率/(%)		
权益乘数		
长期资本负债率/(%)		
已获利息倍数		
现金流量利息保障倍数		
现金流量债务比		

【实训题目6】

对于南海钨业股份有限公司的债权人来说,资产负债率___(1)___,企业偿债能力越有保证;产权比率和___(2)___是资产负债率的另外两种表现形式,它们和资产负债率的性质一样;已获利息保障倍数和现金流量利息保障倍数相比,___(3)___的可靠性更强;___(4)___反映的是企业长期资本的结构,比率越高,公司承担的偿还长期债务压力___(5)___;南海钨业股份有限公司2015年年度现金流量债务比与2014年年度相比___(6)___,说明公司承担债务总额的能力___(7)___。

(1)越小/越大　　　(2)现金流量债务比/　　　(3)现金流量利息保障倍数/
　　　　　　　　　　权益乘数　　　　　　　　已获利息保障倍数

(4)长期资本负债率/　(5)越小/越大　　　　　　(6)有所下降/
　　资本负债率/　　　　　　　　　　　　　　　　有所上升
　　权益乘数

(7)增强了/减弱了

2. 营运能力分析

请根据附件2-88至附件2-91和附件2-93中的信息,完成以下实训题目。

【实训题目7】

根据所给出的资料填写南海钨业股份有限公司2015年年度相关指标,1年按365天计算,计算结果保留两位小数。请填写表2-57空格中的数据。

表2-57　营运能力指标分析表

项目	平均余额/元	周转率/次	周转天数/天
应收账款			
存货			
流动资产			
固定资产			
非流动资产			
总资产			

【实训题目8】

南海钨业股份有限公司近几年来应收账款的周转率不断___(1)___,说明公司对应收账款的

管理效率逐步 __(2)__ ；近几年来，公司的存货周转率呈现 __(3)__ 趋势，表明公司存货管理的效率 __(4)__ ；从整体上来看，流动资产的管理效率近几年来 __(5)__ ，且 __(6)__ 行业标准，因此公司下一步若想提高流动资产营运能力其关键在于 __(7)__ 。

  (1)提高/下降　　　　(2)降低/提升　　　　(3)下降/上升
  (4)降低了/有所提升　(5)有所下降/有所上升　(6)高于/低于
  (7)提高存货管理效率/
    提升应收账款周转率

【实训题目9】

根据所计算的非流动资产营运能力指标及相关材料，判断下列说法中正确的是(　　)。

  A. 2015年年度公司固定资产周转率低于行业标准，表明本年度公司固定资产结构合理，利用充分

  B. 公司固定资产周转率越高，表明公司营运能力越强

  C. 自2012年年度以来公司非流动资产周转率均低于行业标准，表明公司需要加强非流动资产的管理

  D. 固定资产周转天数表明固定资产周转一次所需要的天数，数值越大表明公司营运能力越强

  E. 公司总资产周转率均低于行业标准，这样发展下去最终会影响企业的盈利能力

3. 盈利能力分析

请根据附件2-88至附件2-91和附件2-93中的信息，完成以下实训题目。

【实训题目10】

计算衡量公司经营盈利能力的相关指标。根据相关资料填写表2-58空格中的数据，其中"变动值"一栏填写的是2015年年度比2014年年度增加(以"＋"号表示)或减少(以"－"号表示)的具体数值(计算结果保留2位小数)。

表 2-58　经营盈利能力指标计算表

项目	2014年年度	2015年年度	变动值
营业收入/元			
营业成本/元			
营业利润/元			
利润总额/元			
净利润/元			
营业毛利润/(%)			
营业利润率/(%)			
营业净利率/(%)			
成本费用利润率/(%)			

【实训题目11】

根据所计算的经营盈利能力指标及相关资料填写。公司2015年年度营业收入增长率为

___(1)___%,营业成本增长率为___(2)___%,与2014年年度相比,营业毛利率___(3)___,原因主要是营业收入增长率___(4)___营业成本增长率;相比2014年年度,本年度营业利润率___(5)___,营业净利率___(6)___,表明公司的盈利能力___(7)___;相比2014年年度,公司成本费用利润率___(8)___,表明企业在成本费用控制方面需要加强。(计算结果保留2位小数)

(1)　　　　　　　　(2)　　　　　　　　(3)有所下降/有所上升

(4)高于/低于　　　　(5)较高/较低　　　　(6)较高/较低

(7)下降/上升　　　　(8)较高/较低

【实训题目12】

根据相关资料计算2015年年度相关指标,其中利润表中的净利润为归属于普通股股东的当期净利润。请填写表2-59空格中的数据(计算结果保留2位小数)。

表2-59　盈利能力指标计算表

资产盈利能力指标:	
总资产利润率/(%)	
总资产报酬率/(%)	
总资产净利率/(%)	
资本盈利能力指标:	
净资产收益率/(%)	
资本收益率/(%)	
每股收益/(元/股)	

【实训题目13】

根据所计算的资产盈利能力指标及其他相关资料,判断下列说法中正确的是(　　)。

A. 总资产净利率等于营业净利率乘以总资产周转率

B. 公司总资产利润率有下降趋势,说明公司营业利润有下降趋势或总资产占用额逐渐升高

C. 如果市场资本利率为4.5%,说明企业可以充分利用财务杠杆适当举债经营

D. 评价资产盈利能力的指标都在逐年下降且普遍低于行业标准,说明公司濒临破产

E. 评价公司资产盈利能力,只关注公司当年的盈利指标即可,无须与其他年份和其他公司相比

【实训题目14】

___(1)___是评价企业自有资本及其积累获取报酬水平的最具综合性和代表性的指标,该指标越低,表明企业运营效益___(2)___,对投资人权益的保证程度___(3)___;公司本年度的净资产收益率___(4)___以前年度和行业标准,说明企业自有资本获取收益的能力___(5)___;2011年以来公司实收资本(股本)和资本公积(股本溢价)均没有变化,但2014年年度的资本收益率___(6)___;2015年年度,原因在于___(7)___;每股收益越高,说明公司的盈利能力___(8)___。

(1)每股收益/市盈率/净资产收益率　　(2)越差/越好　　(3)越强/越低

(4)均高于/均低于　　　　　　　　　(5)较强/较差　　(6)高于/低于

(7)资本公积(其他资本公积)不同 /

　　净利润不同　　　　　　　　　　(8)越强/越差

【实训题目 15】

根据所给出的资料分析,2015 年年度南海钨业股份有限公司的净利润为 __(1)__ 元,经营现金净流量为 __(2)__ 元,则盈余现金保障倍数为 __(3)__ ,2014 年年度的盈余现金保障倍数为 __(4)__ ,这一指标是评价企业盈利状况的辅助指标,该指标越大,表明企业经营活动产生的净利润对现金的贡献 __(5)__ ,2015 年年度盈余现金保障倍数 __(6)__ 2014 年年度的,表明公司经营活动产生的净利润对现金的贡献 __(7)__ 。(计算结果保留 2 位小数)

(1)　　　　　　　　(2)　　　　　　　　(3)
(4)　　　　　　　　(5)越小/越大　　　　(6)高于/低于
(7)增强了/减弱了

4. 发展能力分析

请根据附件 2-88 至附件 2-91 中的信息,完成以下实训题目。

【实训题目 16】

假设公司 2015 年年度不存在客观因素,请根据所给出的背景资料填写表 2-60 空格中的数据。

表 2-60　发展能力指标计算表

盈利增长能力指标(计算结果用百分数表示,保留 2 位小数)	
营业收入增长率	
营业利润增长率	
净利润增长率	
资产增长能力指标(计算结果用百分数表示,保留 2 位小数)	
总资产增长率	
资本增长能力指标	
资本积累率	
资本保值增值率	

【实训题目 17】

2015 年年度南海钨业股份有限公司营业收入增长率 __(1)__ 零,表明企业本年的营业收入 __(2)__ ,指标值越高,表明企业市场前景 __(3)__ ;2015 年年度的营业利润增长率 __(4)__ 零,表明公司业务扩张能力 __(5)__ ;2015 年年度公司资本积累率 __(6)__ 零,表明公司股东利益 __(7)__ ,应予以充分重视;通过计算我们发现,如果不存在客观因素,公司的资本保值增值率减去资本积累率等于 __(8)__ 。

(1)等于/小于/大于　　　(2)降低/有所增长/无变化　　(3)越差/越好/该指标无法衡量
(4)等于/小于/大于　　　(5)有所增强/无变化/减弱　　(6)等于/小于/大于
(7)被过分保护/无显著变化/受损　　(8)98.38 /100 /1/ 0

【实训题目 18】

根据所计算的指标及相关资料判断下列说法正确的是(　　)。

A. 公司发展能力的衡量与股东权益变动无关,因为公司要发展最重要的是盈利的增加
B. 总资产增长率并不是越高越好,要充分考虑资产规模扩张的质和量,避免资产盲目扩张
C. 一般情况下资本保值率应大于零小于100%,南海钨业股份有限公司该指标过高,严重损害了公司债权人的利益
D. 公司资本积累率与公司净利润增长率同向增长,因为公司净利润越高,公司资本积累越多

【实训题目 19】

下列有关营业收入3年平均增长率和资本3年平均增长率的说法中正确的是(　　)。

A. 计算2015年年度南海钨业股份有限公司营业收入3年平均增长率,则3年前的营业收入指的是2013年年度的营业收入总额
B. 计算2015年年度南海公司资本3年平均增长率,则3年前的股东权益年末数指的是2012年年度的年末相关数据
C. 营业收入3年平均增长率＝[(本年营业收入总额－3年前营业收入总额)÷3年前营业收入总额]÷3
D. 营业收入3年平均增长率这一指标避免了因少数年份业务波动而对企业的发展潜力的错误判断
E. 资本3年平均增长率越高,表明企业所有者权益得到的保障程度越大,但可持续发展能力越弱

5. 传统杜邦财务分析体系

请根据附件2-88至附件2-92和附件2-96中的信息,完成以下实训题目。

【实训题目 20】

采用连环替代法计算净资产收益率的变动影响。采用传统的杜邦分析体系确定2014年年度南海公司净资产收益率,同时采用因素分析法中的连环替代法定量计算2015年年度营业净利率、总资产周转率以及财务杠杆变动后的公司净资产收益率,其中"变动影响"一栏填列的是本行比上一行净资产收益率增加(用"＋"号表示)或减少(用"－"号表示)的具体数值。根据上述要求填列表2-61中相关内容,其中题中权益乘数的计算以平均资产总额和平均股东权益总额为计算口径。(计算结果保留2位小数)

表2-61　连环替代法的计算过程表

项目	营业净利率/(%)	总资产周转率/次	权益乘数	净资产收益率/(%)	变动影响/(%)
2014年相关比率					
营业净利率变动					
总资产周转率变动					
财务杠杆变动					

【实训题目 21】

根据前面所填写的表格分析:与上年相比,净资产的收益率___(1)___,其中营业净利率变动的影响为___(2)___%,表明2015年年度由于营业净利率的___(3)___,使得公司2015年年度的净

资产收益率有较大幅度的 __(4)__;总资产周转率变动的影响为 __(5)__ %,表明 2015 年年度总资产周转率 __(6)__ ,从而使得公司 2015 年年度净资产收益率 __(7)__ ;财务杠杆的变动影响 __(8)__ %,表明公司 __(9)__ 财务杠杆。

(1)降低了/无变化/升高了　　　(2)　　　　　(3)降低/无变化/提高
(4)降低/无变化/升高　　　　　(5)　　　　　(6)降低/无变化/提高了
(7)降低/无变化/提高　　　　　(8)　　　　　(9)未利用/充分利用了

【实训题目 22】

根据前述内容判断,下列说法正确的是(　　)。

A. 对于南海钨业股份有限公司来说,影响净资产收益率最为不利的因素是营业净利率

B. 对于南海钨业股份有限公司来说,影响净资产收益率的有利因素是财务杠杆的提高

C. 权益乘数反映了南海钨业股份有限公司的财务政策,数值越大,财务风险越大,净资产收益率越低

D. 总资产周转率升高有利于南海钨业股份有限公司净资产收益率的提升

6. 改进的杜邦财务分析体系

请根据附件 2-87 至附件 2-96 和附件 2-97 中的信息,完成以下实训题目。

【实训题目 23】

根据背景资料和改进的杜邦分析体系的相关要求,计算南海钨业股份有限公司的相关数据,填写表 2-62 空格中的数据。(所要计算的各项目以改进的杜邦分析体系中的主要概念为准,本实训中金融资产包括交易性金融资产、应收利息、可供出售金融资产以及持有至到期投资,金融负债包括短期借款、交易性金融负债、应付利息、一年内到期的非流动负债、长期借款以及应付债券。计算结果保留 2 位小数)

表 2-62　改进的杜邦分析体系表　　　　　　　　　　　　　单位:元

项目	2015 年	2014 年
金融资产		
金融负债		
净负债		
经营资产		
经营负债		
净经营资产		
平均所得税税率	4.215 345 33%	5.883 789 17%
税后经营利润		
税后利息费用		

【实训题目 24】

请根据相关背景资料及题目要求填写表 2-63 空格中的数据,并思考各比率变动的原因及造成的影响,其中"变动"一栏填写南海钨业股份有限公司相关比率 2015 年年度比 2014 年年度增加(用"+"号表示)或减少(用"-"号表示)的具体数值,计算结果保留两位小数,计算用到前一答案的,用保留后的数字计算。净经营资产、净金融负债、股东权益均使用平均数计算相关指

标值。

表 2-63 主要财务比率及其变动表

主要财务比率	2015 年	2014 年	变动
经营利润率/(%)			
净经营资产周转次数/次		6.69	
净经营资产周转率/(%)			
净利息率/(%)		11.56%	
经营差异率/(%)			
净财务杠杆/(%)		57.46%	
杠杆贡献率/(%)			
净资产收益率/(%)			

【实训题目 25】

采用连环代替法测定公司 2015 年年度各比率变动所造成的影响。根据上一实训的相关内容及背景资料填写表 2-64 空格中的数据,其中"变动影响因素"一栏填写各因素变动所造成的净资产收益率增加(用"+"号表示)或减少(用"-"号表示)的具体数值(计算结果保留 2 位小数,计算用到前一答案的,用保留后的数字计算,计算结果都用百分数表示)。

表 2-64 连环替代法计算表

变动影响因素	2014 年相关比率	净经营资产利润率变动	净利息率变动	财务杠杆变动
净经营资产利润率				
净利息率	11.56%			
经营差异率				
净财务杠杆	57.46%			
杠杆贡献率				
净资产收益率				
变动影响	—			

【实训题目 26】

根据前面所填内容分析:南海钨业股份有限公司 2015 年年度的净资产收益率比 2014 年年度下降了,其主要影响因素是:

1. 经营资产利润率的 ___(1)___ ,使净经营资产收益率 ___(2)___ 了 ___(3)___ %;
2. 税后净利息率的 ___(4)___ ,使净经营资产收益率 ___(5)___ 了 ___(6)___ %;
3. 净财务杠杆的 ___(7)___ ,使净资产收益率 ___(8)___ 了 ___(9)___ %。(数值保留 2 位小数)

(1)降低/升高/不变　　(2)降低/升高/不变　　(3)
(4)降低/升高/不变　　(5)降低/升高/不变　　(6)
(7)降低/升高/不变　　(8)降低/升高/不变　　(9)

第三篇
财务管理综合案例实训

CAIWU GUANLI ZONGHE
ANLI SHIXUN

实训目的

通过综合案例实训,要求学生能够运用财务管理基本理论知识和基本方法,针对实际案例公司情况,正确进行筹资决策分析、投资决策分析、短期经营决策分析、股利分配决策分析以及财务分析;从而使学生具备较强的财务管理综合分析及决策能力。

综合案例1

中国明洋电器有限公司财务管理

一、公司简介

中国明洋电器有限公司(以下简称"明洋电器")是特大型电子信息产业公司,成立于1977年。目前注册资本493 767 810.00元,员工20 034名,其中技术人员2000多名,员工中80%以上为本科学历,优良的员工素质是明洋电器稳健发展的最根本的保证。

明洋电器于2005年在上海交易所上市,主营电视制造业务,同时以电视业务为基础,向其他家电业务延伸。旗下的明洋电视、明洋冰箱当选中国名牌,明洋电视被评为国家免检产品,并荣获国家出口免检资格。

明洋电器坚持"技术立企,稳健经营"的发展战略,以优化产业结构为基础,技术创新为动力,资本运营为杠杆,持续健康发展。进入21世纪,明洋电器以强大的研发实力为后盾,以优秀的国际化经营管理团队为支撑,加快了产业扩张的速度,已形成了以数字多媒体技术,现代通信技术和智能信息系统技术为支撑,涵盖多媒体、家电、通信、智能信息系统和现代地产与服务的产业格局。2016年明洋电器实现销售收入134亿元,在中国电子信息百强企业中名列前茅。

明洋电器是国家首批创新型企业,国家创新体系企业研发中心试点单位,中共中央宣传部和国务院国有资产监督管理委员会推举的全国十大国企典型,拥有国家级企业技术中心,国家级博士后科研工作站,国家863成果产业化基地,国家火炬计划软件产业基地,数字多媒体技术国家重点实验室。公司在北京、深圳、顺德等地,美国、比利时、荷兰等国家建有研发中心,初步确立全球研发体系。科学高效的技术创新体系,使明洋电器的技术创新工作始终走在国内同行的前列。

二、公司产品及荣誉

明洋电器的主营业务是电视制造。2014年之前公司的产品以传统的背投电视为主,2014年背投电视的年销售收入达30亿元,占公司总收入的90%。但是随着科技的进步和健康生活的理念日益深入人心,新兴LED液晶电视逐渐成为市场主流产品。公司审时度势,果断放弃背投电视的投入而全力开发新兴LED液晶电视。目前公司已经申请30多项液晶电视专利技术,第一批液晶电视已经投入国内一线市场,消费者反响热烈。公司计划在未来继续加大液晶电视销售的固定收入,抢占市场霸主地位。

公司在历年经营中,紧抓产品质量,注重科技创新,遵循环保理念,同时积极履行社会责任。公司获得的良好的社会声誉和许多荣誉称号:

2008年4月　明洋电视荣获中国环境委员会001号中国环境标志产品认证。

2009年9月　明洋电器成为国内制造业首批在服务体系上通过ISO9001国际质量批准认

证的企业。

2009年10月　在全国电视机质量跟踪用户评价活动中成绩突出,12项指标中有4项得最高分,综合得分荣获第三名。

2010年　荣获用户满意企业和用户满意产品的双重荣誉。同年又获得同行业唯一的"绿色产品"证书。

2011年2月　首家推出第一台互动电视,4月推出第一台互动背投电视。

2013年8月　首批自主研发的等离子大屏幕彩电上线。

2015年3月14日　明洋电视凭借多年在创造健康生活环境方面做出的突出贡献,获得了国家环境保护局、中国消费者协会、中国电子视像行业协会、中国电子商会联合颁发的"2015中国绿色制造推进奖"。

2016年4月12日　明洋120Hz真+系列平板电视以突出的性能指标得了中国电子商会、美国国际数据集团、锐德集团联合颁发的"综合品质金奖"。

三、生产及销售情况

明洋电器拥有中国最先进数字电视机生产线之一,年彩电产能1600万台。目前,明洋电器在南非、埃及、阿尔及利亚等地均建立了生产基地,在全球设有15个海外分支机构,产品远销130多个国家和地区。

根据中怡康统计的数据,明洋背投电视目前仍然居国内市场销量占有率的前列,LED液晶电视在国内彩电市场的销售额占有率稳步上升,市场前景广阔。在海外市场,明洋电视已经成为欧美市场沃尔玛、百思买等大连锁机构的重要采购对象。

实训1　投资活动管理

1. 项目投资决策

请根据附件3-1至附件3-4中的信息,完成以下实训题目。

【实训题目1】

针对LED项目,2017年年初固定资产投入为多少万元?2018年年初流动资金投入为多少万元?在不考虑时间价值的情况下,项目支出总额为多少万元?在考虑时间价值的情况下,项目支出的现值为多少万元?

【实训题目2】

请计算LED投资项目能够为明洋电器带来的增量现金流入,并填写表3-1空格中的数据。

表3-1　现金净流量测算表

项目	2018年	2019年	2020年	2021年	2022年
预计销售/(万/件)					
预计售价/(元/件)					
销售收入/万元					
销售成本/万元					

续表

项目	2018 年	2019 年	2020 年	2021 年	2022 年
税前利润/万元					
税后利润/万元					
折旧/万元					
终结现金流入/万元					
现金净流量/万元					

【实训题目 3】

根据附件 3-4 中复利现值系数表及前面两题计算结果,请计算得出这项投资的净现值。

【实训题目 4】

如果公司的资金只能投资一个项目,应选择哪个项目? 如果公司的资金足够投资两个项目,应优先选择哪个项目?

2. 固定资产投资决策

请根据附件 3-5 至附件 3-7 中的信息,完成以下实训题目。

【实训题目 5】

你认为管理层在进行固定资产更新决策时应该采用(　　)。

A. 净现值法

B. 年均成本法

C. 两种方法都可以

D. 两种方法都不可以

【实训题目 6】

如果继续使用旧设备,请计算旧设备平均年成本,并将计算结果填写在表 3-2 的空格中(单位:万元。结果需要四舍五入的保留 2 位小数。现金流出用"－"号表示,"平均年成本"以正值表示,"旧设备变现价值"和"变现损失减税"计算的都是机会成本。)。

表 3-2　使用旧设备平均年成本计算表

项目	现金流量	时间	折现系数	现值
旧设备变现价值		第 0 年		
变现损失减税		第 0 年		
税后付现成本		第 1～2 年		
年折旧减税		第 1～2 年		
残值净收入		第 2 年		
现值合计		平均年成本		

【实训题目 7】

请根据附件信息,估算使用新设备的平均年成本,将计算结果填写在表 3-3 的空格中(单位:万元。计算结果需要四舍五入的保留 2 位小数。现金流出用"－"号表示,"平均年成本"以正值表示。)。

表 3-3　新设备平均年成本计算表

项目	现金流量	时间	折现系数	现值
投资		第 0 年		
税后付现成本		第 1~5 年		
每年折旧减税		第 1~5 年		
残值净收入		第 5 年		
现值合计		平均年成本		

【实训题目 8】

应用年均成本法,根据以上计算结果,帮助财务部做出是否更新设备的决策。

3. 证券投资决策

请根据附件 3-8 和附件 3-9 中的信息,完成以下实训题目。

【实训题目 9】

作为明洋电器的投资部主管,管桦不仅抓住市场时机投资债券,同时还将公司的部分溢余现金投资股票。根据附件 3-8 和附件 3-9 的信息,你认为管桦在投资股票的时候最应关注的是(　　)。

A. 调节现金余缺、获取适当收益　　B. 获得对被投资企业的控制权
C. 增加资产流动性　　D. 获得稳定收益

【实训题目 10】

投资部主管管桦 6 个月前将 50 万元资金投资 3 年期国债。为了降低投资风险,他长期关注资本市场走势及国家政策规定。根据附件 3-8 和附件 3-9 中的信息,那么你认为他最有可能做出的举动是(　　)。

A. 购买更多国债
B. 出售部分国债
C. 这些新闻与决策无关,维持原有国债持有量
D. 国债安全性最高,没有必要投入太多关注

实训 2　筹资活动管理

1. 销售收入预测

请根据附件 3-10 至附件 3-13 中的信息,完成以下实训题目。

【实训题目 11】

请判断以下说法是否正确,在表 3-4 的空格中打上"√"或"×"。

表 3-4　销售预测重要性判断表

问题描述	判断正误
销售预测是编制全面预算的起点,也是制定财务规划的关键步骤	

续表

问题描述	判断正误
预测总是会和现实发生一定的偏离,因此销售预测准确与否不重要	
销售预测方法总体上可以分为定性预测法和定量预测法	
定量预测法优于定性预测法,因为后者主观性较强	
现实中做销售预测工作的一般是销售部而非财务部	

【实训题目 12】

根据附件信息,采用移动加权平均法预计明年平板电视的销售收入,历史销售收入的权重按照近大远小的原则设置,按时间先后依次为 1、2、3、4、5。则 2017 年平板电视的销售收入预计为( )。

A. 5 867 346 704 元
B. 7 469 706 652 元
C. 8 408 087 237 元
D. 9 129 343 875 元

【实训题目 13】

假设销售收入跟年份相关性很大,请根据附件信息,采用高低点法预测传统电视 2017 年的销售收入。

【实训题目 14】

根据以上计算结果,请计算明洋电器 2017 年的预计销售收入是多少元?比 2016 年同期增长了多少?

2. 资金需求预测

请根据附件 3-12 和附件 3-13 中的信息,完成以下实训题目。

【实训题目 15】

按照资产负债表(附件 3-13)中各项目与销售收入的关系划分,可以将资产负债表中的项目划分为敏感性项目和非敏感性项;其中( )是指金额变动与销售收入的增减有直接关系的项目;( )是指金额变动与销售增减没有直接关系的项目;一般而言,( )属于敏感性项目;( )属于非敏感性项目。

A. 敏感性项目
B. 非敏感性项目
C. 流动资产和流动负债
D. 长期资产和长期负债

【实训题目 16】

经过分析明洋电器历年报表,最终确定下列项目为敏感性项目,其变动比例与销售收入的变动比例一致。请根据销售收入的变动计算敏感性项目变动带来的资金供需变化,并将计算结果填写在表 3-5 的空格中。

(特别说明:"在建工程"一般而言是非敏感性项目,但是由于明洋电器已经决定投资于 LED 模组生产项目,因此预计明年"在建工程"将会增加 300 000 000 元。增长率-5.40%是根据前面预测的销售收入与本期实际销售收入确定。单位为元,整张表填写的数据,除了增长率外,其余的数据填写请四舍五入,精确到个位数,减少以负值表示。)

表 3-5　现金需求量预测表

项目	基期值	增长率	现金需求增加量	项目	基期值	增长率	现金供给增加量
货币资金		−5.40%		应付票据		−5.40%	
应收票据		−5.40%		应付账款		−5.40%	
应收账款		−5.40%		预收账款		−5.40%	
预付账款		−5.40%		应付职工薪酬		−5.40%	
其他应收款		−5.40%		应交税费		−5.40%	
存货		−5.40%		应付利息		−5.40%	
在建工程		—	300 000 000	其他应付款		−5.40%	
增加的现金需求	—			增加的现金供给		—	

【实训题目 17】

通过对销售收入进行预测,预计明洋电器 2017 年销售收入为 12 683 026 337 元。且 2017 年销售净利率、股利支付率维持 2016 年的水平不变(2016 年股利支付率为 32.25%)。请根据附件信息以及上述信息计算 2017 年留存收益的增加额(比率用百分号表示,保留 2 位小数。销售收入和留存收益增加额精确到个位)。

【实训题目 18】

请根据附件信息,填写表 3-6 中的空白处的数值(单位:元。结果不用填写单位,精确到个位)。

表 3-6　资金需要量预测表　　　　　　　　　　　　　　　　　　　　单位:元

项目	数值
资产增加带来的现金需求增量	
负债增加补充的现金供给增量	
留存收益增加补充的现金供给增量	
资金缺口	

3. 股权筹资

请根据附件 3-13 至附件 3-16 中的信息,完成以下实训题目。

【实训题目 19】

请判断表 3-7 中说法的正误,正确的打"√",错误的打"×"。

表 3-7　股票融资判断分析表

说法	判断正误
股票融资分为普通股融资和优先股融资两种方式	
优先股融资要优于普通股融资	
任何公司都可以通过公开发行股票的方式融资	
优先股的股利支付一般先于普通股股利支付	

【实训题目 20】

从财务数据的约束角度来看,请计算明洋电器过去 3 年加权平均净资产收益率的平均值、股利分配率,并判断是否符合不定向增发的条件。(答案以百分比形式表示,保留 2 位小数)

【实训题目 21】

如果采用不定向增发的方式融资,明洋电器拟融资 2 亿元,并于 2017 年 1 月 1 日公布招股意向书。通过与证券承销公司协商,公司管理层初步决定,将股票发行价定为招股意向书公布日前 20 个交易日公司股价均值的 120%。证券公司要求的承销费用为总融资额的 2.8%。管理层确定未来股利增长率固定为 15%。请问这种方式的融资成本有多高?

【实训题目 22】

请根据背景材料给出的信息及前面计算的结果分析不定向增发对公司的影响,填写表 3-8 空格中的数据。

表 3-8 不定向增发影响表

对公司资本结构的影响	数值	对控制权的影响	数值
增发前资产负债率/(%)		增发前总股本数/股	
增发后资产负债率/(%)		增发后总股本数/(%)	
资产负债率变动比例(%)		总股本数变动比例/(%)	
对资本结构的影响		对控制权的影响	

4. 债务筹资

请根据附件 3-17 至附件 3-21 中的信息,完成以下实训题目。

【实训题目 23】

请根据附件信息,结合明洋电器的实际情况,判断公司是否满足发行公司债券的量化指标,填写表 3-9 中空格的数值(计算结果保留 2 位小数)。

表 3-9 公司发行公司债券量化指标计算及判断表

项目	数值	是否符合要求
期末净资产/元		
累计公司债余额/期末净资产/(%)		
3 年年均可分配利润/公司债券 1 年的利息(倍数)		

【实训题目 24】

明洋电器的管理层参考其他公司发行公司债券的情形,并结合自身实际,对本公司发行公司债券的情形进行了估计(详见附件相关信息),筹资费率预计为 5%。那么公司发行公司债券的税前资本成本大致为( )。

A. 5%~6%
B. 6%~7%
C. 7%~8%
D. 8%~9%

【实训题目 25】

根据附件信息,请判断表 3-10 中关于公司债券的说法,正确的打"√",错误的打"×"。

表 3-10　债券筹资判断表

说法	判断正误
公司债券筹资较股票筹资的优点在于成本较低	
发行公司债券需要经过复杂的审批程序	
公司债券既使公司享受了财务杠杆,又提高了公司的财务风险	
公司可以利用发行债券融到的资金自由投资	

【实训题目 26】

尽管发行公司债券的资本成本要低于增发股票的成本,但是明洋电器的管理层经过综合考虑后仍然放弃了债券融资方式,根据附件信息,你认为下面哪些因素导致管理层不愿意采用债券融资(　　)。

A. 公司债券利率很高,超过同期银行贷款利率,而采用银行贷款的方式融资,手续更加简便,受到的限制也少

B. 发行公司债券容易稀释控股股东的控制权,这是控股股东不愿意看到的情景

C. 公司债券的发行需要经过监管部门严格复杂的审批,审批耗时很长,容易使公司错过投资项目的最佳时机

D. 发行公司债券对公司的资本结构带来很大的冲击,由于现有结构基本合理,因此管理层不愿意改变此结构

【实训题目 27】

明洋电器的管理层正在考虑通过银行贷款的成本。管理层拟从银行贷款 2 亿元,期限为 5 年,贷款利率见背景资料。如果银行在收到公司的申请后,为了降低风险,要求公司维持贷款限额 10% 的补偿性余额,那么在这种情况下,请计算公司实际可用的贷款额为多少亿元,实际贷款利率为多少? 为了满足资金需求,公司实际上应申请的贷款总额是多少?

【实训题目 28】

请根据前面的分析填列表 3-11 中空格的信息。

表 3-11　融资方式选择表

融资方式	资本成本	审批制度	投资限制
股票融资			
债券融资			
银行借款			
综合分析,哪种融资方式为优			

5. 租赁

根据附件 3-22 至附件 3-26 中的信息,完成以下实训题目。

【实训题目 29】

由于 2017 年的资金缺口主要来源于 LED 模组生产线的投资支出(如果自建该项目,需要在 2017 年年初投入 30 000 万元用于生产线建设),而该生产线既可以通过银行借款自购取得,

又可以通过租赁方式取得。因此明洋电器的管理层考虑从两种方式中选择更经济的一种。通过与租赁公司接触,租赁公司提供了如下合同草案供管理层参考。请根据背景材料判断该项租赁的类型。根据背景材料给出的税法的分类方法以及合同草本,你认为该租赁属于何种形式(　　)。

A. 经营租赁　　　　　　　　　　B. 融资租赁
C. 两者都不是　　　　　　　　　　D. 条件不足,无法判断

【实训题目 30】

根据背景材料给出的信息,你认为如下哪个等式能够正确计算出租赁公司面临的内含利率(　　)。

A. $30\,000-8000(P/A,i,5)-672(P/F,i,5)=0$
B. $30\,000-8000(P/A,i,5)-672(P/F,i,6)=0$
C. $30\,000-8000(P/A,i,5)(P/F,i,1)-672(P/F,i,6)=0$
D. $30\,000-8000(P/A,i,5)(P/F,i,1)-672(P/F,i,5)=0$

【实训题目 31】

根据背景材料给出的数据计算出来的内含利率为 8%。请利用此数据将明洋电器每年支付的租金分解为利息和本金两部分,填写表 3-12 空格中的数据(单位:万元)。

表 3-12　租金分解表

年份	2017 年年末	2018 年年末	2019 年年末	2020 年年末	2021 年年末	2022 年年末
支付租金	—					
税前利息率	8%	8%	8%	8%	8%	8%
支付利息	—					
归还本金	—					
未还本金或本息和	32 400					

【实训题目 32】

请根据背景材料给出的信息计算明洋电器采取融资租赁方式可以获得的净现值。填写表 3-13 空格中的数据(现金流出以"一"号表示,单位:万元)。

表 3-13　净现值计算表

年份	2016 年年末	2017 年年末	2018 年年末	2019 年年末	2020 年年末	2021 年年末	2022 年年末
节省设备支出	30 000	—	—	—	—	—	—
租金支付							
利息抵税		—					—
支付资产余值款		—					
差额现金流量	30 000						
折现系数(4.8%)	1.00	0.91	0.87	0.83	0.79	0.75	—
折现系数(6.9%)	—	—	—	—	—	—	0.67

续表

年份	2016年年末	2017年年末	2018年年末	2019年年末	2020年年末	2021年年末	2022年年末
现金流现值	30 000						
净现值		—	—	—	—	—	—

【实训题目 33】

根据上一个题目计算的结果,与银行借款方式相比,请回答:融资租赁给明洋电器带来的净现值为正值还是负值?管理层将采用什么方式进行融资?

实训3　预算活动管理

1．预算的作用

请根据附件 3-27 中的信息,完成以下实训题目。

【实训题目 34】

"凡事预则立,不预则废"。对于企业而言,预算的重要性尤为突出,因为预算在(　　)方面发挥着不可或缺的作用。

A. 明确各部门的目标和任务

B. 控制各部门的经济活动

C. 协调各部门的工作

D. 考核各部门的业绩

【实训题目 35】

请判断表 3-14 中的说法是否正确,正确的打"√",错误的打"×"。

表 3-14　预算判断表

问题	判断正误
财务部应该对预算的编制与执行全权负责	
预算编制按照部门级别自上而下顺次进行	
预算编制需要遵循先后顺序,一般以销售预测为起点	
利润也可以作为全面预算的起点	

【实训题目 36】

按照预算编制时的基础分类,如果预算编制基础是某一个固定的业务量,则所编制的预算称作(　　);如果编制基础是一系列可预见的业务量,则所编制的预算称作(　　);编制成本费用预算时考虑基期成本费用水平的预算称为(　　);不考虑历史数据,以零为预算支出起点的预算称为(　　)。

A. 固定预算　　　　　　　　B. 弹性预算

C. 增量预算　　　　　　　　D. 零基预算

2．预算的编制

请根据附件 3-28 至附件 3-34 中的信息,请完成以下实训题目。

【实训题目 37】

请根据附件信息编制销售预算表,请填写表 3-15 空格中的数据。

表 3-15　销售预算表

	第一季度	第二季度	第三季度	第四季度	合计
预计销量/台	—	—	—	—	—
传统电视					
平板电视					
预计售价/元	—	—	—	—	—
传统电视					
平板电视					
预计销售收入/元					

【实训题目 38】

请根据背景材料编制各季度的销售收入现金流量,填写表 3-16 空格中的数据。

表 3-16　预计现金流入表　　　　　　　　　　　　　　　　　　　单位:元

季度	第一季度	第二季度	第三季度	第四季度	全年
预计销售收入					
年初应收账款	515 560 696	—	—	—	
第一季度销售收入			—	—	
第二季度销售收入	—				
第三季度销售收入	—	—			
第四季度销售收入	—	—	—		
现金流入合计					

【实训题目 39】

请结合销售预算的情况编制生产预算表,填写表 3-17 空格中的数据。

表 3-17　生产预算表　　　　　　　　　　　　　　　　　　　　　单位:台

传统电视	第一季度	第二季度	第三季度	第四季度	全年合计
预计销量					
加:预计期末存货				100 000	—
减:预计期初存货	120 000				—
预算生产量					

平板电视	第一季度	第二季度	第三季度	第四季度	全年合计
预计销量					
加:预计期末存货				50 000	—
减:预计期初存货	60 000				—
预算生产量					

【实训题目 40】

请根据背景材料的信息以及前面编制的预算,编制直接材料预算,填写表 3-18 空格中的数据。

表 3-18　直接材料预算表　　　　　　　　　　　　　　　　　　单位:件

显像管	第一季度	第二季度	第三季度	第四季度	液晶模板	第一季度	第二季度	第三季度	第四季度
传统电视产量					平板电视产量				
生产定额/(件/台)	1	1	1	1	生产定额/(件/台)	1	1	1	1
生产用量					生产用量				
加:期末存量					加:期末存量				
减:期初存量	200 000				减:期初存量	100 000			
预计采购量					预计采购量				
单价/(元/件)					单价/(元/件)				
预计采购额					预计采购额				

【实训题目 41】

请根据前面计算的结果以及背景材料给出的信息,估计明洋电器 2017 年材料采购现金支出的情况,填写表 3-19 空格中的数据。

表 3-19　材料采购现金支出情况表　　　　　　　　　　　　　　　　单位:元

项目	第一季度	第二季度	第三季度	第四季度
预计采购额				
第一季度采购成本			—	—
第二季度采购成本	—			
第三季度采购成本	—	—		
第四季度采购成本	—	—	—	
年初应付账款	1 533 213 888	—	—	—
合计				

【实训题目 42】

请根据背景材料给出的信息结合前面的预算编制直接人工预算,人工成本均在当季度支付,填写表 3-20 空格中的数据。

表 3-20　直接人工成本预算表

项目	第一季度	第二季度	第三季度	第四季度
传统电视产量/台				

续表

项目	第一季度	第二季度	第三季度	第四季度
产品工时定额/(时/台)	30	30	30	30
工时数小计/(时)				
平板电视产量/台				
产品工时定额/(时/台)	70	70	70	70
工时数小计/(时)				
工时数合计/(时)				
单位工时工资率/(元/时)				
预计直接人工成本/元				

【实训题目 43】

明洋电器的传统电视和平板电视的制造费用是合并核算的。请根据背景材料给出的信息结合前面编制的预算编制制造费用预算,填写表 3-21 空格中的数据。

表 3-21 制造费用预算表

变动制造费用	第一季度	第二季度	第三季度	第四季度	固定制造费用	第一季度	第二季度	第三季度	第四季度
合计生产量/台					办公费				
间接人工费用					折旧费				
间接材料费用					管理人员工资				
修理费					保险费				
水电费					小计				
小计					—	—	—	—	—

【实训题目 44】

请根据背景材料给出的信息以及前面编制的预算填写制造费用的现金支出情况,填写表 3-22 空格中的数据。

表 3-22 制造费用现金支出情况表　　　　　　　　　　　　　　　　单位:元

项目	第一季度	第二季度	第三季度	第四季度
制造费用总额				
折旧费				
现金支出制造费用				

【实训题目 45】

请根据背景材料给出的信息以及前面编制的预算填写 2017 年年度现金预算,填写表 3-23 空格中的数据。

表 3-23　现金预算表　　　　　　　　　　　　　　　　　　单位：元

摘要	第一季度	第二季度	第三季度	第四季度	全年
期初现金余额					
加：现金收入	—	—	—	—	—
应收账款收回及销售收入					
可动用现金合计					
减：现金支出	—	—	—	—	—
采购直接材料					
支付直接人工					
制造费用					
销售及管理费用					
购置固定设备					
支付所得税					
支付股利					
现金支付合计					
现金结余（或不足）					
融资：	—	—	—	—	—
向银行借款（期初）					
归还借款（期末）					
支付利息（5.76%）					
融资合计					
期末现金余额					

实训 4　营运资金管理

1．现金管理

请根据附件 3-35 中的信息，完成以下实训题目。

【实训题目 46】

请根据背景材料，分析明洋电器持有现金的动机主要有哪几个方面（　　　）。

A．交易动机

B．预防动机

C．投机动机

D．长期投资动机

【实训题目 47】

请根据背景材料，利用成本分析模型选择最优持有方案，填写表 3-24 空格中的数据。

表 3-24 成本模式分析表

现金持有量	管理成本	短缺成本	机会成本	总成本
200 000				
500 000				
750 000				
1 000 000				
最佳现金持有量				

【实训题目 48】

存货模式就是将存货经济订货模型应用于确定目标现金持有量。按照该模式,现金持有的总成本包括机会成本和交易成本两种。在存货模式下,请计算明洋电器最佳现金持有量、持有现金的全年机会成本、交易成本。

2. 存货管理

请根据附件 3-36 至附件 3-38 中的信息,完成以下实训题目。

【实训题目 49】

按照林玲的看法,方刚在运用经济订货批量的时候最有可能忽略了哪个前提条件(　　)。

A. 公司一定时期的存货需求量可以较为准确地预测

B. 存货的耗用比较均匀

C. 存货的价格稳定,且不存在数量折扣

D. 公司可以决定进货时间及数量

E. 仓储条件及采购资金不受限制

F. 不会出现缺货现象

【实训题目 50】

请根据背景材料给出的信息计算订货量为 19.5 万件和 39 万件时,明洋电器为采购存货的全年支出,填写表 3-25 空格中的数据(单位:万元)。

表 3-25 经济订货点计算表

项目	订货量=19.5 万件	订货量=39 万件
总储存成本		
总订货费用		
原材料成本		
数量折扣		
总成本		
应选择的订货量		

【实训题目 51】

分析存货明细表可以看出,2016 年年末公司存货中,原材料所占比重为____,在产品所占比重为____,库存商品所占比重为____。从比重方面来看,公司存货管理的重点应在于____。但是目前财务管理中给出的存货管理方法一般重在原材料管理,请深入思考其原因(此问不要

求作答)。(结果以百分比形式表示,保留 2 位小数)

3. 应收账款管理

请根据附件 3-12、3-39、3-40、3-41 中的信息,完成以下实训题目。

【实训题目 52】

第一份背景材料是明洋电器公司对客户的信用等级评价方案。你认为该方案考虑了"5C"系统的哪几个方面(　　)。

　　A. 品质——客户的信誉,即履行偿债义务的可能性
　　B. 能力——客户的偿债能力
　　C. 资本——客户的财务实力和财务状况
　　D. 抵押——客户拒付货款时能被用作抵押的资产
　　E. 条件——影响客户支付能力的经济条件

【实训题目 53】

请根据背景材料给出的信息评价新信用政策的可行性,并填写表 3-26 空格中的数据(单位:万元。销售净利率以百分比形式表示,保留 2 位小数)。

表 3-26　信用政策可行性分析表

应收账款增加额		机会成本率		机会成本增加额	
2016 年坏账损失		预期坏账损失		坏账损失增加额	
营业收入增加额		销售净利率		净利润增加额	
净利润汇总增加额		是否采用该政策			

【实训题目 54】

请根据背景资料计算明洋电器公司对应收账款计提坏账准备的比例,并根据该比率推测公司采用的坏账计提方法,填写表 3-27 空格中的数据(结果以百分数的形式表示)。

表 3-27　坏账准备计提计算表

应收账款账龄	应收账款金额	坏账准备	计提比例
1 年以内			
1～2 年			
2～3 年			
3 年以上			
公司采用何种坏账准备计提方法		—	—

实训 5　公司财务分析

1. 短期偿债能力分析

请根据附件 3-13、3-42 中的信息,完成以下实训题目。

【实训题目 55】

请根据背景材料给出的信息计算衡量短期偿债能力的相关指标,各项目均取本年数,填写表 3-28 空格中的数据(计算结果保留 2 位小数)。

表 3-28　相关比率计算表

项目	2016 年年末	2016 年年初
货币资金/元		
存货/元		
流动资产/元		
流动负债/元		
营运资本/元		
流动比率		
速动比率		
现金比率		

【实训题目 56】

根据前面的计算,可以发现明洋电器 2016 年年末的营运资本比年初_____,这说明公司的短期偿债能力_____,由于营运资本是绝对值指标,_____不同公司之间进行比较,营运资本的规模_____。

【实训题目 57】

根据前面的计算,可以发现明洋电器 2016 年年末的流动比率比年初_____,这说明公司的短期偿债能力_____,从行业的角度来看,公司的流动比率_____行业平均水平,这说明公司的短期偿债能力_____一般的同类公司。由于流动资产中包含变现能力较差的存货和应收账款,因此企业实际偿债能力往往_____流动比率表现出来的偿债能力。

【实训题目 58】

根据前面的计算,可以发现明洋电器 2016 年年末的速动比率比年初_____,这说明公司的短期偿债能力_____,从行业的角度来看,公司的速动比率_____行业平均水平,这说明公司的短期偿债能力_____一般的同类公司。由于速动资产中包含变现能力较差的应收账款,因此企业实际偿债能力往往_____速动比率表现出来的偿债能力。

【实训题目 59】

根据前面的计算,可以发现明洋电器 2016 年年末的现金比率比年初_____,这说明公司的短期偿债能力_____。由于现金比率剔除了变现能力较差的存货和应收账款的影响,因此比前面的比率更为_____的反映企业的短期偿债能力。

【实训题目 60】

通过上面的分析可以看出,明洋电器 2016 年年末的短期偿债能力和从行业的角度来看公司的偿债能力变化分别是(　　)。

A. 增强　较强　　　B. 增强　较弱　　　C. 减弱　较强　　　D. 减弱　较弱

2. 长期偿债能力分析

请根据附件 3-12、3-13、3-42 中的信息,完成以下实训题目。

【实训题目 61】

请根据背景材料给出的信息计算衡量长期偿债能力的相关指标,各项目均取本年数,填写表 3-29 空格中的数据(简便起见,以当期发生的财务费用作为当期利息费用。资产负债率和有形净值债务率以百分比形式表示,计算结果均保留 2 位小数)。

表 3-29 相关指标计算表

项目	2016 年年末	2016 年年初
资产总额		
负债总额		
所有者权益总额		
利息费用		
息税前利润		
资产负债率		
权益乘数		
有形净值债务率		
已获利息倍数		

【实训题目 62】

根据前面的计算,可以发现明洋电器 2016 年年末的资产负债率比年初_____,这说明公司的长期偿债能力_____,从行业的角度来看,公司的资产负债率_____行业平均水平,这说明公司的长期偿债能力_____一般的同类公司。从企业经营的角度来看,该比率_____。

【实训题目 63】

根据前面的计算,可以发现明洋电器 2016 年年末的权益乘数比年初_____,这说明公司的长期偿债能力_____。从企业经营的角度来看,该比率_____。

【实训题目 64】

根据前面的计算,可以发现明洋电器 2016 年年末的有形净值债务率比年初_____,这说明公司的长期偿债能力_____。从企业经营的角度来看,该比率_____。

【实训题目 65】

根据前面的计算,可以发现明洋电器 2016 年年末已获利息倍数比年初_____,这说明公司的长期偿债能力_____,从行业的角度来看,公司的已获利息倍数_____行业平均水平,这说明公司的长期偿债能力_____一般的同类公司。从企业经营的角度来看,该比率_____。

【实训题目 66】

根据前面的计算可以看出,明洋电器的长期偿债能力( ),从行业的角度来看,公司的长期偿债能力( )。

A. 增强 较强   B. 增强 较弱   C. 减弱 较强   D. 较弱 较弱

3. 营运能力分析

请根据附件 3-12、3-13、3-42、3-43 中的信息,完成以下实训题目。

【实训题目 67】

请根据背景材料给出的信息计算衡量营运能力的相关比率。采用营业成本项计算存货周转率,填写表 3-30 空格中的数据(计算结果均保留 2 位小数)。

表 3-30 相关比率计算表

项目		分子		周转率/倍数	
应收账款均值/元		当期营业收入		应收账款周转率	
存货均值/元		当期营业成本		存货周转率	
流动资产均值/元		当期营业收入		流动资产周转率	
固定资产均值/元		当期营业收入		固定资产周转率	
总资产均值/元		当期营业收入		总资产周转率	

【实训题目 68】

应收账款周转率反映应收账款的流动速度。应收账款周转率_____,说明应收账款的回收越迅速。根据前面的计算,明洋电器 2016 年的应收账款周转率比 2015 年_____,这说明公司的营运能力_____。从行业的角度来看,明洋电器的周转率_____行业平均水平,说明公司的营运能力_____一般同类企业。

【实训题目 69】

流动资产周转率反映流动资产的周转速度。周转速度_____,等价于相对扩大资产投入,提高了企业营运能力。根据前面的计算,明洋电器 2016 年的流动资产周转率比 2015 年_____,这说明公司的营运能力_____。

【实训题目 70】

固定资产周转率反映固定资产的周转速度。固定资产周转率_____,说明企业固定资产利用越充分,资产营运能力越强。根据前面的计算,明洋电器 2016 年的固定资产周转率比 2015 年_____,这说明公司的营运能力_____。

【实训题目 71】

总资产周转率反映总资产的流动速度。总资产周转率_____,说明企业全部资产的使用效率越高。根据前面的计算,明洋电器 2016 年的总资产周转率比 2015 年_____,这说明公司的营运能力_____。从行业的角度来看,明洋电器的总资产周转率_____行业平均水平,说明公司的营运能力_____一般同类企业。

【实训题目 72】

根据前面的比率计算可以看出,与 2015 年相比和从行业的角度来看 2016 年明洋电器的营运能力分别是(   )。

A. 增强 较高   B. 增强 较低   C. 减弱 较高   D. 减弱 较低

4. 盈利能力分析

请根据附件 3-12、3-13、3-42、3-43 中的信息,完成以下实训题目。

【实训题目 73】

请根据背景材料给出的信息计算衡量盈利能力的相关数据和比率,资产负债表项目均取本年数,填写表 3-31 空格中的数据(比率以百分比表示,结果均保留 2 位小数)。

表 3-31 相关比率计算表

项目	2016 年年末值	2016 年年初值
净利润/元		
营业收入/元		
总资产/元		
净资产/元		
销售净利率		
资产净利率		
净资产收益率		
每股收益		

【实训题目 74】

销售净利率反映每一元销售收入带来的净利润的多少,表示销售收入的收益水平。根据前面的计算,可以发现明洋电器 2016 年年末的销售净利率比年初_____,这说明公司的盈利能力_____,该比率_____。

【实训题目 75】

资产净利率将企业一定期间的净利与企业的资产相比较,表明企业资产利用的综合效果。资产净利率_____,表明资产的利用效率越高。根据前面的计算,明洋电器 2016 年年末的资产净利率比 2016 年年初_____,说明企业的盈利能力_____。

【实训题目 76】

每股收益是衡量上市公司盈利能力的常用指标。每股收益_____,表明公司的盈利能力越强。该指标_____不同公司的比较。根据前面的计算,明洋电器 2016 年年末的每股收益_____年初的每股收益水平,这说明公司的盈利能力_____。从行业的角度来看,明洋电器的每股收益_____行业平均数据,这说明公司的盈利能力_____一般同类公司。

【实训题目 77】

净资产收益率反映公司所有者权益的投资回报情况。净资产收益率_____,企业自有资本获取收益的能力就越强。根据前面的计算,明洋电器 2016 年年末的净资产收益率比年初_____,说明公司的盈利能力_____。从行业的角度来看,2016 年年末明洋电器的净资产收益率_____行业平均水平,说明公司的盈利能力_____一般同类企业。

【实训题目 78】

根据前面计算的比率可以看出,与 2015 年相比和从行业的角度来看 2016 年明洋电器的盈利能力分别是(   )。

A. 增强 较高   B. 增强 较低   C. 减弱 较高   D. 减弱 较低

5. 杜邦财务分析

请根据附件 3-12、3-13、3-42、3-43 中的信息,完成以下实训题目。

【实训题目 79】

下列关于杜邦体系的等式正确的有(   )。

A. 净资产收益率=资产净利率×权益乘数

B. 资产净利率＝销售净利率×总资产周转率

C. 净资产收益率＝销售净利率×总资产周转率×权益乘数

D. 净资产收益率＝销售净利率×总资产周转率×产权比率

【实训题目80】

请根据背景材料计算相关比率，简便起见，所有比率不用均值计算，皆采用端点值计算。由于保留2位小数后的三个分解项乘积结果与ROE实际值存在偏差，所以此处给出采用杜邦公式计算得的ROE值，只要求计算ROE的各项分解值，填写表3-32空格中的数据（ROE、ROS的结果以百分比的形式表示。EM、AT以数值形式表示，均保留2位小数）。

表3-32 杜邦体系分析表

项目	2016年年末	2016年年初
净资产收益率（ROE）	6.89％	7.30％
销售净利率（ROS）		
总资产周转率（AT）		
权益乘数（EM）		
ROS·AT·EM		

【实训题目81】

请根据背景材料以及前面计算的结果，按照"销售净利率－总资产周转率－权益乘数"这样的顺序进行ROE的因素替代分析，填写表3-33空格中的数据（结果保留2位小数）。

表3-33 因素替代分析表

项目	销售净利率（ROS）	总资产周转率（AT）	权益乘数（EM）	净资产收益率（ROE）	ΔROE
2016年年初值				7.30％	—
2016年年末值				6.89％	
ROS的影响分析					
AT的影响分析					
EM的影响分析					

【实训题目82】

请根据前面的分析判断表3-34中说法的正确性，正确的打"√"，错误的打"×"。

表3-34 判断表

说法	判断正误
2016年公司的营运能力有所下降	
财务杠杆度的下降部分导致了2016年ROE的下降	
盈利能力的增强对公司ROE产生了积极的作用	
从行业的角度来看，公司可以适当提高负债率	
从行业的角度来看，公司销售净利率处于较高水平	

综合案例2

东光电器照明股份有限公司财务管理

一、公司背景

1. 公司简介

东光电器照明股份有限公司（简称东光公司）是1958年成立的全民所有制国有企业，1992年10月改组为东光市第一家股份制试点企业。1993年国家批准广东第一批A、B股上市公司。

公司主要生产和经营各种电光源产品及配套灯具。主要产品有普通灯泡、装饰灯泡、碘钨灯、溴钨灯、单端灯、汽车灯、摩托车灯、高压汞灯、高压钠灯、金属卤化物灯、T8及T5细管径高效节能荧光灯、紧凑型节能荧光灯和反光碗等，以及主要与T8、T5节能灯配套的灯具等系列产品。

2. 公司荣誉榜

2009年被批准为广东省高新技术企业。

2011年荣获中国最有投资价值上市公司30强。

2013年荣获采用国际标准产品标志证书。

2013年荣获广东省名牌产品称号。

2013年荣获全国质量检验稳定合格产品。

2013年荣获重点培育和发展的中国出口名牌证书。

2014年、DCL牌普通照明灯泡、日光灯管、紧凑型节能灯、双端荧光灯、灯具系列荣获国家免检产品称号（2014—2017年）。

2014年7月18日入选财政部/发改委第一批节能产品政府采购清单。

2015年荣获中国驰名商标称号。

3. 宗旨

公司秉承"品质第一，服务至上"的宗旨，本着"敬业、求实、创新"的精神，以"创世界品牌，争行业第一"的经营理念，以"精益求精，一切为用户着想"为经营方针，始终把自己的利益和用户的利益融为一体，从不放弃一丝改进产品技术与工艺的机会，始终把产品质量视为企业安身立命的根本。高品质、高质量是公司永恒的追求。

二、公司发展及行业现状

1. 行业发展情况

从国际上来看，发达国家立法自2008年起禁用白炽灯而全面启用节能灯，这对我国节能灯产业的发展是一个不容忽视的利好因素。我国生产的节能灯70%左右用于出口，国外市场的扩大进一步给整个绿色照明生产行业带来广阔的市场前景与新的机遇。

从国内来说，"十一五"期间，根据国内能源紧缺的现状，国家大力提倡节约能源，国家发改委陆续出台了"节能大纲"和十大节能工程，均涉及照明节能，十大节能工程就包括了绿色照明工程。因此无论是光源、灯具还是电器附件，高效节能都将是发展趋势。各级政府还积极推动半导体照明的产业化进程。半导体照明，既是一个技术密集型产业，又是一个劳动密集型产业，是 21 世纪最具发展前景的高新技术领域之一。其产业化发展,既能缓解能源紧张的局面,还能带动相关产业的发展,增加出口,吸纳社会就业,这将成为我国新的经济增长点。

消费升级的民生需求电器产品应用于家庭、办公室、酒店等地方。电器产品市场广阔且有着持久的生命力;国际订单转移、我国城市家电更新换代和农村家电消费进入快速成长阶段均为国内产业提供持续成长的空间。

2014 年年度主要原材料价格中:铜价在年初大幅攀升,下半年有所回落,但仍处高位;锡价在 5 月后不断上涨;钨、钼产品高位盘整;下半年原油价格有一定程度的回落。在面临原材料涨价、出口退税率下调、与国际企业同台竞技等情况下,家电企业原有依靠价格竞争为主的盈利模式受到挑战,从而被推动到精细管理、差异化竞争(技术、品牌和渠道等)和目标集聚上。从我国照明电器行业销售收入及出口交货值来看,行业依然保持 20% 以上的增长。

2. 竞争企业

目前,阳光照明(600261)、雪莱特(002076)是十分强劲的竞争对手。惠州雷士、松本电工、三雄极光等上升势头明显,正在逐渐改变我国传统照明电器行业的竞争格局,也将在几年内成为不可忽视的竞争方。在节能等领域,法拉电子(600563)是与东光公司抗衡的企业。

3. 公司的发展优势和威胁

1)优势

公司是国内行业的龙头,具有较为突出的综合能力,特别是在资金、人才、管理、技术等方面有较好的优势,具有较强的核心竞争能力。2014 年公司加大生产基地投资力度,不仅极大地提高了企业的生产能力,同时也为公司再上新台阶的战略目标创造了条件。

2)威胁

由于电光源行业出口产品受到国际环保限制和人民币升值,从而使国内市场无序竞争更加激烈,电光源产品利润率降低。主要原材料和燃油价格上涨以及人力成本的增加,对企业的主营业务成本造成一定的压力。

实训 1 财务分析

1. 成长性分析

请根据附件 3-44 至附件 3-52 中的信息,完成以下实训题目。

【实训题目 1】

作为公司的财务总监,首先必须了解公司的财务状况。其中,公司成长性分析是十分重要的一步,目的在于观察公司在一定时期内的经营能力发展状况。如果公司的成长性不好,即使收益再好,也很难吸引投资者。所以,根据东光公司最近 3 年的财务报表,请简要测算了一下公司的成长性数据,填写表 3-35 空格中的数据。(百分比后面不用写百分号,计算结果保留 2 位小数)

表 3-35 成长性指标计算表

指标	2014 年年度/(%)	2015 年年度/(%)	2016 年年度/(%)
营业收入增长率			

续表

指标	2014年年度/(%)	2015年年度/(%)	2016年年度/(%)
营业利润增长率			
净利润增长率			
资本积累率			
营业收入三年平均增长率	—	—	
资本三年平均增长率	—	—	

【实训题目2】

在简要地计算了东光公司的一些成长性指标之后,运用所学的财务管理知识和经验,请你做出以下判断:营业收入增长率越高,表明公司的业务扩张能力___(1)___,在资本市场上一般认为如果一家公司能连续几年保持30%及以上的营业收入增长率则认为该公司具备较好的成长性,由此看来,东光公司的成长性___(2)___;近3年来公司的营业利润率___(3)___;2016年年度的净利润增长率___(4)___,表明公司的经营业绩___(5)___;营业收入3年平均增长率越高,公司的发展潜力___(6)___。

(1)越强/越弱　　　(2)非常好/一般　　　(3)稳定增长/并不是稳定增长

(4)降低/上升　　　(5)变差/变好　　　(6)越强/越弱

【实训题目3】

总资产增长率是从企业资产总量扩张方面衡量企业的成长性,从公司近3年的数据来看:相比2014年年度来说,2015年年度公司总资产增长率___(1)___;相比2015年年度,2016年年度中总资产增长率___(2)___;2014年年度和2015年年度资本积累率均___(3)___零,且2015年比2014年资本积累率___(4)___,表明2015年年度公司资本积累___(5)___,2016年年度该指标___(6)___零,表明股东利益可能___(7)___。

(1)有所增加/有所减少　　(2)大幅度下降/大幅度上升　　(3)大于/等于/小于

(4)小/大　　　(5)较多/减少　　　(6)大于/等于/小于

(7)被完美保护/受到损害

【实训题目4】

成长性是公司的灵魂,是股市的生命,是国民经济可持续发展的主要动力,是衡量上市公司经营状况和发展前景的一项非常重要的指标。在公司的午茶时间,你利用闲余时间看了份财经杂志,其中登载的文章中有以下论述,你认为正确的有(　　　)。

A. 一般来说,只有中小型的上市公司才可能具有很高的成长性

B. 大型上市公司资本规模较大,因此连续几年都能保持较高的成长性比率是非常容易的

C. 从东光公司这几年的相关数据来看,公司的成长性一般

D. 成长性是判断是否持有该公司股票的关键性标准,因此尽量不要购买成长性一般的公司股票

E. 东光公司的成长性不会受到行业的影响,衡量其成长性时不需要考虑行业因素

2. 偿债能力分析

请根据附件3-48、3-51、3-53中的信息,完成以下实训题目。

【实训题目5】

在来公司之前,你就对公司的稳健经营有所耳闻。为了获知公司的偿债能力,你查阅了公司最近3年的财务报表,并简要计算了偿债能力指标,以及近几年的变动,填写表2空格中的数据。(其中变动一栏填写公司2016年年末各指标比年初增加(用"＋"号表示)或减少(用"－"号表示)的具体数值。百分比不用写百分号,计算结果保留2位小数)

表3-36 公司偿债能力指标计算表

指标	2016年年初	2016年年末	变动
营运资本/元			
流动比率			
速动比率			
现金比率			
资产负债率/(%)			
产权比率/(%)			
长期资本负债率/(%)			
现金流量债务比/(%)			

【实训题目6】

在得出了公司偿债能力指标之后,你做出如下分析:公司2016年年度的有息负债(指公司短期借款、应付债券、长期借款的和)为_____元,财务费用___(1)___,表明公司的偿债能力___(2)___,同时也说明公司___(3)___利息税盾;从近2年的情况来看,公司的资产负债率___(4)___,产权比率___(5)___,表明公司偿债能力进一步___(6)___;相比年初,年末长期资本负债率___(7)___的主要原因是2016年年度资产负债表中___(8)___的变化(计算结果保留2位小数)。

(1)为零/为负/为正 　　(2)较强/较弱 　　(3)未充分利用/充分利用了
(4)降低/升高 　　(5)降低/升高 　　(6)增强/减弱
(7)降低/升高 　　(8)长期借款/递延所得税负债/专项应付款

【实训题目7】

一般认为,流动比率维持在2∶1左右较为适当,东光公司近2年的流动比率均___(1)___,且呈___(2)___趋势;一般认为速动比率维持在1∶1较为适当,东光公司近2年的速动比率均___(3)___,且呈___(4)___趋势;照明行业的现金比率一般为1.5∶1,公司的现金比率___(5)___行业平均水平,且2016年年度的现金比率比2015年年度___(6)___,据此判定公司的短期偿债能力___(7)___,资金使用效率___(8)___,持有资金量___(9)___。

(1)大于2/等于2/小于2 　　(2)降低/增长 　　(3)等于1/小于1/大于1
(4)降低/增长 　　(5)高于/等于/低于 　　(6)高/低
(7)较强/较弱/一般 　　(8)较高/较差 　　(9)过少/过多

3. 盈利能力分析

请根据附件3-48、3-49、3-50、3-54、3-55中的信息,完成以下实训题目。

【实训题目 8】

公司的盈利能力是你最关心的问题之一,关系到公司的生存和发展。请你查阅财务报表,计算盈利能力指标和变动值,填写表 3-37 空格中的数据。其中变动一栏填写公司 2016 年年末各指标比年初增加(用"＋"表示)或减少(用"－"表示)的具体数值。百分比不用写百分号,计算结果保留 2 位小数。

表 3-37　盈利能力指标计算表

指标	2015 年年度	2016 年年度	变动值
营业毛利率/(%)			
营业利润率/(%)			
营业净利率/(%)			
总资产利润率/(%)			
总资产净利率/(%)			
净资产收益率/(%)			

【实训题目 9】

在计算了盈利能力指标后,你做出如下判断:一般来说,衡量公司经营盈利能力主要根据以下三个指标:营业毛利率、营业利润率以及营业净利率。从前面的计算了解到:与 2015 年年度相比,东光公司的营业毛利率、营业利润率和营业净利率都 ___(1)___ ,表明公司的经营盈利能力在 ___(2)___ 。从所给出的背景资料中,思考人民币汇率变动对公司的影响:人民币升值会使得东光公司在出口时 ___(3)___ 价格优势, ___(4)___ 公司的出口汇兑损失,从而使得公司整体盈利能力 ___(5)___ 。

(1)无法判断/升高/不变/下降了　　　(2)降低/增强/不变　　　(3)降低/增强/不影响

(4)降低/增强/不影响　　　(5)增强/不变/下降

【实训题目 10】

针对盈利能力,财务副总监提出了如下看法,其中你认为正确的是(　　)。

A. 东光公司 2016 年年度总资产利润率下降反映了公司 2016 年年度以较少的资产获得了较多的利润

B. 衡量资产盈利能力的两个指标比去年均有所提升,说明公司的资产盈利能力大幅度上升

C. 净资产收益率是杜邦分析体系中的核心指标

D. 一项资产产生多少利润是一定的,无法人为干预,因此资产盈利能力也是固定的,变化很小

4. 营运能力分析

请根据附件 3-48、3-50、3-51、3-52 中的信息,完成以下实训题目。

【实训题目 11】

公司的营运能力关系到企业资源配置的效果,当然你也必须对它了如指掌,请计算东光公司的营运能力指标及变动额,填写表 3-38 空格中的数据。(其中"变动值"一栏填写公司 2016 年年末各指标比年初增加(用"＋"号表示)或减少(用"－"号表示)的具体数值。计算结果保留

2 位小数)

表 3-38 营运能力指标计算表

营运能力指标	2015 年年度	2016 年年度	变动值
应收账款周转次数/次			
存货周转次数/次			
流动资产周转次数/次			
固定资产周转次数/次			
总资产周转次数/次			

【实训题目 12】

获知公司的营运能力指标后,你做出如下判断:公司 2016 年年度应收账款周转率比 2015 年年度 __(1)__ ,这表明公司对应收账款的管理 __(2)__ ;存货周转率越高,资产占用的水平 __(3)__ ,2016 年年度存货周转率 __(4)__ ,表明公司的存货管理水平 __(5)__ ;2016 年年度固定资产周转率和总资产周转率都有了不同程度的 __(6)__ ,这表明公司利用固定资产和总资产进行经营的效率 __(7)__ 。

(1)高/低　　　　　(2)改善/不力　　　　(3)越高/越低

(4)降低/提高　　　(5)降低/提高　　　　(6)降低/提高

(7)降低/提高

【实训题目 13】

关于公司的营运能力,部门成员有如下议论,其中你认为正确的有(　　)。

A. 东光公司的总资产周转率有所上升,表明公司总体营运能力提高了

B. 固定资产周转次数越多,表明公司固定资产运用效率越低

C. 东光公司营运能力状况较好,表明公司资产结构比较合理

D. 应收账款周转率与公司所确定的信用政策等有关

E. 营运能力分析有利于公司管理层进行优化资产结构决策

5. 综合财务能力分析

请根据附件 3-48、3-52、3-53、3-56、3-57 中的信息,完成以下实训题目。

【实训题目 14】

在计算了 4 个方面的指标之后,你对公司的财务状况已经有了初步的了解。综合起来,可以说明:公司的成长性 __(1)__ ,偿债能力 __(2)__ ,2016 年年度盈利能力比 2015 年年度 __(3)__ ,营运能力 __(4)__ 。从公司 2016 年年度利润表中,可以了解到相对于 2015 年年度来说,2016 年年度公司营业收入 __(5)__ ,营业利润 __(6)__ ,造成公司业绩表现比 2015 年年度 __(7)__ 的主要原因是 __(8)__ 的影响,这与 __(9)__ 有关。

(1)很强/一般　　　　(2)较差/很强　　　　　　　　(3)有所提高/有所下降

(4)较强/很弱　　　　(5)降低了/增加了　　　　　　(6)升高了/下降了

(7)差/好　　　　　　(8)资产减值损失/投资收益和公允价值变动损益/主营业务收入　　(9)金融危机大的影响/国家扶持节能项目建设

【实训题目 15】

对 2016 年年度东光公司利润明显下降你存在疑惑。通过查 2016 年董事会报告和其他资料,可以得知影响公司业绩的不利因素有( )。

A. 行业竞争激烈

B. 金融危机冲击致使投资失利

C. 产品单一,缺乏竞争力

D. 行业发展空间较小,市场饱和

E. 原材料价格上涨

6. 财务杠杆分析

请根据附件 3-48、3-58、3-59、3-60 中的信息,完成以下实训题目。

【实训题目 16】

秉承公司一贯的稳健经营的理念,你考察了公司的财务风险。首先是产品经营给公司带来的经营风险。财务秘书向你呈递了有关资料并做了简要汇报,你认为她的下列(见表 3-39)论断是否正确,正确的打"√",错误的打"×"。

表 3-39 财务杠杆判断正误表

选项	判断正误
经营风险衡量的是未使用债务经营时的风险	
在固定成本不变的情况下,销售量越大,经营杠杆也越大	
当经营杠杆趋近于无穷大时,企业的营业利润为零	
财务风险之所以发生,是因为企业存在财务费用	

【实训题目 17】

通过查阅了公司的成本明细资料,你测算了一下东光公司的杠杆系数。其中,经营杠杆系数为_____。这表明销售量每变动一个单位,息税前利润就会变动_____个单位。为控制这一系数,你提议企业通过__(1)__销售额、__(2)__产品单位变动成本、__(3)__固定成本比重使经营杠杆系数下降,以降低经营风险。东光公司的财务杠杆系数为_____,说明该公司____(4)____。(结果保留 2 位小数)

(1)降低/增加　　　(2)降低/提高

(3)降低/提高　　　(4)财务风险较大/财务风险较小/没有财务风险

实训 2　营运资本管理

1. 现金管理

请根据附件 3-48、3-51、3-61、3-62、3-63、3-64 中的信息,完成以下实训题目。

【实训题目 18】

在了解了公司的基本财务状况之后,你想要对公司的日常营运资本进行管理,大体上包括现金、应收账款、存货 3 个部分的内容。从前面的财务报表分析的结果来看,公司持有充裕的现金。为了有效管理公司的现金,你详细阅读了《东光电器照明股份有限公司资金管理办法》。从该办法的总则中,可以概括出公司持有现金的目的包括(　　)。

A. 交易动机　　　B. 预防动机　　　C. 投机动机　　　D. 出借动机

【实训题目 19】

为了确定东光公司的最佳现金持有量,你听取了财务秘书的现金成本报告,并估算了现金持有的成本,请填写表 3-40 空格中的数据。

表 3-40　现金成本计算表

现金持有量/万元	20 000	30 000	40 000	50 000	60 000
持有成本/万元					
最佳持有量/万元					

你认为财务秘书呈报的现金成本报告至少存在(　　)这几个很明显的缺陷。

A. 假设现金流入量稳定不变
B. 成本数据的衡量过于主观
C. 计算过于复杂
D. 现金成本报告未罗列所有的现金持有方案

【实训题目 20】

在知悉成本模式的缺陷之后,财务秘书对现金成本报告进行了补充。从原报告的机会成本数据中可以估计机会成本率为_____%。在对补充报告进行审核之后,你认为最佳现金持有量为_____元。(结果保留 2 位小数)。

【实训题目 21】

针对存货模式的计算结果,你认为该模式应用至少应当符合(　　)这些前提,否则计算的结果将与现实有很大差距。

A. 企业所需要的现金可通过变现取得,且证券变现的不确定性很小
B. 企业预算期内现金需要总量可以预测
C. 现金的支出过程比较稳定、波动较小
D. 证券的利率或报酬率以及每次固定性交易费用可以获悉
E. 现金变动的上下限必须能有效估计

【实训题目 22】

由于前两种方法估算均不够理想,你决定采用现金周转期方法估算现金最佳持有量。假定 2017 年企业的营运能力和 2016 年不会有太大区别,请你通过查阅 2016 年财务报表应用现金周转期,算出最佳现金持有量(1 年以 360 天计算。结果保留 2 位小数。)。

2. 应收账款管理

请根据附件 3-65、3-66 中的信息,完成以下实训题目。

【实训题目 23】

除了现金外,应收账款也是营运资本的一大内容。允许购货方赊购对扩大销售、加速存货周转有重大意义,但同时也可能带来管理成本和坏账成本,因此,你决定有必要认真了解公司的信用政策。从东光公司目前的信用政策来看,其内容不包括(　　)。

A. 确定信用期间　　　　　　　　　　B. 确定信用条件

C. 确定现金折扣政策　　　　　　D. 确定收款方法

【实训题目 24】

从东光公司目前的信用政策,你认为信用部门主要从(　　)方面确定客户的信用标准。

A. 品质　　　　B. 业务性质　　　　C. 资本　　　　D. 抵押
E. 条件　　　　F. 能力　　　　　　G. 地理位置

【实训题目 25】

由于市场形势的变化,销售部门申请对信用政策进行修改,以利于扩大销售额。信用部门在对该申请进行审核之后,提请财务部门研究该方案的可行性。为了比较 2 个方案,首先必须考虑 2 个方案应收账款占用资金的机会成本,请填写表 3-41 空格中的数据(计算结果保留 2 位小数)。

表 3-41　信用政策对比表　　　　　　　　　　　　　　　　　　　单位:元

项目	现行政策	新政策
年赊销额		
平均收账期/天		
应收账款平均余额		
应收账款占用金额		
应收账款机会成本		

【实训题目 26】

针对 2 个方案的差别,你做了如下比较,请填写表 3-42 空格中的数据(计算结果保留 2 位小数)。

表 3-42　信用政策对比表　　　　　　　　　　　　　　　　　　　单位:元

项目	现行政策	新政策	增加额(减少额用"—"号表示)
年赊销额			
减:现金折扣			
年赊销净额			
减:变动成本			
应收账款机会成本			
坏账损失			
收账费用			
净收益			
结论:是否采用新政策			

3. 存货管理

请根据附件 3-67、3-68、3-69 中的信息,完成以下实训题目。

【实训题目 27】

存货在生产经营中具有重要的作用。东光公司 2 月 16 日将与亮华塑料制品股份有限公司签订用于生产节能灯的 4u 毛管采购合同。从资料上来看,你认为 4u 毛管的总成本包括(　　)。

A. 订货成本　　　B. 采购成本　　　C. 仓管费用
D. 广告成本　　　E. 保险费　　　　F. 缺货成本

【实训题目 28】

根据所掌握的资料，你初步确定采用经济批量模型来估算 4u 毛管的经济订货量。但长期的专业训练和实践经验告诉你，该模型的应用需要一定的前提条件，包括（　　）。

　A. 企业能够及时补充存货

　B. 存货陆续入库

　C. 需求量稳定，并且能够预测

　D. 存货单价不变

　E. 企业现金充足，不会因现金短缺而影响进货

　F. 所需存货市场供应充足

　G. 能够集中到库

【实训题目 29】

通过综合考察公司的具体情况，你认为 4u 毛管基本已经达到经济批量模型的适用条件。同时，亮华塑料制品股份有限公司与本公司是战略伙伴关系，2017 年的采购价格、每次采购的订货费用将和往年一样（详见购货合同样本），材料的储存成本中只有仓储费用是变动的（详见材料保险费及仓储费材料），根据所掌握的资料，请你计算，经济订货量应为_____个。（结果保留 2 位小数）

实训 3　投资活动管理

1. 项目现金流量测算

请根据附件 3-70 至附件 3-76 中的信息，完成以下实训题目。

【实训题目 30】

很快你在东光公司已经工作 2 个多月了，公司的财务活动在你的规划领导下井然有序。作为财务总监，一个重要的职能就是帮董事会分析决策。近日，业务总监向董事会提交了 T8 荧光灯项目和金卤灯项目的方案书。董事会要求财务部对项目的可行性进行分析。作为财务总监，请你首先认真地阅读项目方案书，并计算如下关键数据：

T8 荧光灯建设期为__(1)__年，金卤灯建设期为__(2)__年，不考虑时间价值因素的影响，建设 5 条 T8 荧光灯生产线需要投入__(3)__万元固定资产，为保证这 5 条生产线的基本运营需要投入的流动资产为__(4)__万元；建设 10 条金卤灯生产线需要投入__(5)__万元的固定资产，为保证这 10 条生产线的运营需要投入的流动资产为__(6)__万元。（计算结果保留 2 位小数）

【实训题目 31】

为了评价 T8 荧光灯项目的可行性，首先必须估算该项目的营业现金流量。销售部门、生产部门已经分别就 T8 荧光灯的未来市场销售情况和成本费用做了预测，这些工作都为现金流量的预测奠定了基础。预计 T8 荧光灯每年的销售量等于其生产量，销售预测中固定成本含折旧费用，且固定成本为荧光灯 5 条生产线的年固定成本。此时，你对 T8 荧光灯的销售前景充满了信心，并估算了营业现金流量，请填写表 3-43 空格中的数据（计算结果保留 2 位小数）。

表 3-43　T8 荧光灯项目营业现金流量　　　　　　　　　　　　　　　　　单位：万元

年度	2018 年	2019 年	2020 年	2021 年	2022 年
销售收入					
总成本					
税前利润					
税后净利润					
折旧费					
营业现金流量					

【实训题目 32】

金卤灯一直是公司的旗舰产品，生产线的引进将极大地提高金卤灯的生产能力。预计金卤灯每年的销售量等于其生产量，销售预测中固定成本含折旧费用，且固定成本为金卤灯 10 条生产线的年固定成本。根据销售、成本的预测资料，请你同样对金卤灯的营业现金流量进行估算，并填写表 3-44 空格中的数据（计算结果均保留 2 位小数）。

表 3-44　金卤灯经营期现金流量表　　　　　　　　　　　　　　　　　　　单位：万元

年度	2019 年	2020 年	2021 年	2022 年	2023 年	2024 年
销售收入						
总成本						
税前利润						
税后利润						
折旧费						
营业现金流量						

【实训题目 33】

毕竟两项生产线的引进都是浩大的工程，你对工程结束时的资金回收额也进行了估算：T8 荧光灯项目 2022 年回收的流动资金为 ＿（1）＿ 万元，固定资产的残值收入为 ＿（2）＿ 万元，根据前面的计算可知 T8 荧光灯项目 2022 年的营业现金流量为 ＿（3）＿ 万元，则该项目 2022 年的现金净流量为 ＿（4）＿ 万元；金卤灯项目终结点所回收的流动资金为 ＿（5）＿ 万元，固定资产的残值收入为 ＿（6）＿ 万元，根据前一个实训可知金卤灯 2024 年的营业现金流量为 ＿（7）＿ 万元，则该项目 2024 年的现金净流量为 ＿（8）＿ 万元。（计算结果需要四舍五入的保留 2 位小数）

【实训题目 34】

在获取了各期的现金流量数据之后，你决定先用最简便的非折现方法进行初步评价：T8 荧光灯生产项目的会计收益率为 ＿＿＿＿＿％，金卤灯生产项目的会计收益率为 ＿＿＿＿＿％。同时，以东光公司的加权平均资本成本 7.65％ 为投资必要报酬率，则 T8 荧光灯生产项目 ＿（1）＿，金卤灯生产项目 ＿（2）＿。T8 荧光灯生产项目的静态回收期为 ＿＿＿＿＿ 年，金卤灯生产项目的静态回收期为 ＿＿＿＿＿ 年。（回收期不包括建设期。计算结果均保留 2 位小数）

(1)可行/不可行　　　　　　　(2)可行/不可行

【实训题目 35】

虽然应用非折现方法对项目决策有了初步的结论，但由于没有考虑时间价值因素，你还是决定采用折现的评价方法来评价项目。项目评价结果确定必要报酬率为10%。首先计算项目的净现值和净现值率，并填写表3-45空格中的数据。（计算结果需要四舍五入的保留2位小数）

表 3-45 净现值计算表　　　　　　　　　　　　　　　　　　　　单位：万元

期初	2017年年初	2018年年初	2019年年初	2020年年初	2021年年初	2022年年初	2023年年初	2024年年初	2025年年初
复利现值系数	1.00	0.91	0.83	0.75	0.68	0.62	0.56	0.51	0.47
T8净现金流量								—	—
T8折现现金流量								—	—
T8项目净现值		净现值率		是否可行		—	—	—	—
金卤灯净现金流量									
金卤灯折现现金流量									
金卤灯净现值		净现值率		是否可行		—	—	—	—

2. 证券及金融投资

请根据附件3-77、3-78中的信息，完成以下实训题目。

【实训题目 36】

从前面的分析中就已经可以得知，公司有着十分充裕的现金，并高于最佳持有量。你决定用部分的资金进行证券投资。证券市场风云变幻，敏锐的你从宏观环境的变化中"嗅"出了商机，你当然不会放过这种机会。在召集部门会议讨论之后，出于（　　）的考虑，你决定购入证券投资组合。

　　A. 有效降低单一投资的风险

　　B. 向关联方输送资金

　　C. 多元化以彰显实力

　　D. 尽可能提高证券投资的收益率

【实训题目 37】

进行投资之前，请首先计算表3-46中证券投资组合的必要报酬率，请填写表3-46空格中的数据（百分数不用写百分号，计算结果保留2位小数）。

表 3-46 必要报酬率计算表

必要报酬率	必要报酬率/(%)	证券投资组合必要报酬率/(%)
敦煌种业		
金健米业		
中粮屯河		
海尔电器		
美的电器		
海信电器		
长虹电器		
格力电器		

实训 4　筹资活动管理

请根据附件 3-48、3-51、3-79、3-80 中的信息,完成以下实训题目。

【实训题目 38】

在阅读了你的可行性报告之后,董事会通过了 T8 荧光灯生产线和金卤灯生产线的项目引进方案。预计 2 月月底就必须支付固定设备购买价款,所以你必须考虑该项目的资金支出是否影响正常的运营活动,因此请采用公式法对公司主要产品节能灯的资金需要量进行了预测,并填写表 3-47 空格中的数据(计算结果需要四舍五入的保留 2 位小数)。

表 3-47 资金需要量预测表(公式法)

年度	销售量 X_i/台	资金占用 Y_i/元	X_iY_i	X_i^2
2011				
2012				
2013				
2014				
2015				
2016				
合计				
$Y=a+bX$	$a=$		$b=$	
2017 预计			—	—

【实训题目 39】

用公式法预测资金需要量简便易用,但生产经理表示,从 2011 年到 2016 年,公司的产品结构、技术设备都发生了很大的变化,所以占用资金额并不是同比例增长。所以在预计 2017 年与 2016 年的资产销售比以及股利支付率大致不变的前提下,请你应用销售百分比法对公司主要产品节能灯的资金需要量进行预测,并填写表 3-48 空格中的数据。(货币资金全部是非经营现金。经营净资产销售百分比、销售净利率、"1－股利支付率"都要写百分数。数据均保留 2 位小数,后一答案用到前一答案计算结果的,用保留过的数字计算。)

表 3-48 资金需要量预测表(销售百分比法) 单位:元

预计销售额		基期金融资产		预计销售额	
经营净资产销售百分比		最低资金保留额		销售净利率	
预计经营净资产		预计可动用的金融资产		1－股利支付率	
减:基期经营净资产		—		留存收益增加	
资金总需求		尚需筹集的资金		外部融资额	

实训 5 分配管理

请根据附件 3-81 中的信息,完成以下实训题目。

【实训题目 40】
通过查阅公司历年的股利分配额,根据你的专业知识,你认为公司的股利政策应当是(   )。
  A. 剩余股利政策   B. 固定或持续增长股利政策
  C. 固定股利支付率政策   D. 低正常股利加额外股利政策

【实训题目 41】
你认为东光公司采用该股利政策的原因可能是(   )。
  A. 与盈利水平保持一致   B. 保持理想的资本结构
  C. 保持股利支付的恒定   D. 公平地对待公司股东

实训 6 预算管理

请根据附件 3-80 至附件 3-88 中的信息,完成以下实训题目。

1. 销售预算

【实训题目 42】
各级单位已经根据预算委员会确定的 2017 年总体目标报送该单位的预算目标。根据"以销定产"的思想,全面预算以销售预算为起点。由于公司的业务涉及多种产品,节能灯业务又是本公司的主打产品,所以你决定先从节能灯入手,编制销售预算,并填写表 3-49 空格中的数据。

表 3-49 销售预算表
2017 年年度
单位:元

摘要	第一季度	第二季度	第三季度	第四季度	全年
预计销售数量/台					
销售单价/(元/台)					
预计销售金额					

续表

	摘要	第一季度	第二季度	第三季度	第四季度	全年
预计现金收入计算表	期初应收账款		—	—	—	
	第一季度销售收入			—	—	
	第二季度销售收入	—			—	
	第三季度销售收入	—	—			
	第四季度销售收入	—	—	—		
	现金收入合计					

2. 生产预算

【实训题目 43】

有了预计销售量,请你接着编制节能灯的生产预算,并填写表 3-50 空格中的数据。

表 3-50 生产预算表

2017 年年度　　　　　　　　　　　　　　　　　　　　　　　　单位:台

摘要	第一季度	第二季度	第三季度	第四季度	全年
预计销售需要量					
加:预计期末存货量					
预计需要量合计					
减:期初存货量					
预计生产量					

3. 直接材料预算(毛管)

【实训题目 44】

由于节能灯的原材料主要包括毛管、塑料件和灯头,生产车间、仓库、销售部向你呈送了关于毛管、塑料件和灯头的有关资料。请你根据这些资料编制以下关于毛管的直接材料预算,并填写表 3-51 空格中的数据。

表 3-51 直接材料预算表(毛管)

季度	一	二	三	四	全年
产品生产数量/台					
单位产品材料用量/(个/台)					
生产耗用数量/个					
加:期末存量/个					
合计/个					
减:期初存量/个					
材料采购总量/个					
材料采购单价/(元/个)					
材料采购金额/元					

4. 直接材料预算(塑料件)

【实训题目 45】

请你编制塑料件的材料预算,并填写表 3-52 空格中的数据。

表 3-52 直接材料预算表(塑料件)

季度	一	二	三	四	全年
产品生产数量/台					
单位产品材料用量/(个/台)					
生产耗用数量/个					
加:期末存量/个					
合计/个					
减:期初存量/个					
材料采购总量/个					
材料采购单价/(元/个)					
材料采购金额/元					

5. 直接材料预算(灯头)

【实训题目 46】

请编制灯头的材料预算,并填写表 3-53 空格中的数据。

表 3-53 直接材料预算表(灯头)

季度	一	二	三	四	全年
产品生产数量/台					
单位产品材料用量/(个/台)					
生产耗用数量/个					
加:期末存量/个					
合计/个					
减:期初存量/个					
材料采购总量/个					
材料采购单价/(元/个)					
材料采购金额/元					

6. 直接材料现金支出预算

【实训题目 47】

接下来就是对各种材料的现金支出进行汇总,请你编制直接材料现金支出预算表,并填写表 3-54 空格中的数据。

表 3-54 直接材料现金支出预算表　　　　　　　　　　　　　　　　　单位:元

季度	一	二	三	四	全年
材料采购金额总额					

续表

季度	一	二	三	四	全年
年初应付账款		—	—	—	
第一季度采购成本			—	—	
第二季度采购成本	—			—	
第三季度采购成本	—	—			
第四季度采购成本	—	—	—		
合计					

7. 直接人工成本预算

【实训题目48】

除了直接材料成本以外,还需要支付直接人工成本,因此你编制了以下直接人工预算表,并填写表3-55空格中的数据(计算结果保留2位小数)。

表3-55 直接人工成本预算表

季度	一	二	三	四	全年
产品生产数量/台					
单位产品工时/(时/台)					
人工工时总量/时					
小时人工费用/(元/时)					
人工费用总额/元					

8. 制造费用预算

【实训题目49】

除了直接成本之外,还有间接费用,因此你编制了以下制造费用预算表,并填写表3-56空格中的数据(单位变动制造费用保留3位小数)。

表3-56 制造费用预算表

2017年年度　　　　　　　　　　　　　　　　　　　　　　　单位:元

摘要	一季度	二季度	三季度	四季度	合计
预计生产量/台					
单位变动制造费用					
变动制造费用总额					
其中:间接材料费用					
间接人工费用					
其他变动费用					
固定制造费用总额					
其中:折旧费					
管理人员工资					
其他固定费用					

续表

摘要	一季度	二季度	三季度	四季度	合计
制造费用合计					
减:折旧费					
资金支出的费用					

9. 销售费用和管理费用预算

【实训题目 50】

利用手中的资料,请你也编制销售费用和管理费用的预算表,假设销售费用和管理费用在每个季度均匀发生,请填写表 3-57 空格中的数据。

表 3-57　销售费用和管理费用预算表

项目	金额/元
销售费用:销售人员工资	
广告费用	
包装、运输费	
保管费用	
管理费用:管理人员工资	
福利费用	
办公费用	
合计	
各季度支付现金	

10. 现金流量预算

【实训题目 51】

通过对之前的所有现金收入和支出进行汇集,请你编制现金流量预算表,请并填写表 3-58 空格中的数据。

表 3-58　现金流量预算表

2017 年年度　　　　　　　　　　　　　　　　　　　　　　　单位:元

摘要	第一季度	第二季度	第三季度	第四季度	全年
期初现金余额					
加:现金收入	—	—	—	—	—
应收账款收回及销售收入					
可动用现金合计					
减:现金支出	—	—	—	—	—
采购直接材料费用					
支付直接人工费用					
制造费用					
销售及管理费用					

续表

摘要	第一季度	第二季度	第三季度	第四季度	全年
购置固定设备费用	—		—	—	
支付所得税					
支付股利	—				
现金支付合计					
现金结余(或不足)					
融资:					
向银行借款(期初)					
归还借款(期末)					
支付利息(期末)					
融资合计	—	—	—	—	—
期末现金余额					

11. 产品成本预算

【实训题目52】

最后,你需要对各类产品的成本进行汇总,请采用变动成本法编制产品成本预算表,并填写表 3-59 空格中的数据。

表 3-59　产品成本预算表

项目	单价	单位耗用量	单位成本/(元/台)	期初库存/台	产量(台)/生产成本(元)	期末库存/台	销量(台)/销货成本(元)
产品数量	—	—	—				
直接材料:毛管							
塑料件							
灯头							
直接人工							
变动制造费用	—						
合计							

实训 7　企业价值评估

1. 相对价值法

请根据附件 3-48、3-51、3-85、3-86、3-87 中的信息,完成以下实训题目。

【实训题目53】

为了配合公司的战略管理和价值链管理,同时更好地向实现企业价值最大化的目标努力,你决定对企业的价值进行评估。评估的方法有很多种,你决定先采用最简便易行的相对估值法中的市盈率法进行评估,请填写表 3-60 空格中的数据(公司股票面值 1 元/股,债务价值等于账面价值,计算结果需要四舍五入的保留 2 位小数)。

表 3-60 企业价值计算表(市盈率法)

项目	金额
行业的平均市盈率	
每股收益/(元/股)	
每股价值/(元/股)	
股权价值/元	
加:债务价值/元	
企业价值/元	

【实训题目 54】

由于估值方法各有利弊,从不同的角度进行评估可以对企业价值有更全面的认识。EV(企业价值)/EBITDA(税息折旧及摊销前利润)可以避免资本支出的影响,所以你决定采用 EV/EBITDA 对东光公司的价值进行估算,请填写表 3-61 空格中的数据(计算结果保留 2 位小数)。

表 3-61 企业价值计算表 单位:元

项目	金额
净利润	
所得税	
公司的税前利润	
利息支出	
折旧和摊销	
EBITDA	
行业平均 EV/EBITDA	
企业价值	

【实训题目 55】

为了评估公司的价值,你和部门人员进行了深入的探讨。副总监对你采用的方法进行了评价,你认为下面他的(　　)观点是正确的。

  A. 相对估值法的准确性有赖于可比公司的可比性

  B. 相对估值法只能评价规模较小的企业

  C. 相对估值法无法消除行业评估不当的影响

  D. 相对估值法需要单独估计企业的资本成本和未来收益

2. 经济利润法

请根据附件 3-48、3-51、3-77、3-78、3-86、3-88 中的信息,完成以下实训题目。

【实训题目 56】

考虑到相对估值法是以可比公司为参照来计算企业价值,估值结果的准确性依赖于参照公司的可比性,因此你决定采用经济利润法再次计算企业价值。计算经济利润需要用到加权平均资本成本的数据,因此,你首先计算了公司的加权平均资本成本。资本成本是企业进行投资至少应当获得的报酬率。公司的资本组成包括自有资本和借入资金。从信用部获得信息,公司的债务都是无息负债,则公司的债务成本为_____%。应用资本资产定价模型可以得知,东光公司的股权成本为_____%。从而加权平均资本成本为_____%(百分数不用写百分号,计算结果需要四舍五入的保留2位小数)。

【实训题目57】

计算完资本成本后,请你计算公司2016年的经济利润,并填写表3-62空格中的数据。(货币资金全部是非经营现金,百分数不用写百分号,计算结果保留2位小数,后一答案若用到前一计算结果的,用保留过的数字计算。)

表3-62 2016年经济利润表 单位:元

项目	2016年
税前利润	
净利息支出	
税前经营利润	
平均所得税税率/(%)	
税后经营利润	
期初投资资本	
加权平均资本成本/(%)	
经济利润	

【实训题目58】

由于你是以2017年为基期来估算公司的价值,你还需要计算2017年的期初投资资本,在计算过程中你了解到公司的货币资金都是金融资产,公司没有有息负债。因此,你认为,公司2017年期初的金融资产为_____元,金融负债为_____元,净金融负债为_____元,所有者权益为_____元,投资资本为_____元。(计算结果保留2位小数)

【实训题目59】

计算完2017年的期初投资资本以后,你开始估算公司的价值了。你预计2017—2020年公司的税后经营利润增长率为16%,2021年增长率下降为5%,并且可以持续。此外,你还预计,公司的期初投资资本自2018年起按5%持续增长,请填写表3-63空格中的数据。(百分号不用写,计算结果保留2位小数,后一答案若用到前一计算结果的,用保留过的数字计算。)

表3-63 企业价值计算表 单位:元

项目	基期	2017年	2018年	2019年	2020年	2021年
税后经营利润		—				
期初投资资本		—				
资本成本/(%)						
经济利润		—				

续表

项目	基期	2017 年	2018 年	2019 年	2020 年	2021 年
折现系数	—					—
预测期现值						—
后续期价值		—	—	—	—	
企业价值		—	—	—	—	—

3. 直接材料现金支出预算

【实训题目 60】

接下来就是对各种材料的现金支出进行汇总，请你编制直接材料现金支出预算表，并填写表 3-64 空格中的数据。

表 3-64　直接材料现金支出预算表　　　　　　　　　　单元:元

季度	一	二	三	四	全年
材料采购金额总额					
年初应付账款		—	—	—	
第一季度采购成本			—	—	
第二季度采购成本				—	
第三季度采购成本	—				
第四季度采购成本	—	—			
合计					

4. 直接人工成本预算

【实训题目 61】

除了直接材料成本以外，还需要支付直接人工成本，因此你编制了以下直接人工成本预算表，并填写表 3-65 空格中的数据（计算结果保留 2 位小数）。

表 3-65　直接人工成本预算表

季度	一	二	三	四	全年
产品生产数量/台					
单位产品工时/(时/台)					
人工工时总量/时					
小时人工费用/(元/时)					
人工费用总额/元					

5. 制造费用预算

【实训题目 62】

除了直接成本之外，还有间接费用，因此你编制了以下制造费用预算表，并填写表 3-66 空格中的数据（单位变动制造费用保留 3 位小数）。

表 3-66　制造费用预算表　2017 年年度　　　　　　　　　　　　　　单位:元

摘要	一季度	二季度	三季度	四季度	合计
预计生产量/台					
单位变动制造费用					
变动制造费用总额					
其中:间接材料费用					
间接人工费用					
其他变动费用					
固定制造费用总额					
其中:折旧费					
管理人员工资					
其他固定费用					
制造费用合计					
减:折旧费					
资金支出的费用					

6. 销售费用和管理费用预算

【实训题目 63】

利用手中的资料,请你也编制销售费用和管理费用的预算表,假设销售费用和管理费用在每个季度均匀发生,请填写表 3-67 空格中的数据。

表 3-67　销售费用和管理费用预算表

项目	金额/元
销售费用:销售人员工资	
广告费用	
包装、运输费	
保管费用	
管理费用:管理人员工资	
福利费用	
办公费用	
合计	
各季度支付现金	

7. 现金流量预算

【实训题目 64】

请汇集之前的所有现金收入和支出,编制现金流量预算表,填写表 3-68 空格中的数据。

表 3-68 现金预算表

2017 年年度　　　　　　　　　　　　　　　　　　　　　　　　　　　　　　　单位:元

摘要	第一季度	第二季度	第三季度	第四季度	全年
期初现金余额					
加:现金收入	—	—	—	—	—
应收账款收回及销售收入					
可动用现金合计					
减:现金支出	—	—	—	—	—
采购直接材料费用					
支付直接人工费用					
制造费用					
销售及管理费用					
购置固定设备	—		—		
支付所得税					
支付股利	—		—		
现金支付合计					
现金结余(或不足)					
融资:	—	—	—	—	—
向银行借款(期初)	—	—	—	—	—
归还借款(期末)	—	—	—	—	—
支付利息					
融资合计	—				
期末现金余额					

8. 产品成本预算

【实训题目 65】

最后,你需要对各类产品的成本进行汇总,请采用变动成本法编制产品成本预算表,请填写表 3-69 空格中的数据。

表 3-69 产品成本预算表

项目	单价	单位耗用量	单位成本/(元/台)	期初库存/台	产量(台)/生产成本(元)	期末库存/台	销量(台)/销货成本(元)
产品数量	—	—	—				
直接材料:毛管							
塑料件							
灯头							
直接人工费用							
变动制造费用	—	—					
合计	—	—					

附录

FULU

第一篇　财务管理分章案例实训-附件

第 1 章　财务管理总论-案例附件

附件 1-1　领料单

附件 1-2　还款凭证

附件 1-3　转账支票存根

附件 1-4　入库单

附件 1-5　日本企业的资本筹集

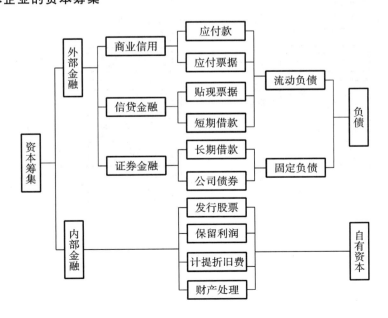

附件 1-6　日本企业的资本运用

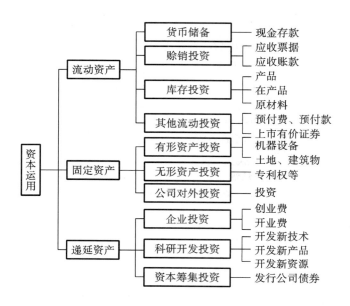

附件 1-7　大型企业财务管理组织机构

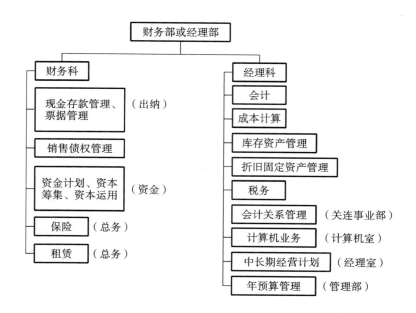

附件 1-8　中型企业财务管理组织结构

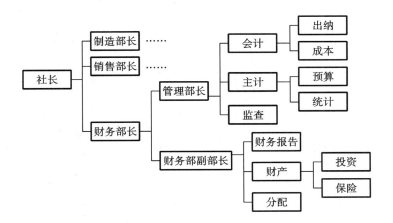

附件 1-9　小型企业财务管理组织结构

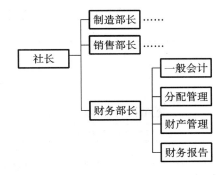

第 2 章　财务管理价值观念-案例附件

附件 1-10　人民币存款利率表

人民币存款利率表

项目	年利率/(%)
一、城乡居民及单位存款	
(一)活期	0.36
(二)定期	
1.整存整取	

续表

项目	年利率/(%)
3 个月	1.71
半年	1.98
1 年	2
2 年	2.79
3 年	3.33
5 年	4
2.零存整取、整存零取、存本取息	
1 年	1.71
3 年	1.98
5 年	3
3.定活两便	按 1 年以内定期整存整取同档次利率打 6 折
二、协定存款	1.17
三、通知存款	
1 天	0.81
7 天	1.35

附件 1-11　存款取得的现金存款凭条

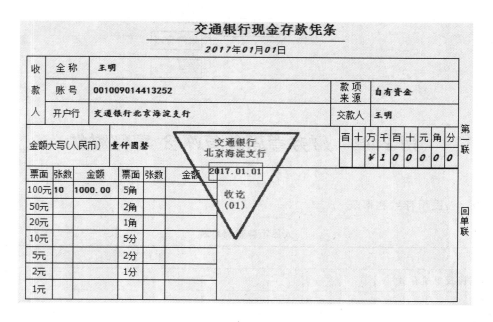

附件 1-12　银行存款利率表

人民币存款利率

存款种类	存期	年息/(%)	月息/(%)	到期额
零存整取	5 年	3.87		
存本取息	1 年	3.15		
存本取息	3 年	3.51		
存本取息	5 年	3.87		

附件 1-13　年度利润分配实施公告

证券代码：222249　　　　　证券简称：大洋机电　　　　　公告编号：2017-24

中山大洋机电股份有限公司
2016 年年度利润分配实施公告

　　本公司及董事会全体成员保证公告内容的真实、准确和完整，并对公告中的虚假记载、误导性陈述或重大遗漏承担责任。
　　重要内容提示：
　　每 10 股派发现金股利人民币 8 元。
　　股权登记日：2017 年 5 月 18 日
　　除权除息日：2017 年 5 月 19 日
　　新增可流通股份上市流通日：2017 年 5 月 19 日
　　现金红利发放日：2017 年 5 月 19 日
　　一、通过利润分配方案的股东大会届次和日期
　　2017 年 5 月 5 日公司 2016 年年度股东大会审议通过了"公司 2016 年年度利润分配及公积金转增股本方案"。股东大会决议公告刊登于 2017 年 5 月 6 日《证券时报》及巨潮资讯网（http://www.cninfo.com.cn）上。
　　二、分红方案
　　2016 年年度利润分配方案为：以公司现有总股本 126 000 000 股为基数，按每 10 股派发现金人民币 8 元。
　　……

附件 1-14　现金存款凭条

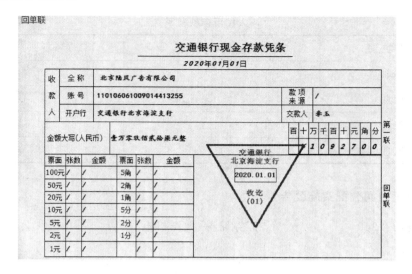

附件 1-15　人民币存款利率

人民币存款利率

项目	年利率/(%)
一、城乡居民及单位存款	
（一）活期	0.36
（二）定期	
1. 整存整取	
3 个月	1.71
1 年	3
2 年	3.3
3 年	3.5
5 年	3.6
2. 零存整取、整存零取、存本取息	
1 年	1.71
3 年	1.98
5 年	2.25
3. 定活两便	按 1 年以内定期整存整取同档次利率打 6 折
二、协定存款	1.17
三、通知存款	
1 天	0.81
7 天	1.35

附件 1-16　分期付款买卖协议

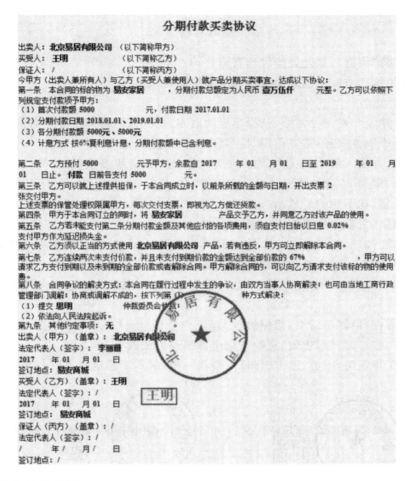

附件 1-17　现金存款凭证

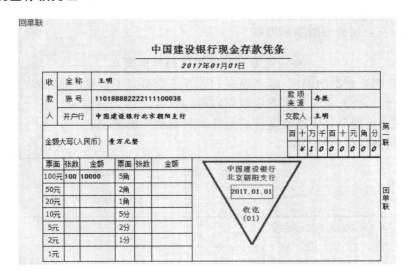

附件 1-18　借款合同

借款合同

借款单位(简称甲方)：福建光华管理有限公司

贷款单位(简称乙方)：中国建设银行厦门湖里支行

保证方(简称丙方)：××××××××

甲方为进行建设和发展的需要，依据第五次股东大会决议，特向乙方申请借款，经乙方审查同意发放。为明确双方责任，恪守信用，特签订本合同，共同遵守。

一、甲方向乙方借入借款人民币(略)，规定用于基础设备更新换代。

二、借款期约定为 20 年。即从 2016 年 01 月 01 日至 2036 年 01 月 01 日。乙方保证按设计计划和信贷计划，在下达的贷款指标额度内贷出资金。甲方保证按规定的借款用途用款。

三、贷款利息。贷款年利率按 10% 复利计息。

四、还款方式：2016 年 01 月 01 日至 2026 年 01 月 01 日前 10 年不需要还本付息，从 2027 年至 2036 年每年的 01 月 01 日各还款 5000 还。

五、甲方保证按还款计划归还贷款本金。甲方如不能按期偿还，乙方有权从甲方的存款户中扣收。

六、合同的附件：借款申请书，担保协议书。

七、本合同自签订之日起生效，贷款本息全部偿还后失效。

八、本合同正本三份，甲方、乙方、保证方各执一份，副本 2 份送乙方财会部门和有关部门。

借款单位：福建光华管理有限公司

法定代表人：张之阳

日期：2016年01月01日

贷款单位：中国建设银行厦门湖里支行

法定代表人：王君玉

日期：2016年01月01日

附件 1-19　东山农业观光旅游项目提案

东山农业观光旅游项目投资提案

近年来，随着农业旅游的推广，越来越多的游客纷纷涌向了农村，在体验农家生活的过程中感受自然，放松身心，由此也带来了农业观光旅游的发展。

东山农业观光旅游项目正是在这样的大背景下酝酿并成熟起来。

一、该方案预期收益分析

发生概率/(%)	0.2	0.2	0.2	0.4
预期收益率/(%)	5%	10%	20%	25%

注：概率的确定参照行业分析资料中相关信息确定。

二、项目投资的可行性

1. 自然资源条件分析

(1) 东山农业生态园发展良好,自然风光优美,空气清新,一年四季皆适宜游人观赏旅游。

(2) 杨梅等果实采摘季节的到来,尤适宜开展参与式农业旅游。

2. 人力资源条件分析

……

3. 市场情况分析

……

4. 市场容量预测分析

……

附件 1-20　白城沙滩浴场开发提案

白城沙滩浴场开发投资提案

白城沙滩向来是游客最集中的地段之一,在此处开发沙滩浴场,预期收益可观,经过相关咨询和实地调查,投资机会已经成熟,现将相关资料整理如下。

一、该方案预期收益预测分析

发生概率/(%)	0.3	0.3	0.1	0.3
预期收益率/(%)	−10%	6.7%	30%	50%

注:概率的确定参照行业分析资料中相关信息确定。

二、项目投资的可行性

1. 自然资源条件分析

(1) 夏季温度适宜,海滩风景优美。

(2) 随着全民游泳运动的开展,游泳项目非常有市场,内海环境尤适宜全家性游泳。

2. 人力资源条件分析

……

3. 市场情况分析

……

4. 市场容量预测分析

……

附件 1-21　专业人士对股票未来收益的预测

市场状况	概率/(%)	预期收益/万元	
		南方集团股票	北方工业股票
繁荣	0.3	50	40
一般	0.5	20	20
萧条	0.2	−5	5

附件 1-22　深圳证券交易所网站上的 β 系数表

代码	证券名称	今开	今收	成交量	涨跌幅%	β 系数
000001	深发展 A	37.51	35.43	12 042 490.00	－6.98	0
000002	万科 A	26.95	25.55	54 900 983	－5.37	1.1
000003	ST 国农	9.5	9.12	980 201	－5	1
000004	ST 星源	7.3	6.95	9 499 598	－5.05	0
000005	深振业 A	17.3	14.7	2 399 598	－5.05	1.21
000006	ST 达声	27.3	24.7	94 098	－3.05	0.23
000007	*ST 宝投	12.3	9.7	94 998	－5.34	0.8
000008	S 深宝安 A	17.2	14.6	769 598	－2.05	1.95
000009	SST 华新	27.3	24.7	899 598	－1.05	1.15
110900	深晨晔 A	17.3	14.7	19 499 598	－5.16	1.5

（为了方便学生学习，本书中出现的股票代码与股票名称与实际的股票代码和股票名称没有联系，下同）

附件 1-23　证券交易所交易量前 4 名证券资料

证券交易所交易量前 4 名证券资料

代码	证券名称	今开	今收	成交量	涨跌幅/(%)	β 系数
003001	深发李 A	37.51	35.43	12 042 490.00	－6.98	1.5
020002	神科 A	26.95	25.55	54 900 983	－5.37	1.0
100003	兴农 A	9.5	9.12	980 201	－5	0.6
200004	源星 A	7.3	6.95	9 499 598	－5.05	2.0

附件 1-24　近 5 年主要上市公司的重要指标一览表

近 5 年主要上市公司的重要指标一览表

沪市：

序号	代码	简称	每股收益增长率	每股净资产增长率/(%)	净资产收益率/(%)
1	600786	东方锅炉	29.73	22.42	13.63
2	600338	ST 珠峰	100.74	100	5.62
3	600837	都市股份	63.28	－6.83	4.25
4	600309	烟台万华	2.19	－21.24	21.26
5	600205	山东铝业	31.98	17.06	10.87
6	600500	中化国际	103.03	－5.5	20.81

沪市：
续表

序号	代码	简称	每股收益增长率	每股净资产增长率/(%)	净资产收益率/(%)
7	600886	国投电力	−23.55	−34.59	14.38
8	600182	桦林轮胎	112.44	33.78	23.92
9	600096	云天化	74.8	5.69	23.54
10	600022	济南钢铁	3.61	46.99	23.36

深市：

序号	代码	简称	每股收益增长率	每股净资产增长率/(%)	净资产收益率/(%)
1	8	亿安科技	3809.21	138.39	12.97
2	951	中国重汽	320.76	87.06	4.57
3	618	吉林化工	502.25	78.26	3.97
4	617	石油济柴	58.94	−10.31	14.88
5	2041	登海种业	0.78	28.94	22.29
6	39	中集集团	118.71	−11.75	21.98
7	1696	宗申动力	78.77	48.77	11.32
8	22	深赤湾 A	31.23	−5.11	18.92
9	2040	南京港	16.23	21.02	7.18
10	635	英力特	89.76	41.18	6.67
加权平均结算结果			109	43	15

附件 1-25　询价采购供应商报价函

附件 1-26　付款方式汇总表

大型设备付款条件

设备名称	分层过滤处理机	
付款方式	付款金额	备注
采购时一次性付款	360 万元	可用信用卡
等额分 5 年付款，每年末付款	100 万元/年	不可用信用卡

附件 1-27　采购计划批复

分层过滤处理机采购计划批复

为了进一步提高我公司产品的品质，引进先进生产设备，增强公司产品市场竞争力，由生产部联合市场部提出的分层过滤处理机采购计划具有很强的必要性，采购计划可行，预算合理，现经董事会讨论批准该计划，并责成生产经理和采购经理共同负责该采购事宜。

亮爽饮料公司董事会
2017 年 12 月 01 日

附件 1-28　瘦身果醋生产线提案

瘦身果醋生产线提案

随着果醋瘦身效果被科学研究所证明后，市场上各大企业纷纷投产该产品，并在市场上受到广大消费者的推崇，部门在研究调查的基础上，认为在公司原有产品系列的基础上延伸发展瘦身果醋生产线具有可行性和必要性。

具体分析如下。

一、生产线预期收益预测分析

市场销路	好	一般	差
发生概率/(%)	60	20	20
预期年净收益率/万元	150	60	－10

注：专家预测的风险系数为 0.5。

二、生产线的可行性

1.原有的生产能力尚有剩余

(1)生产工人条件：

……

(2)生产设备条件：

……

2.资金条件分析

……

3.市场情况分析

……

4.市场容量预测分析
……

附件 1-29　运动能量饮品生产线提案

运动能量饮品生产线提案

运动能量饮品是在公司现有产品基础上结合市场需求开发的,公司现有产品系列主要以青春、活力等作为主题,而运动则是青春、活力最好的体现。故而该产品在市场的推广方面具有其他产品无与伦比的优势,现将主要优势阐述如下。

一、生产线预期收益预测分析

市场销路	好	一般	差
发生概率/(%)	50	20	30
预期年净收益率/万元	180	85	-25

注:专家预测的风险系数为 0.6。

二、主要生产优势
1.现有产品的互补产品
(1)生产工人条件:
……
(2)生产设备条件:
……
2.资金条件分析
……
3.市场情况分析
……
4.市场容量预测分析
……

第 3 章　筹资管理-案例附件

附件 1-30　生产部门各年产量统计

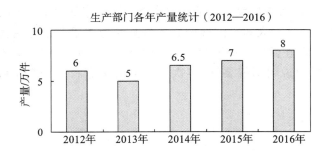

生产部门各年产量统计(2012—2016)

附件1-31　各年资金占用统计

附件1-32　望海公司配股发行公告（部分内容）

证券代码：000680　　　　　证券简称：望海股份　　　　　公告编号：2017-006

望海公司2016年度配股发行公告

特别提示

本公司及董事会全体成员保证公告内容真实、准确和完整，对公告的虚假记载、误导性陈述或者重大遗漏负连带责任。

重要提示

（1）望海公司经2016年6月1号召开董事会十六次会议表决通过。并经2016年6月24号召开的2016年第一次临时股东大会表决通过的配股方案，已经中国证券监督管理委员会发行审核委员会审核通过。并获中国证券监督管理委员会许可[2017]10号文核准。

（2）本次配股以本次发行股权登记日收市后公司股本总数1 000 000股为基数，按每10股配3股的比例向全体股东配售。本次发行采取网上定价发行方式，由主承销商海通证券股份有限公司负责组织实施。

（3）本次配股价格为10元/股。

（4）本次配股截至2017年2月20日下午深圳证券交易所收市后，在中国证券登记结算有限责任公司深圳分公司登记在册的全体股东配售。

（5）本次发行结果将于2017年2月29日在《中国证券报》上公告。

（6）如本次发行失败，将按配股缴款额并加算银行同期存款利息返还已经认购的股东。

（7）本发行公告仅对发行人本次配股的有关事宜向全体股东进行说明。不构成对本次配股的任何投资建议。股东在做出认购配股决定之前，请仔细阅读2017年2月18日刊登在《中国证券报》上的股份《配股说明书摘要》。本次发行的有关资料亦刊载于巨潮资讯网（http://www.cninfo.com.cn）。

附件 1-33　借款合同 1

借款合同

借款单位（简称甲方）：福建光华管理有限公司

贷款单位（简称乙方）：中国建设银行厦门湖里支行

保证方（简称丙方）：×××

甲方为进行建设和发展的需要，依据第五次股东大会决议，特向乙方申请借款，经乙方审查同意发放。为明确双方责任，恪守信用，特签订本合同，共同遵守。

一、甲方向乙方借入借款人民币壹佰万元整，规定用于经营周转。

二、借款期约定为一年。即从 2017 年 01 月 01 日至 2018 年 01 月 01 日。乙方保证按信贷计划，在下达的贷款指标额度内贷出资金。甲方保证按规定的借款用途用款。

三、贷款利息。贷款年利率按 10％计算。

四、甲方保证在其借款账户中按照的比例保存补偿性余额。

五、甲方保证按期归还贷款。甲方如不能按期偿还，乙方有权从甲方的存款户中扣收。

六、合同的附件：借款申请书，担保协议书。

附件 1-34　借款合同 2

七、本合同自签订之日起生效，贷款本息全部偿还后失效。

八、本合同正本三份，甲方、乙方、保证方各执一份，副本 2 份送乙方财会部门和有关部门。

航空业面临长线机遇

● 中国银河证券有限责任公司　研究中心

附件 1-35　行业分析报告——部分内容摘录

■投资要点

- 2006 年中国航空市场出现加速增长的态势，中国经济持续增长带动商务、旅游、探亲访友的快速增长，航空已经成为国内外快速交通运输的首要选择，中国航空行业正在

- 进入一个快速发展的黄金时代。
- 近期国际石油价格出现见顶回落的情况,连续几年大涨的航空燃油价格有希望逐步回归正常水平,燃油成本比例不断上涨的趋势即将出现周期性的转折,航空行业最困难的时候即将结束,航空行业的毛利率水平将逐步好转。
- 人民币币值长期稳定上升已经是必然趋势,对拥有巨大外资负债的航空类上市公司是比较大的支持,汇兑收益的扩大也将支持公司业绩的提高。
- "中国国航"是目前国内规模最均衡、服务品牌最优秀、经营效益最佳和组织结构最合理的航空公司。
- 我们将航空业从"中性"评级上升为"买入"评级,将"中国国航"首次评级定为"买入"。

附件1-36 南方集团股票发行公告(部分内容)

南方集团股票发行公告书

一、重要提示

(1)南方集团公司(以下简称"南方集团")本次公开发行人民币普通股(A股)股票12 000万股的申请已获中国证券监督管理委员会证监发行字[2017]10号文件核准。

(2)本次股票发行由保荐机构(主承销商)华欧证券有限责任公司承销。

(3)沪市、深市二级市场投资者均可参加本次发行新股的配售。

(4)本公告仅对本次A股发行的有关事宜向社会公众做扼要说明,投资者欲了解本次发行的一般情况,请仔细阅读刊登在2017年8月10日的《中国证券报》《上海证券报》《证券时报》和《证券日报》上的《南方集团公司发行股票招股说明书摘要》。

二、释义

(1)发行人:指南方集团公司。

(2)本次发行:指本次公开发行境内上市人民币普通股12 000万股。

(3)中国证监会:指中国证监监督委员会。

(4)保荐机构(主承销商):指华欧证券有限责任公司。

(5)上证所:指上海证券交易所。

(6)深交所:指深圳证券交易所。

(7)沪市:指上海证券发行与交易市场。

(8)深市:指深圳证券发行与交易市场。

(9)二级市场投资人:指在上海证券交易所或深圳证券交易所开立账户的境内自然人和法人。

(10)元:如无特别说明,指人民币元。

三、发行基本情况

(1)发行数量:12 000万股。

(2)发行价格:15元/股。

(3)发行方式:本次发行采用网下向询价对象配售与网上向社会公众投资者定价发行相结合的方式。

(4)募集资金总额:180 000万元。

(5)发行费用总额:36 000万元。

附件 1-37　户外用椅销售收入明细账

（销售收入明细账，分页：12，总页：50；一级科目：主营业务收入；二级科目：户外用椅）

2017年 月 日	凭证 种类 号数	摘要	借方	贷方	借或贷	余额
1 1	记 005	销售户外用椅25把(单价均为55元)		1 375 00	贷	1 375 00
1 5	记 007	销售户外用椅30把		1 650 00	贷	3 025 00
1 10	记 010	销售户外用椅100把		5 500 00	贷	8 525 00
1 13	记 016	销售户外用椅500把		27 500 00	贷	36 025 00
1 15	记 025	销售户外用椅500把		27 500 00	贷	63 525 00
1 18	记 039	销售户外用椅300把		16 500 00	贷	80 025 00
1 25	记 048	销售户外用椅1000把		55 000 00	贷	135 025 00
1 29	记 067	销售户外用椅500把		27 500 00	贷	162 525 00
1 31	记 110	结转销售收入	162 525 00		平	0 00
		本月合计	162 525 00	162 525 00	平	0 00
		本年累计	162 525 00	162 525 00	平	0 00

附件 1-38　变动成本计算表

项目	对应值
产品名称	美德凯户外用椅
完工产品/把	5 000
直接材料/元	50 000
直接人工/元	75 000
变动制造/元	25 000
总成本/元	150 000
单位成本/(元/把)	30

附件 1-39　经营杠杆系数计算过程

经营杠杆的系数＝息税前利润变动率/销售量的变动率	
计算步骤1:第二年经营杠杆系数的计算	
1.1 销售量变动率的计算	销售量变动率＝(20 000－10 000)/10 000＝100%
1.2 息税前利润变动率的计算	息税前利润变动率＝(800 000－300 000)/300 000＝167%
1.3 经营杠杆系数的计算	经营杠杆系数＝167%/100%＝1.67
计算步骤1:第三年经营杠杆系数的计算	
2.1 销售量变动率的计算	销售量变动率＝(30 000－20 000)/20 000＝50%
2.2 息税前利润变动率的计算	息税前利润变动率＝(1 300 000－800 000)/800 000＝62.5%
2.3 经营杠杆系数的计算	经营杠杆系数＝62.5%/50%＝1.25

附件 1-40　利润表

利润表　　　　　　　　　　　会小企 02 表

编制单位：厦门光良实业有限公司　　　2016 年 12 月　　　　　　　　单位：元

项目	行次	本月金额	本年累计金额
一、营业收入	1	750 000	9 000 000
减：营业成本	2	400 000	5 350 000
税金及附加	3	100 000	850 000
其中：消费税	4		
城市维护建设税	5		
资源税	6		
土地增值税	7		
城镇土地使用税、房产税、车船税、印花税	8		
教育费附加、矿产资源补偿费、排污费	9		
销售费用	10	50 000	500 000
其中：商品维修费	11		
广告费和业务宣传费	12		
管理费用	13	30 000	500 000
其中：开办费	14		
业务招待费	15		
研究费用	16		
财务费用	17	9000	150 000
其中：利息费用（收入以"－"号填列）	18		
加：投资收益（损失以"－"号填列）	19		
二、营业利润（亏损以"－"号填列）	20	161 000	1 650 000
加：营业外收入	21		
其中：政府补助	22		
减：营业外支出	23		
其中：坏账损失	24		
无法收回的长期债券投资损失	25		
无法收回的长期股权投资损失	26		
自然灾害等不可抗力因素造成的损失	27		
税收滞纳金	28		
三、利润总额（亏损总额以"－"号填列）	29	161 000	1 650 000
减：所得税费用	30	40 250	412 500
四、净利润（净亏损以"－"号填列）	31	120 750	1 237 500

单位负责人：王妃　　　会计主管：李明　　　复核：陈玉　　　制表：戴息

附件 1-41　变动成本计算表

项目名称	对应值
变动成本计算表	
产品名称	光良乐器
完工产品/台	15 000
直接材料/元	1 500 000
直接人工/元	900 000
变动制造费用/元	600 000
总成本/元	3 000 000
单位成本/(元/台)	200

附件 1-42　各季度销售统计图

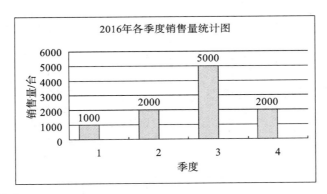

附件 1-43　资产负债表

资产负债表　　　　　　　　　单位:元
编制单位:北京南方实业有限公司　　2016 年 12 月 31 日　　　会企 01 表

资产	行次	期末余额	年初余额	负债和所有者权益（或股东权益）	行次	期末余额	年初余额
流动资产:				流动负债:			
货币资金	1	20 000	10 000	短期借款	32	20 000	10 000
以公允价值计量且其变动计入当期损益的金融资产	2	80 000	80 000	以公允价值计量且其变动计入当期损益的金融负债	33		
应收票据	3			应付票据	34		
应收账款	4	200 000	100 000	应付账款	35	10 000	5000
预付款项	5	100 000	100 000	预收款项	36	10 000	5000

续表

资产	行次	期末余额	年初余额	负债和所有者权益（或股东权益）	行次	期末余额	年初余额
应收利息	6	100 000	100 000	应付职工薪酬	37	5000	
应收股利	7			应交税费	38	5000	
其他应收款	8			应付利息	39	5000	
存货	9	500 000	400 000	应付股利	40	5000	
一年内到期的非流动资产	10			其他应付款	41		
其他流动资产	11			一年内到期的非流动负债	42		
流动资产合计	12	1 000 000	790 000	其他流动负债	43		
非流动资产：				流动负债合计	44	60 000	20 000
可供出售金融资产	13	500 000	410 000	非流动负债：			
持有至到期投资	14			长期借款	45	100 000	
长期应收款	15			应付债券	46	90 000	80 000
长期股权投资	16	500 000	500 000	长期应付款	47		
投资性房地产	17			专项应付款	48		
固定资产	18	1 000 000	500 000	预计负债	49		
在建工程	19			递延收益	50		
工程物资	20			递延所得税负债	51		
固定资产清理	21			其他非流动负债	52		
生产性生物资产	22			非流动负债合计	53	190 000	80 000
油气资产	23			负债合计	54	250 000	100 000
无形资产	24	250 000	200 000	所有者权益（或股东权益）：			
开发支出	25			实收资本（或股本）	55	2 000 000	2 000 000
商誉	26			资本公积	56	200 000	150 000
长期待摊费用	27			减：库存股	57		
递延所得税资产	28			其他综合收益	58		
其他非流动资产	29			盈余公积	59	400 000	150 000
非流动资产合计	30	2 250 000	1 610 000	未分配利润	60	400 000	
				所有者权益（或股东权益）合计	61	3 000 000	2 300 000
资产合计	31	3 250 000	2 400 000	负债和所有者权益（或股东权益）合计	62	3 250 000	2 400 000

单位负责人：陈思敏　　　　会计主管：邱继承　　　　复核：李杰　　　　制表：王惠

附件 1-44　利润表

利润表　　　　　　　　　　会小企 02 表

编制单位：北京南方实业有限公司　　2016 年 12 月　　　　　　单位：元

项目	行次	本月金额	本年累计金额
一、营业收入	1	100 000	700 000
减：营业成本	2	30 000	450 000
税金及附加	3	9000	50 000
其中：消费税	4		
城市维护建设税	5		
资源税	6		
土地增值税	7		
城镇土地使用税、房产税、车船税、印花税	8		
教育费附加、矿产资源补偿费、排污费	9		
销售费用	10	2000	50 000
其中：商品维修费	11		
广告费和业务宣传费	12		
管理费用	13	2000	50 000
其中：开办费	14		
业务招待费	15		
研究费用	16		
财务费用	17	1000	20 000
其中：利息费用（收入以"－"号填列）	18		
加：投资收益（损失以"－"号填列）	19		
二、营业利润（亏损以"－"号填列）	20	56 000	80 000
加：营业外收入	21		
其中：政府补助	22		
减：营业外支出	23		
其中：坏账损失	24		
无法收回的长期债券投资损失	25		
无法收回的长期股权投资损失	26		
自然灾害等不可抗力因素造成的损失	27		
税收滞纳金	28		
三、利润总额（亏损总额以"－"号填列）	29	56 000	80 000
减：所得税费用	30	1000	5000
四、净利润（净亏损以"－"号填列）	31	55 000	75 000

单位负责人：陈思敏　　　会计主管：邱继承　　　复核：李杰　　　制表：王惠

附件 1-45　成本分析报告

南方集团成本分析报告(2016年年度)

成本分析报告

今年,公司根据加强成本控制的统一部署,采取各种措施强化内部管理,增收节支。半年来,通过增产增收措施,在提高劳动生产率、加速资金周转、增加盈利方面取得了较好效果。根据我公司的具体情况,就主要产品成本经济活动进行初步分析。

一、公司费用成本性态分析

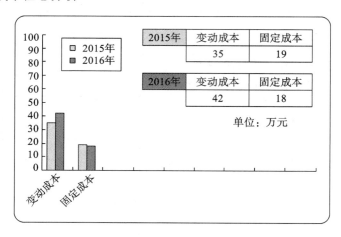

附件 1-46　销售工作计划

南方集团销售工作计划(2017年)

销售工作计划

随着城市建设和人民生活水平的不断提高以及产品更新换代时期的到来,带动了一级市场产品销售的持续增长,从而带动了整体市场容量的扩张。

根据公司的实力及 2016 年年度的生产销售情况,公司 2017 年年度销售目标完全有可能实现。以下是具体的工作规划。

一、销售目标——在保持 2016 年良好发展态势的基础上,实现 15％的增长率。

……

二、配套的工作重点

1. 销售业绩

根据市场具体情况把公司下达的年销售任务,月销售任务进行分解。分解到每月、每周、每日。以每月、每周、每日的销售目标分解到各个系统及各个门店,完成各个时段的销售任务。并在完成任务的基础上,提高销售业绩。主要手段是:提高团队素质,加强团队管理,开展各种促销活动,制定奖罚制度和制订激励方案。

2. 代理商管理及关系维护

针对现有代理商进行有效管理及关系维护,建立代理商客户档案,了解前期销售情况及实力情况,进行公司的企业文化传播。

3. 品牌及产品推广

……

4. 终端布置(配合业务条线的渠道拓展)

……

5. 促销活动的策划与执行

……

6. 团队建设、团队管理、团队培训

……

附表1-47　利润表1

利润表

会小企02表

编制单位:北京光明商贸有限公司　　　　2014年12月　　　　　　　　　　　　　单位:元

项目	行次	本月金额	本年累计金额
一、营业收入	1	40 000	400 000
减:营业成本	2	5000	50 000
税金及附加	3	1000	10 000
其中:消费税	4		
城市维护建设税	5		
资源税	6		
土地增值税	7		
城镇土地使用税、房产税、车船税、印花税	8		
教育费附加、矿产资源补偿费、排污费	9		
销售费用	10	2000	20 000
其中:商品维修费	11		
广告费和业务宣传费	12		
管理费用	13	2000	20 000
其中:开办费	14		
业务招待费	15		
研究费用	16		
财务费用	17	10 000	100 000
其中:利息费用(收入以"－"号填列)	18		
加:投资收益(损失以"－"号填列)	19		
二、营业利润(亏损以"－"号填列)	20	20 000	200 000

续表

项目	行次	本月金额	本年累计金额
加:营业外收入	21		
其中:政府补助	22		
减:营业外支出	23		
其中:坏账损失	24		
无法收回的长期债券投资损失	25		
无法收回的长期股权投资损失	26		
自然灾害等不可抗力因素造成的损失	27		
税收滞纳金	28		
三、利润总额(亏损总额以"—"号填列)	29	20 000	200 000
减:所得税费用	30	6000	60 000
四、净利润(净亏损以"—"号填列)	31	14 000	140 000

单位负责人:李意义　　　　会计主管:王明　　　　复核:李凤　　　　制表:潇潇

附表1-48　利润表2

利润表　　　　　　　　　　　　　　　　　　　　会小企02表

编制单位:北京光明商贸有限公司　　2015年12月　　　　　　　　单位:元

项目	行次	本月金额	本年累计金额
一、营业收入	1	100 000	1 000 000
减:营业成本	2	10 000	100 000
税金及附加	3	1000	10 000
其中:消费税	4		
城市维护建设税	5		
资源税	6		
土地增值税	7		
城镇土地使用税、房产税、车船税、印花税	8		
教育费附加、矿产资源补偿费、排污费	9		
销售费用	10	4500	45 000
其中:商品维修费	11		
广告费和业务宣传费	12		
管理费用	13	4500	45 000
其中:开办费	14		
业务招待费	15		
研究费用	16		
财务费用	17	10 000	100 000

续表

项目	行次	本月金额	本年累计金额
其中:利息费用(收入以"－"号填列)	18		
加:投资收益(损失以"－"号填列)	19		
二、营业利润(亏损以"－"号填列)	20	70 000	700 000
加:营业外收入	21		
其中:政府补助	22		
减:营业外支出	23		
其中:坏账损失	24		
无法收回的长期债券投资损失	25		
无法收回的长期股权投资损失	26		
自然灾害等不可抗力因素造成的损失	27		
税收滞纳金	28		
三、利润总额(亏损总额以"－"号填列)	29	70 000	700 000
减:所得税费用	30	21 000	210 000
四、净利润(净亏损以"－"号填列)	31	49 000	490 000

单位负责人:李意义　　　　会计主管:王明　　　　复核:李凤　　　　制表:潇潇

附表1-49　利润表3

利润表

会小企02表

编制单位:北京光明商贸有限公司　　　2016年12月　　　单位:元

项目	行次	本月金额	本年累计金额
一、营业收入	1	160 000	1 600 000
减:营业成本	2	20 000	200 000
税金及附加	3	1000	10 000
其中:消费税	4		
城市维护建设税	5		
资源税	6		
土地增值税	7		
城镇土地使用税、房产税、车船税、印花税	8		
教育费附加、矿产资源补偿费、排污费	9		
销售费用	10	4500	45 000
其中:商品维修费	11		
广告费和业务宣传费	12		
管理费用	13	4500	45 000

续表

项目	行次	本月金额	本年累计金额
其中：开办费	14		
业务招待费	15		
研究费用	16		
财务费用	17	10 000	100 000
其中：利息费用（收入以"－"号填列）	18		
加：投资收益（损失以"－"号填列）	19		
二、营业利润（亏损以"－"号填列）	20	120 000	1 200 000
加：营业外收入	21		
其中：政府补助	22		
减：营业外支出	23		
其中：坏账损失	24		
无法收回的长期债券投资损失	25		
无法收回的长期股权投资损失	26		
自然灾害等不可抗力因素造成的损失	27		
税收滞纳金	28		
三、利润总额（亏损总额以"－"号填列）	29	120 000	1 200 000
减：所得税费用	30	36 000	360 000
四、净利润（净亏损以"－"号填列）	31	84 000	840 000

单位负责人：李意义　　　　会计主管：王明　　　　复核：李凤　　　　制表：潇潇

附件1-50　主营业务收入总账

总分类账

分页：30　总页：

科目：**主营业务收入**

2016年		凭证		摘要	借方	贷方	借或贷	余额	√
月	日	字	号		亿千百十万千百十元角分	亿千百十万千百十元角分		亿千百十万千百十元角分	
12	31				6000000 00	6000000 00	平	0	

附件 1-51 资本结构图

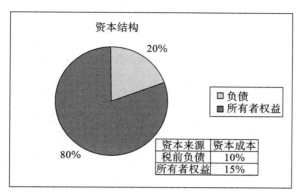

附件 1-52 变动成本率示意图

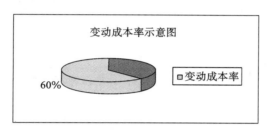

附件 1-53 长期资本构成图

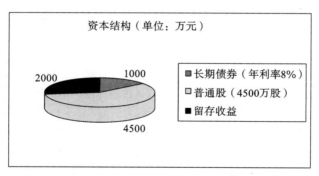

附件 1-54 资产负债表

资产负债表

编制单位：北京北航实业有限公司　　2016 年 12 月 31 日　　　　　　　　　　　　单位：元　会企 01 表

资产	行次	期末余额	年初余额	负债和所有者权益（或股东权益）	行次	期末余额	年初余额
流动资产：				流动负债：			
货币资金	1	1 000 000	1 000 000	短期借款	32	0	0

续表

资产	行次	期末余额	年初余额	负债和所有者权益（或股东权益）	行次	期末余额	年初余额
以公允价值计量且其变动计入当期损益的金融资产	2	2 000 000	1 000 000	以公允价值计量且其变动计入当期损益的金融负债	33	0	0
应收票据	3			应付票据	34	0	0
应收账款	4	2 000 000	3 000 000	应付账款	35	0	0
预付款项	5			预收款项	36	0	0
应收利息	6			应付职工薪酬	37	0	0
应收股利	7			应交税费	38	0	0
其他应收款	8			应付利息	39	0	0
存货	9	15 000 000	10 000 000	应付股利	40	0	0
一年内到期的非流动资产	10			其他应付款	41	0	0
其他流动资产	11			一年内到期的非流动负债	42	0	0
流动资产合计	12	20 000 000	15 000 000	其他流动负债	43	0	0
非流动资产：				流动负债合计	44	0	0
可供出售金融资产	13			非流动负债：			
持有至到期投资	14			长期借款	45		
长期应收款	15			应付债券	46	10 000 000	0
长期股权投资	16			长期应付款	47	0	0
投资性房地产	17			专项应付款	48	0	0
固定资产	18	36 000 000	30 000 000	预计负债	49	0	0
在建工程	19			递延收益	50	0	0
工程物资	20			递延所得税负债	51	0	0
固定资产清理	21			其他非流动负债	52	0	0
生产性生物资产	22			非流动负债合计	53	10 000 000	0
油气资产	23			负债合计	54	10 000 000	0
无形资产	24			所有者权益（或股东权益）：			
开发支出	25			实收资本（或股本）	55	40 000 000	40 000 000
商誉	26			资本公积	56	1 000 000	1 000 000
长期待摊费用	27			减：库存股	57		

续表

资产	行次	期末余额	年初余额	负债和所有者权益（或股东权益）	行次	期末余额	年初余额
递延所得税资产	28			其他综合收益	58		
其他非流动资产	29			盈余公积	59	1 000 000	1 000 000
非流动资产合计	30	36 000 000	30 000 000	未分配利润	60	4 000 000	3 000 000
				所有者权益（或股东权益）合计	61	46 000 000	45 000 000
资产合计	31	56 000 000	45 000 000	负债和所有者权益（或股东权益）合计	62	56 000 000	45 000 000

单位负责人：方祥　　　　会计主管：刘叶　　　　复核：王明　　　　制表：李惠

附件 1-55　公司价值及综合资本成本计算

公司价值的计算	
计算公式	公司的价值＝债务的价值＋权益的价值
计算过程	(1) 债务价值＝1 000 (2) 股票报酬率＝6％＋1.5×(10％－6％)＝12％ (3) 股票的价值＝400÷12％＝3333.33 (4) 公司的价值＝1000＋3333.33＝4333.3 万元
公司资本成本的计算	
综合资本成本＝12％×(4600÷5600)＋8％×(1－25％)×(1000÷5600)＝10.93％	

附件 1-56　南方集团年度报告摘要

南方集团 2016 年年度报告摘要

南方集团 2016 年年度报告摘要

1. 重要提示

(1) 本公司董事会、监事会及董事、监事、高级管理人员保证本报告所载资料不存在任何虚假记载、误导性陈述或者重大遗漏，并对其内容的真实性、准确性和完整性承担个别及连带责任。本年度报告摘要摘自年度报告全文，投资者欲了解详细内容，应当仔细阅读年度报告全文。

(2) 中和正信会计师事务所有限公司为本公司出具了标准无保留意见的审计报告。

(3) 公司负责人王明、主管会计工作负责人郭潇潇及会计机构负责人（会计主管人员）王娟声明：保证年度报告中财务报告的真实、完整。

2. 公司基本情况简介

……

3. 会计数据和业务数据摘要：
(1) 资产负债表（单位：万元）。

	金额		金额
资产		负债及所有者权益	
流动资产	500	负债	0
固定资产	500	股东权益（普通股股数100万股）	1000
资产合计	1000	负债及所有者权益合计	1000

(2) 利润表（单位：万元）。

销售额	2000
总成本	1600
固定成本	400
变动成本	1200
息税前利润	400
利息费用	0
税前利润	400
所得税（税率25%）	100
税后净利	300
现金股利	120
每股市价	20

附件1-57 债券成本及相应权益成本

债券的市场价值B/万元	税前债务资本成本	股票的贝塔值	无风险报酬率R	平均风险股票必要报酬率
0	—	1.5	6%	10%
200	8%	1.55	6%	10%
400	8.3%	1.65	6%	10%
600	9%	1.8	6%	10%
800	10%	2	6%	10%
1000	12%	2.3	6%	10%
1200	15%	2.7	6%	10%

附件1-58 舒居家具历年销售情况分析及预测报告

舒居家具销售情况分析及预测报告

一、近5年销售情况分析

1. 销售统计图表

年份	2013	2014	2015	2016	2017
销售量/件	1000	3000	5000	9000	10 000
资金需要量/元	1 250 000	1 750 000	2 250 000	3 250 000	3 500 000

......

二、未来5年内销售量预测

年份	2018	2019	2020	2021	2022
销售量/件	12 000	13 000	15 000	19 000	20 000

......

附件1-59 产品单位变动成本定额标准

<table>
<tr><td colspan="2" align="center">产品单位变动成本定额标准</td></tr>
<tr><td align="center">项目</td><td align="center">对应值/元</td></tr>
<tr><td align="center">直接材料</td><td align="center">10</td></tr>
<tr><td align="center">直接人工</td><td align="center">5</td></tr>
<tr><td align="center">变动制造费用</td><td align="center">5</td></tr>
<tr><td align="center">单位变动成本</td><td align="center">20</td></tr>
</table>

附件1-60 固定费用明细表

费用明细表

2017年年度　　　　　　　　　　　　　　　　　　　　　金额单位:元

项目	金额
办公费	10 000
差旅费	5000
物业管理费	5000
业务招待费	15 000
通信费	5000
固定资产折旧费	60 000
合计	100 000

会计主管：　　　　　审核：　　　　　制表：王琴

附件1-61 公司资本构成图及其他相关信息

资本构成图（万元）

注：每年负债利息3万；普通股发行价10元/股,共发行30万股;公司所得税税率为25%。

附件 1-62　家具行业简介

家具行业是高度分散的行业，据了解在 1 000 多家家具企业中，雇员少于 20 人的占 2/3。2005 年，家具行业的销售收入为 50 亿元，但其中销售收入超过 1 500 万元的公司只有不到 30 家，在过去的 5 年中，家具行业一直经历着兼并和收购的风险，而且这种趋势愈演愈烈，在其他行业的大公司以收购家具公司的形式实现多种经营的同时，本行业中的大公司也在吞并小公司。

家具行业的发展前景是可观的，经济不景气时期已经过去，该行业也随着整个经济环境的复苏发展起来。

第 4 章　项目投资管理-案例附件

附件 1-63　可行性分析报告

玉米汁项目可行性分析报告

……

10.3 项目现金流量分析

预计该玉米汁生产线的总投资 12 000 万元人民币（其中垫支的流动资金 2000 万元），建设期及生产经营假设共 7 年，其中建设期 2 年，生产经营期 5 年。

投资该项目现金流量总体预计如下：

投资项目预计现金流量表　　　　　　　　　　　单位：万元

年份	期初投资	流动资金	销售收入	付现成本	设备残值	净现金流量
2017	−7500					−7500
2018	−2500	−2000				−4500
2019			16 000	−9000		7000
2020			18 000	−9000		9000
2021		100	20 000	−9000		11 100
2022		500	20 000	−9000		11 500
2023		1400	16 000	−9000	1000	9400

10.3.1 项目现金流入量预测

10.3.1.1 销售收入的估算

项目建设期计划为 2 年，投产后即可达到完全生产能力。生产经营期 5 年内，按产能达到 100% 时估算的年销售收入总额逐年为：

1 000 000×160（元）＝160 000 000（元）

1 200 000×150（元）＝180 000 000（元）

1 600 000×125（元）＝200 000 000（元）

1 600 000×125(元)＝200 000 000(元)
1 280 000×125(元)＝160 000 000(元)

10.3.1.2 终结现金流量的估算

项目于生产经营期最后3年年末分3次先后收回初始投资垫支的流动资金100万元、500万元和1400万元,生产线预计净残值为1000万元。

10.3.2 项目现金流出量预测

10.3.2.1 建设投资的估算

该项目预计总投资为12 000万元人民币(其中垫支的流动资金2000万元),建设期为2年。第一年投资额为7500万元,第二年投资额为2500万元,建设期末垫支流动资金2000万元,于生产经营期最后3年分3次收回,明细如下:

项目建设投资现金流明细　　　　　　　　　　　　　　　　　　　　单位:万元

序号	投资项目	预计现金流量
1	主要设备	5000
2	安装工程	3000
3	产品设计	1000
4	技术服务	1000
5	其他费用	2000
6	合计	12 000

注:技术服务费用包括原料分析、样品制作与性能测试、办公费、差旅费、劳务费、管理费、税收、外专费等,不包括技术转让费,技术转让将以技术股形式投入,根据国家规定应在25%～35%的范围。

10.3.2.2 营运资金投资的估算

营运资金包括了该项目在运营期内长期占有并周转使用的资金,需要考虑流动资产和流动负债中的相关账户。

投资项目预计营运资金明细表　　　　　　　　　　　　　　　　　　单位:万元

流动资金项目	2019年	2020年	2021年	2022年	2023年
货币资金	1000	1100	1000	1000	800
存货	700	900	800	700	500
应收账款	1500	1600	1500	1300	1000
预付账款	300	400	300	200	100
流动资产需用数	3500	4000	3600	3200	2400
应付账款	1100	1400	1200	1000	800
预收账款	400	600	400	300	200
流动负债可用数	1500	2000	1600	1300	1000

10.3.2.3 付现成本的估算

每年总付现成本估算按项目正常经营期计算,项目所需原材料、辅助材料、燃料和包装物参考市场价格确定。其他费用是指从制造费用、管理费用和销售费用中扣除了折旧费、摊销费、材料费、修理费、工资及福利费以后的剩余部分。详见下表:

投资项目预计付现成本估算表　　　　　　　　　　　　　　　　单位：万元

年份	外购原材料	燃料和动力费	工资及福利费	折旧费	无形资产摊销费	其他费用
2019	3000	2000	3000	2000	500	1000
2020	3000	2000	3000	2000	500	1000
2021	3000	2000	3000	2000	500	1000
2022	3000	2000	3000	2000	500	1000
2023	3000	2000	3000	2000	500	1000

附件 1-64　购买设备后预计增加利润表

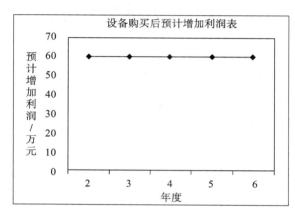

附件 1-65　建设投资估算表

建设投资估算表　　　　　　　　　　　　　　　　　　　　　　单位：万元

序号	工程或费用名称	估算价格						占建设投资的比例(%)	备注
		建筑工程	设备购置	安装工程	其他费用	合计	其中外币		
1	固定资产投资								
1.1	建筑工程投资								
1.2	设备购置费		180			180		90%	
1.3	安装工程费			20		20		10%	
1.4	工程建设其他费用								
2	无形资产投资								
2.1	土地使用权								
2.2	其他								
3	开办费								
4	预备费								
4.1	基本预备费								
4.2	涨价预备费								
	合计(1＋2＋3＋4)		180	20		200		100%	

附件 1-66 公司固定资产管理制度

公司固定资产管理制度

为了加强公司固定资产管理,明确部门及员工的职责,现结合公司实际,特制定本制度。

一、固定资产的标准

固定资产是指使用期限超过一年的房屋、建筑物、机器、机械、运输工具以及其他与生产经营有关的设备、器具工具等。不属于生产经营主要设备的物品,单位价值在 2000 元以上,并且使用期限超过 2 年的,也应作为固定资产管理。

二、固定资产的分类

固定资产类别	折旧计提年限/年	净残值率
1.房屋及建筑物	20	10%
2.机器设备	5	0%
3.运输工具	10	10%
4.计算机设备	5	10%
5.办公家具及设备	5	10%
6.其他		

附件 1-67 分年资金投入计划

单位:万元

序号	名称	人民币			外汇		
		第1年	第2年	第3年	第1年	第2年	第3年
	分年计划	100%					
1	建设投资(不含建设期利息)	200					
2	建设期利息	0					
3	流动资金	0					
4	投资总额(1+2+3)	200					

附件 1-68 购买设备后预计增加利润表

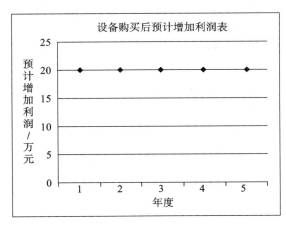

附件1-69　询价采购供应商报价函

询价采购供应商报价函

项目编号：QW0120005

关于本次询价采购项目，我公司已经认真阅读了贵公司发布的询价采购函，决定参加报价。

一、报价表

序号	货物名称	技术配置		数量	单价	金额
		询价配置	报价配置			
01	鲜榨果汁机	附件23	附件23	10台	10万元	100万元
	合计					100万元
	人民币大写			壹佰万元整		

二、交货期
合同签订后 10 日内将货物送至指定地点（宏达大厦三楼　　）并完成安装及调试工作。
三、技术支持与服务承诺
四、备注
1．我公司报价函一式三份，一个正本，二个副本；
2．公司理解最后的成交价不一定是最低报价；
3．我公司了解贵中心货物招标文件标准文本中的"合同条款"。
五、有关资质证明材料
六、联系方式
　联系人：张宏伟　　　　　电话：0103543211　　　手机：13566098765
　地址：朝阳区33号2区22楼

（北京永达锋大型机械制造　盖章）

供应商名称（盖章）
2017 年 12 月 24 日

附件1-70　分年资金投入计划

单位：万元

序号	名称	人民币		
		第1年	第2年	第3年
	分年计划	100％		
1	建设投资（不含建设期利息）	100		
2	建设期利息	0		
3	流动资金	0		
4	投资总额（1＋2＋3）	100		

附件1-71　项目经营期预计增加利润表

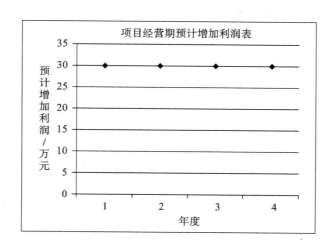

附件 1-72 询价采购供应商报价函

附件 1-73 公司固定资产管理制度

公司固定资产管理制度

为了加强公司固定资产管理,明确部门及员工的职责,现结合公司实际,特制定本制度。

一、固定资产的标准

固定资产是指使用期限超过一年的房屋、建筑物、机器、机械、运输工具以及其他与生产经营有关的设备、器具工具等。不属于生产经营主要设备的物品,单位价值在2000元以上,并且使用期限超过2年的,也应作为固定资产管理。

二、固定资产的分类

固定资产类别	折旧计提年限/年	净残值率
1.房屋及建筑物	20	10%
2.机器设备	5	10%
3.运输工具	10	10%
4.计算机设备	5	10%
5.办公家具及设备	5	10%
6.其他		

附件 1-74 总成本费用估算表

总成本费用估算表

单位:元

序号	项目	合计	计算期									
			1	2	3	4	5	6	7	8	9	10
1	外购原材料费		25 000	25 000	25 000	25 000	2 5000					
2	外购燃料及动力费											

续表

序号	项目	合计	计算期									
			1	2	3	4	5	6	7	8	9	10
3	工资及福利费		25 000	25 000	25 000	25 000	2 5000					
4	修理费		2000	2000	2000	2000						
5	折旧费		18 000	18 000	18 000	18 000	18 000					
6	摊销费											
7	财务费用											
8	其他费用											
9	总成本费用合计（1＋2＋3＋…＋8）		70 000	70 000	70 000	70 000	68 000					
	其中：可变成本											
	固定成本											
10	经营成本（9－5－6－7）		52 000	52 000	52 000	52 000	50 000					

附件 1-75　销售收入预测图

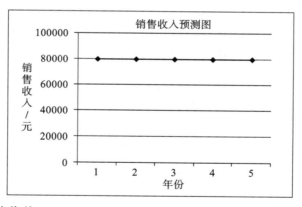

附件 1-76　固定资产验收单

固定资产验收单

2014年12月31日　　　　　　　　　　　编号：1209

名称	规格型号	来源	数量	购（造）价	使用年限	预计残值
陶瓷生产线	HR1232D45	购买	1	240000元	10	12000元
安装费	月折旧率	建造单位		交工日期		附件
0	0.7917%	鸿飞机械厂		2014年12月31日		
验收部门	生产部	验收人员	李斯	管理部门		管理人员
备注						

审核：李毅　　　　　制单：王倩

附件 1-77　上年度利润表

利 润 表

会企02表

编制单位：北京靓牌有限公司　　2016年年度　　单位：元

项目	行次	本期金额	上期金额
一、营业收入	1	120000	120000
减：营业成本	2	80000	80000
税金及附加	3	5000	4000
销售费用	4	3000	2000
管理费用	5	1000	2000
财务费用	6	900	900
资产减值损失	7	0	0
加：公允价值变动收益（损失以"-"号填列）	8	0	0
投资收益（损失以"-"号填列）	9	0	0
其中：对联营企业和合营企业的投资收益	10	0	0
二、营业利润（亏损以"-"号填列）	11	30100	31100
加：营业外收入	12	2000	400
其中：非流动资产处置利得	13		
减：营业外支出	14	1000	3000
其中：非流动资产处置损失	15		
三、利润总额（亏损总额以"-"号填列）	16	31100	28500
减：所得税费用	17	7775	7125
四、净利润（净亏损以"-"号填列）	18	23325	21375
五、其他综合收益的税后净额	19		
（一）以后不能重分类进损益的其他综合收益	20		
（二）以后将重分类进损益的其他综合收益	21		
六、综合收益总额	22		
七、每股收益：	23		
（一）基本每股收益	24		
（二）稀释每股收益	25		

单位负责人　陈伟　　会计主管　陈丽　　复核　陈丽　　制表　张一山

附件 1-78　对方询价报价函

询价采购供应商报价函

项目编号：QW88900001

北京华新有限公司：
关于本次询价采购项目，我公司已经认真阅读了贵公司发布的询价采购函，决定参加报价。

一、报价表

序号	货物名称	技术配置		数量	单价	金额
		询价配置	报价配置			
01	二手陶瓷生产工艺	附件1	附件2	1	18万元	18万元
合计						18万元
人民币大写				壹拾捌万元整		

二、交货期
合同签订后 10 日内将货物送至指定地点（北京华新有限公司）并完成安装及调试工作。
三、技术支持与服务承诺
四、备注
1. 我公司报价函一式三份，一个正本，二个副本；
2. 公司理解最后的成交价不一定是最低报价；
3. 我公司了解贵中心货物招标文件标准文本中的"合同条款"。
五、有关资质证明材料
六、联系方式
　　联系人：张可为　　电话：01088775566　　手机：13576898764
　　地址：北京市海淀区幸福路8号

供应商名称（盖章）
2016 年 12 月 20 日

附件1-79 收到供应商报价函

询价采购供应商报价函

项目编号：QW000019

北京靓牌有限公司：
关于本次询价采购项目，我公司已经认真阅读了贵公司发布的询价采购函，决定参加报价。

一、报价表

序号	货物名称	技术配置		数量	单价	金额
		询价配置	报价配置			
01	新型陶瓷生产工艺	附件1	附件2	1	36万元	36万元
合计		叁拾陆万元整				
人民币大写		叁拾陆万元整				

二、交货期
合同签订后 10 日内将货物送至指定地点（北京靓牌有限公司）并完成安装及调试工作。
三、技术支持与服务承诺
四、备注
1．我公司报价函一式三份，一个正本，二个副本；
2．公司理解最后的成交价不一定是最低报价；
3．我公司了解贵中心货物招标文件标准文本中的"合同条款"。
五、有关资质证明材料
六、联系方式
联系人：郑玉第　　　　　电话：0106567889　　　　　手机：13543213456
地址：海淀区34号海韵花园5号

供应商名称（盖章）
2016 年 12 月 20 日

附件1-80 公司固定资产管理制度

公司固定资产管理制度

为了加强公司固定资产管理，明确部门及员工的职责，现结合公司实际，特制定本制度。

一、固定资产的标准

固定资产是指使用期限超过一年的房屋、建筑物、机器、机械、运输工具以及其他与生产经营有关的设备、器具工具等。不属于生产经营主要设备的物品，单位价值在2 000元以上，并且使用期限超过2年的，也应作为固定资产管理。

二、固定资产的分类

固定资产类别	折旧计提年限/年	净残值率
1.房屋及建筑物	20	10％
2.机器设备	8	5％
3.运输工具	10	10％
4.计算机设备	5	10％
5.办公家具及设备	5	10％
6.其他		

附件 1-81　各年度营业收入、付现成本预测图

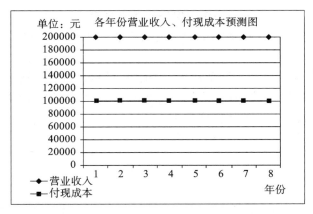

附件 1-82　碧海公司的两个投资项目

甲方案——欢乐谷娱乐项目

（1）原始投资 150 万元，其中固定资产投资 100 万元，流动资金投资 50 万元。

（2）全部资金于建设起点一次投入，建设期为 0，经营期为 5 年，到期净残值收入 5 万元。

（3）预计投产后年营业收入 90 万元，年总成本 80 万元。

乙方案——户外拓展项目

（1）原始投资额 200 万元，其中固定资产投资 120 万元，流动资金投资 80 万元。

（2）建设期 2 年，经营期 5 年，建设期资本化利息 10 万元，固定资产投资于建设期起点投入，流动资金投资于建设期结束时投入，固定资产净残值收入 10 万元。

（3）项目投产后，年营业收入 170 万元，年经营成本 80 万元，经营期每年归还利息 5 万元。

碧海公司固定资产按直线法计提折旧，全部流动资金于终结点收回，企业所得税税率为 25%。

附件 1-83　新设备供应商报价函

询价采购供应商报价函

项目编号：QW000019

东大公司：

关于本次询价采购项目，我公司已经认真阅读了贵公司发布的询价采购函，决定参加报价。

一、报价表

序号	货物名称	技术配置		数量	单价	金额
		询价配置	报价配置			
01	精炼机	附件1	附件2	1	1500万元	1500万元
合计				壹仟伍佰万元整		
人民币大写				壹仟伍佰万元整		

二、交货期

合同签订后 10 日内将货物送至指定地点（东大公司）并完成安装及调试工作。

三、技术支持与服务承诺

四、备注

1．我公司报价函一式三份，一个正本，二个副本；

2．公司理解最后的成交价不一定是最低报价；

3．我公司了解贵中心货物招标文件标准文本中的"合同条款"。

五、有关资质证明材料

六、联系方式

联系人：郑玉箫　　　电话：0106567889　　　手机：13543213450

地址：海淀区34号海韵园502

供应商名称（盖章）

2017 年 12 月 20 日

附件1-84　公司固定资产管理制度

<h2 style="text-align:center">公司固定资产管理制度</h2>

为了加强公司固定资产管理，明确部门及员工的职责，现结合公司实际，特制定本制度。

一、固定资产的标准

固定资产是指使用期限超过一年的房屋、建筑物、机器、机械、运输工具以及其他与生产经营有关的设备、器具工具等。不属于生产经营主要设备的物品，单位价值在2000元以上，并且使用期限超过2年的，也应作为固定资产管理。

二、固定资产的分类

固定资产类别	折旧计提年限	净残值率
1. 房屋及建筑物	20	10％
2. 机器设备	3	0％
3. 运输工具	10	10％
4. 计算机设备	5	10％
5. 办公家具及设备	5	10％
6. 其他		

附件1-85　引进设备后的营业收支情况预测

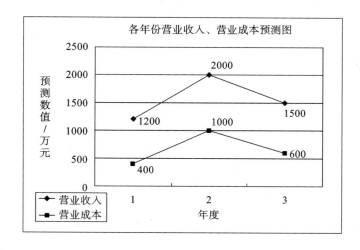

第5章 证券投资-案例附件

附件1-86　常州投资集团有限公司企业债券募集说明书

2009年常州投资集团有限公司企业债券募集说明书摘要
2009-03-19　05:14:00　来源:中国证券报

......

第三条　发行概要

一、发行人:常州投资集团有限公司。

二、债券名称:2009年常州投资集团有限公司企业债券,简称"09常投债券"。

三、发行总额:13亿元。

四、债券期限和利率:本期债券为五年期,票面年利率为10%,在本期债券存续期内固定不变。本期债券采用单利按年计息,不计复利,逾期不另计利息。每年6月30日和12月31日支付两次利息,到期一次偿还本金。

五、债券面值为5000元/张。

......

七、发行范围及对象:本期债券通过承销团设置的发行网点公开发行。境内机构投资者(国家法律、法规另有规定者除外)均可购买。

......

附件1-87　海通证券股份有限公司2008年股利分配实施公告(部分)

证券代码:600837　　　　证券简称:海通证券　　　　公告编号:2009-016

海通证券股份有限公司2008年年度利润分配实施公告

> 本公司及其董事、监事、高级管理人员保证公告内容真实、准确和完整,并对公告中的虚假记载、误导性陈述或者重大遗漏承担责任。

海通证券股份有限公司(以下简称"公司")2008年年度利润分配方案已获2009年2月14日召开的2008年年度股东大会审议通过。2008年年度股东大会决议公告已刊登在2009年3月1日的《证券时报》《上海证券报》和巨潮资讯网(http://www.cninfo.com.cn)。现将利润分配实施事宜公告如下:

一、利润分配方案

本公司2008年年度利润分配方案为:以公司现有总股本4,113,910,590股为基数,向全体股东派发现金红利共计1,234,173,177元人民币,即每股发放现金股利0.3元。

二、股权登记日与除息日

股权登记日:2009年3月21日

除息日:2009 年 3 月 22 日

三、利润分配对象

本次利润分配对象为:截至 2009 年 3 月 21 日下午上海证券交易所收市后,在中国证券登记结算有限责任公司登记在册的本公司全体股东。

本公司及其董事、监事、高级管理人员保证公告内容真实、准确和完整,并对公告中的虚假记载、误导性陈述或者重大遗漏承担责任。

……

附件 1-88　中国纤化股份有限公司 2008 年年度利润分配实施公告(部分)

证券代码:600 176　　　　　证券简称:中国玻纤　　　　　公告编号:2009-021

中国纤化股份有限公司 2008 年年度利润分配实施公告

> 本公司及其董事、监事、高级管理人员保证公告内容真实、准确和完整,并对公告中的虚假记载、误导性陈述或者重大遗漏承担责任。

中国纤化股份有限公司(以下简称"公司")2008 年年度利润分配方案已获 2009 年 2 月 22 日召开的 2008 年年度股东大会审议通过,2008 年年度股东大会决议公告已刊登在 2009 年 3 月 12 日的《证券时报》《上海证券报》和巨潮资讯网(http://www.cninfo.com.cn)。现将利润分配实施事宜公告如下。

一、利润分配方案

本公司 2008 年年度利润分配方案为:以公司现有总股本 50 万股为基数,向全体股东派发现金红利共计 20 万元人民币,即每股发放现金股利 0.4 元。

二、股权登记日与除息日

股权登记日:2009 年 3 月 26 日

除　息　日:2009 年 3 月 26 日

三、利润分配对象

本次利润分配对象为:截至 2009 年 3 月 26 日下午上海证券交易所收市后,在中国证券登记结算有限责任公司登记在册的本公司全体股东。

本公司及其董事、监事、高级管理人员保证公告内容真实、准确和完整,并对公告中的虚假记载、误导性陈述或者重大遗漏承担责任。

附件 1-89　海通证券股价

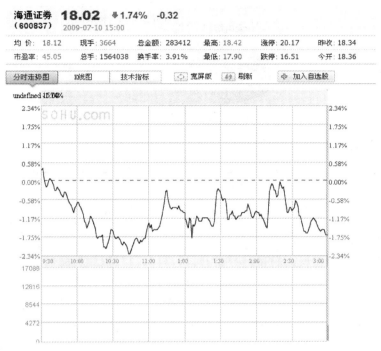

附件 1-90　中国玻纤股价

附件 1-91　证券投资组合构成图

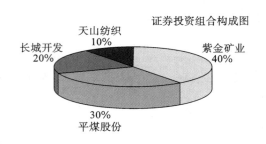

附件 1-92　个股 β 系数表

投资组合个股贝塔系数			
序号	股票名称	当前股价（元/股）	贝塔系数
1	紫金矿业	4.5	2
2	平煤股份	29.7	1.2
3	长城开发	25.25	1
4	天山纺织	30	0.6

附件 1-93　招聘试卷（部分）

天创证券招聘笔试

考试时间：2：00 小时

姓名：普贞贤

联系电话：13101436672

一、不定项选择题

1. 下列说法正确的有：(BD)

　A. 贝塔值测度系统风险，而标准差测度非系统风险

　B. 贝塔值测度系统风险，而标准差测度整体风险

　C. 贝塔值测度财务风险，而标准差测度经营风险

　D. 贝塔值只反映市场风险，而标准差还反映特有风险

2. 衡量投资风险的指标一般包括：(ABC)

　A. 方差

　B. 标准差

　C. 标准离差率

　D. 预期收益

　……

附件 1-94　公司内部信息员提供的最新 β 系数统计表（部分）

公司关注的 20 只股票			
序号	股票名称	当前股价/(元/股)	β系数
1	中海集运	4.5	2.216 5
2	川大智胜	29.7	2.149 9
3	丹化科技	25.25	0.5
4	国阳新能	21.29	2.101 5
5	中海发展	13.46	2.087 5
6	西部矿业	15.29	2.009 5
7	中孚实业	10.1	1.975 5
8	双良股份	11.7	1.934 3
9	五粮液	12	2
10	西宁特钢	7.54	1.916 5
11	汇通能源	10.62	1.881 5
12	合兴包装	24.65	1.865 5
13	大元股份	5.9	1.863 8
14	亚宝药业	23.93	1.863 8
15	恒丰纸业	29.76	1
16	南方航空	5.98	1.856 4
17	爱建股份	9.99	1.855 1
18	兰花科技	28.95	1.839 6
19	晋亿实业	7.34	1.831
20	华仪电气	16.77	1.817 1

附件 1-95　证券投资组合（五粮液、恒丰纸业、丹化科技相关分析数据）

证券投资组合（五粮液、恒丰纸业、丹化科技相关分析数据）

证券投资组合（五粮液、恒丰纸业、丹化科技相关分析数据）

1. 投资组合个股组成比例

……

2. 相关数据估算

1) 市场收益率

市场收益率评估选用上证综指来计算确定市场收益率。具体而言，选用月度数据的几何平均值作为上证综指的市场收益率。其计算公式为：

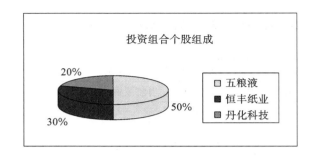

$$R_m = \left(\sqrt[n]{\prod_{i=1}^{n}(1+R_i)}\right)^{12} - 1$$

计算结果为15%。

2) 无风险收益率

选取五年期定期存款利率并换算成一年存款利率作为无风险收益率。按照2008年12月21日公布的五年期定期存款利率为7.85%，换算成一年期的复利利率为6.85%。

3) 贝塔系数

参照本证券公司内部信息员计算结果。

附件1-96　五粮液利润分配实施公告

五粮液股份有限公司2016年年度利润分配实施公告

> 本公司及其董事、监事、高级管理人员保证公告内容真实、准确和完整，并对公告中的虚假记载、误导性陈述或者重大遗漏承担责任。

五粮液股份有限公司（以下简称"公司"）2016年年度利润分配方案已获2017年3月1日召开的2016年年度股东大会审议通过，2016年年度股东大会决议公告已刊登在2017年3月15日的《证券时报》《上海证券报》和巨潮资讯网（http://www.cninfo.com.cn），现将利润分配实施事宜公告如下：

一、利润分配方案

本公司2016年年度利润分配方案为：以公司现有总股本10万股为基数，向全体股东派发现金红利共计12万元人民币。

二、股权登记日与除息日

股权登记日：2017年5月21日

除　息　日：2017年5月22日

三、利润分配对象

本次利润分配对象为：截至2017年5月21日下午深圳证券交易所收市后，在中国证券登记结算有限责任公司深圳分公司（以下简称"中国结算深圳分公司"）登记在册的本公司全体股东。

本公司及其董事、监事、高级管理人员保证公告内容真实、准确和完整，并对公告中的虚假记载、误导性陈述或者重大遗漏承担责任。

……

附件 1-97　债券发行提案一

2017 年光启公司债券发行提案一

一、债券发行总额

拟发行债券总额为 1000 万元人民币

……

二、债券基本要素

1. 债券发行面值（单张）：1000 元
2. 票面利率：9.2%
3. 期限：4 年
4. 计息方式：单利计息，到期一次还本付息

……

三、具体发行时间准备

附件 1-98　债券发行提案二

2017 年光启公司债券发行提案二

一、债券发行总额

拟发行债券总额为 1000 万元人民币

……

二、债券基本要素

1. 债券发行面值（单张）：1000 元
2. 票面利率：8.4%
3. 期限：4 年
4. 计息方式：单利计息，每年付息一次

……

三、具体发行时间准备

……

第 6 章　营运资金管理-案例附件

附件 1-99　销售预算

销售预算
2017 年年度　　　　　　　　　　　　　　　　　　　　单位：元

摘要	第一季度	第二季度	第三季度	第四季度	全年
预计销售数量/件	200 000	300 000	210 000	190 000	900 000

续表

摘要		第一季度	第二季度	第三季度	第四季度	全年
销售单价/元		100	100	100	100	100
预计销售金额		20 000 000	30 000 000	21 000 000	19 000 000	90 000 000
预计现金收入计算表	期初应收账款	1 500 000				1 500 000
	第一季度销售收入	16 000 000	4 000 000			20 000 000
	第二季度销售收入		24 000 000	6 000 000		30 000 000
	第三季度销售收入			16 800 000	4 200 000	21 000 000
	第四季度销售收入				15 200 000	15 200 000
	现金收入合计	17 500 000	28 000 000	22 800 000	19 400 000	87 700 000

附件 1-100　销售(营业)收入及其他收入明细表

销售(营业)收入及其他收入明细表

填报时间：2016 年 12 月 31 日　　　　　　　　　　金额单位：元(列至角分)

行次	项目	金额
1	一、销售(营业)收入合计(2＋7＋12)	21 000 000.00
2	1. 主营业务收入(3＋4＋5＋6)	18 000 000.00
3	（1）销售商品	18 000 000.00
4	（2）提供劳务	0.00
5	（3）让渡资产使用权	0.00
6	（4）建造合同	0.00
7	2. 其他业务收入(8＋9＋10＋11)	3 000 000.00
8	（1）材料销售收入	3 000 000.00
9	（2）代购代销手续费收入	0.00
10	（3）包装物出租收入	0.00
11	（4）其他	0.00
12	3. 视同销售收入	0.00
13	（1）自产、委托加工产品视同销售的收入	0.00
14	（2）处置非货币性资产视同销售的收入	0.00
15	（3）其他视同销售的收入	0.00
16	二、其他收入合计(17＋24)	20 000.00
17	1. 营业外收入(18＋19＋…＋23)	20 000.00

续表

行次	项目	金额
18	(1) 固定资产盘盈	20 000.00
19	(2) 处置固定资产净收益	0.00
20	(3) 非货币性资产交易收益	0.00
21	(4) 出售无形资产收益	0.00
22	(5) 罚款净收入	0.00
23	(6) 其他	0.00
24	2. 税收上应确认的其他收入(25+26+27+28+29)	0.00
25	(1) 因债权人原因确实无法支付的应付款项	0.00
26	(2) 债务重组收益	0.00
27	(3) 接受捐赠的资产	0.00
28	(4) 资产评估增值	0.00
29	(5) 其他	0.00

经办人(签章):张馨文　　　　　　　　　　法定代表人(签章):王城

附件1-101　乙方案下客户付款情况

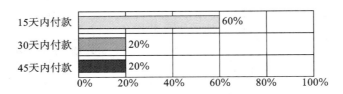

附件1-102　应收账款政策修改讨论稿

光大公司关于收账政策讨论记录

收账政策是指当客户违反信用条件时,企业所采取的收账策略与措施。收账政策运用得当,可以缩短应收账款的回收期,减少坏账损失,但要增加收账成本;收账政策运用不力,将会增加坏账损失,但会减少收账成本。所以在制定收账政策时,必须权衡坏账损失、收账费用等之间的关系。

公司目前的收账政策是:所有账户的平均收账期为2个月。在此收账政策下,年销售额为2400万元,收账费用为40万/年。应收账款坏账损失率为2%。

据销售部门反映,自从实行目前的收账政策以来,销售额有下降的趋势。排除市场变化情况因素外,一致认为是由于目前的收账政策过于严厉造成销售额下降。而且收账费用较高。因此,修改现行的收账政策迫在眉睫。

经过各部门的集思广益,现有两个收账政策可供选择。

方案 A:所有账户的平均收账期为 3 个月。在此方案下,估计年销售额将增至 2600 万元。收账费用一年 20 万元。应收账款坏账损失率为 2.5%。

方案 B:所有账户的平均收账期为 4 个月。在此方案下,估计年销售额将增至 2850 万元。收账费用一年约 10 万元。应收账款坏账损失率为 3%。

对是否应该改变现行的收账政策,若改变,应选择方案 A 还是 B,待财务部做出相关计算后,再做最终决策。

公司变动成本率为 60%,应收账款投资要求的最低报酬率为 10%(假设不考虑所得税的影响)。

附件 1-103　采购预算(磁盘)

采购预算

2017 年年度　　　　　　　　　　　　　　　　　　　　　　　　　　　　　　单位:元

摘要		第一季度	第二季度	第三季度	第四季度	全年
预计生产量/台		130 000	130 000	130 000	130 000	520 000
单位产品材料消耗定额/(打/台)		0.5	0.5	0.5	0.5	
预计生产需要量/打		65 000	65 000	65 000	65 000	260 000
加:期末存料量		1000	1000	1000	1000	
预计需要量合计/打		66 000	66 000	66 000	66 000	264 000
减:期初存料量		1000	1000	1000	1000	
预计购料量/打		65 000	65 000	65 000	65 000	260 000
材料计划单价/(元/打)		7.8	7.8	7.8	7.8	
预计购料金额		507 000	507 000	507 000	507 000	2 028 000
预计现金支出计算表	期初应付账款	10 000				10 000
	第一季度购料支出	500 000	7000			507 000
	第二季度购料支出		500 000	7000		507 000
	第三季度购料支出			500 000	7000	507 000
	第四季度购料支出				500 000	500 000
	现金支出合计	510 000	507 000	507 000	507 000	2 031 000

附件 1-104　每次订购成本表

每次订购成本表

项目	金额
购货合同订立费用/元	60
采购人员差旅费/元	220
其他订购成本/元	20

附件 1-105　入库单

入　库　单
2017 年 6 月 28 日　　　　单号 023567

交来单位及部门	采购部		发票号码或生产单号码	352008		验收仓库	总仓		入库日期	2017.06.28	
编号	名称及规格	单位	数量		实际价格		计划价格		价格差异		
			交库	实收	单价	金额	单价	金额			
1	小麦	蒲式耳	1000	1000	5.00	5000.00					
	合　计					5000.00					

部门经理：张军　　会计：李均和　　仓库：陈昌　　经办人：徐鹗

附件 1-106　订货期需求量概率

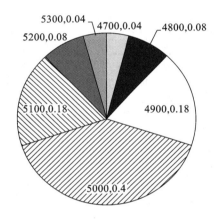

附件 1-107　采购预算表

采购预算

2017 年年度　　　　　　　　　　　　　　　　　　　　单位：元

摘要	第一季度	第二季度	第三季度	第四季度	全年
预计生产量/包	600 000	600 000	600 000	600 000	2 400 000
单位产品材料消耗定额/(千克/包)	0.001 5	0.001 5	0.001 5	0.001 5	
预计生产需要量/千克	900	900	900	900	3600
加：期末存料量	100	100	100	100	
预计需要量合计/千克	1000	1000	1000	1000	4000
减：期初存料量	100	100	100	100	
预计购料量/千克	900	900	900	900	3600
材料计划单价/(元/千克)	8	8	8	8	
预计购料金额	7200	7200	7200	7200	28 800

续表

	摘要	第一季度	第二季度	第三季度	第四季度	全年
预计现金支出计算表	期初应付账款	100				100
	第一季度购料支出	7000	200			7200
	第二季度购料支出		7000	200		7200
	第三季度购料支出			7000	200	7200
	第四季度购料支出				7000	7000
	现金支出合计	7100	7200	7200	7200	28 700

附件 1-108　销售预算

销售预算

2017 年年度　　　　　　　　　　　　　　　　　　　单位：元

	摘要	第一季度	第二季度	第三季度	第四季度	全年
	预计销售数量/包	600 000	600 000	600 000	600 000	2 400 000
	销售单价/元	10	10	10	10	10
	预计销售金额	6 000 000	6 000 000	6 000 000	6 000 000	24 000 000
预计现金收入计算表	期初应收账款	100 000				100 000
	第一季度销售收入	5 000 000	1 000 000			6 000 000
	第二季度销售收入		5 000 000	1 000 000		6 000 000
	第三季度销售收入			5 000 000	1 000 000	6 000 000
	第四季度销售收入				5 000 000	5 000 000
	现金收入合计	5 100 000	6 000 000	6 000 000	6 000 000	23 100 000

第7章　利润分配管理-案例附件

附件 1-109　利润表

编制单位：光达公司　　　　　　2016 年年度　　　　　　　　　　单位：元

项目	行次	本期金额	上期金额
一、营业收入	1	20 000 000	19 047 619
减：营业成本	2	9 000 000	8 571 428
税金及附加	3	300 000	285 714
销售费用	4	423 500	403 333

续表

项目	行次	本期金额	上期金额
管理费用	5	200 000	200 000
财务费用	6	6500	6500
资产减值损失	7	5000	5000
加:公允价值变动收益(损失以"—"号填列)	8	27 000	26 000
投资收益(损失以"—"号填列)	9	1 903 000	1 833 000
其中:对联营企业和合营企业的投资收益	10	0	0
二、营业利润(亏损以"—"号填列)	11	11 995 000	11 434 644
加:营业外收入	12	10 000	3000
其中:非流动资产处置利得	13	0	0
减:营业外支出	14	5000	9084
其中:非流动资产处置损失	15	0	0
三、利润总额(亏损总额以"—"号填列)	16	12 000 000	11 428 560
减:所得税费用	17	3 000 000	2 857 140
四、净利润(净亏损以"—"号填列)	18	9 000 000	8 571 420
五、其他综合收益的税后净额	19		
(一)以后不能重分类进损益的其他综合收益	20		
1.重新计量设定受益计划净负债或净资产的变动			
2.权益法下在被投资单位不能重分类进损益的 　　　其他综合收益中享有的份额			
(二)以后将重分类进损益的其他综合收益	21		
1.权益法下在被投资单位以后将重分类进损益的 　　　其他综合收益中享有的份额			
2.可供出售金融资产公允价值变动损益			
3.持有至到期投资重分类为可供出售金融资产损益			
4.现金流经套期损益的有效部分			
5.外币财务报表折算差额			
六、综合收益总额	22		
七、每股收益:	23		
(一)基本每股收益	24		
(二)稀释每股收益	25		

单位负责人:陈阳　　　　会计主管:王苗苗　　　　复核:倪丹　　　　制表:张飞

附件1-110　可向投资者分配的利润

　　根据《公司法》等有关规定,非股份制企业当年实现的利润总额应按国家有关税法的规定做相应调整,然后依法缴纳所得税。缴纳所得税后的净利润除法律、行政法规另有规定外,均按下列顺序进行分配：

（1）弥补以前年度的亏损。

（2）提取法定盈余公积金。法定盈余公积金按照税后利润扣除弥补亏损后余额的10%提取，当企业的法定盈余公积金累计达到企业注册资本的50%时，可不再提取。

（3）向投资者分配利润

股份制企业的利润分配程序：

（1）弥补以前年度的亏损。

（2）提取法定盈余公积金。

（3）支付优先股股息。

（4）提取任意盈余公积金。

（5）支付普通股股利。

光达公司是一家非股份制企业，2015年年度有盈利，即2016年年度按照税后利润的10%提取法定盈余公积金。所以向投资者分配的利润是考虑提取法定盈余公积金后的金额。

附件 1-111　小红和小江的解答过程

小红给出的计算过程是：

光达公司2016年净利润＝9 000 000元

股利发放率＝40%

则光达公司按照固定股利支付率政策2016年应发放的股利＝9 000 000元×40%＝3 600 000元。

小江给出的计算过程是：

光达公司2016年净利润＝9 000 000元

提取法定盈余公积＝9 000 000元×10%＝900 000元

股利发放率＝40%

则光达公司按照固定股利支付率政策2016年应发放的股利＝（9 000 000－900 000）×40%＝3 240 000元。

附件 1-112　中国铝业的股利分配政策

中国铝业的股利分配政策

一、股利分配的一项政策

（1）中国铝业实行同股同利的分配政策，按股东持有中国铝业股份的比例进行分配。

（2）中国铝业股利分配可采用派发现金股利或股票股利两种形式。

（3）年度的股利分配方案将由董事会根据每一会计年度中国铝业的经营业绩和未来的生产经营计划提出，在会计年度结束后6个月内经股东大会决议通过后两个月内完成股利派发事项。

（4）在符合国家法律、法规及公司章程规定的情况下，董事会可决定分配中期股利或特别股利。

(5) 中国铝业向内资股股东支付现金股利和其他款项,以人民币派付。中国铝业向境外上市外资股股东支付现金股利和其他款项,以人民币计价和宣布,以港币支付。中国铝业向境外上市外资股股东支付现金股利和其他款项所需的外币,按国家有关外汇管理的规定办理。除非有关法律、行政法规另有规定,用港币支付现金股利和其他款项的,汇率应采用股利和其他款项宣布当日之前一个公历星期中国人民银行公布的有关外汇的平均卖出价。

(6) 在向股东分配股利时,中国铝业将按国家有关规定代扣代缴应缴税金。

(7) 中国铝业的财务报表除应当按中国会计准则及法规编制外,还应当按国际或境外上市的会计准则编制。如按两种会计准则编制的财务报表有重要出入,应当在财务报表中加以注明。中国铝业在分配有关会计年度的税后利润时,以前述两种财务报表中税后利润数较少者为准。

(8) 中国铝业原则上按照不超过当年可供股东分配利润的35%的比例派发股利,但公司董事会可根据公司盈利状况及未来资本支出计划而适当调整,提出利润分配方案后报股东大会批准后执行。

二、利润分配的顺序

根据中国铝业《公司章程(草案)》所规定的利润分配政策,中国铝业税后利润按下列顺序和比例分配:

(1) 弥补上一年度的亏损(如有亏损);

(2) 按照中国会计准则编制的公司净利润数提取利润的10%列入公司法定公积金;

(3) 在从税后利润中提取法定公积金后,经股东大会决议,可以提取任意公积金;

(4) 支付股东股利。

中国铝业法定公积金累计额为公司注册资本的50%以上的,可不再提取。公司不得在弥补亏损和提取法定公积金、公益金之前向股东分配利润。股东大会决议将公积金转为股本时,按股东原有股份比例派送新股。但法定公积会转为股本时,所留存的该项公积金不得少于注册资本的25%。

三、公司近3年股利分配情况

(1) 2004年6月7日,中国铝业2003年年度股东大会通过股利分配决议,派发2003年年度股利每股0.096元,合计10.61亿元,股利派息日为2004年6月30日。

(2) 2005年6月9日,中国铝业2004年年度股东大会通过股利分配决议,派发2004年年度股利每股0.176元,合计19.45亿元,股利派息日为2005年6月30日。

(3) 2006年5月10日,中国铝业2005年年度股东大会通过股利分配决议,派发2005年年度股利每股0.214元,合计23.65亿元,股利派息日为2006年6月30日。

(4) 2006年10月13日,中国铝业2006年临时股东大会通过股利分配决议,派发2006年中期股利每股0.188元,合计21.90亿元,股利派息日为2006年10月31日。

四、合并过渡期间的利润分配安排

根据《合并协议》,兰州铝业在合并协议签署日后并在合并完成日前,不以现金、股票或财产宣布、留出或支付与任何股份或股本有关的股息或其他分红;中国铝业在换股日后的一个可以使中国铝业A股有机会参与该次分红的实际可行的日期前,暂不宣派中国铝业2006年年度的股息（不含已经分派的中国铝业2006年年度中期股息），以尽可能使中国铝业A股有机会参与该次分红。在本次中国铝业换股吸收合并山东铝业和兰州铝业完成后，中国铝业、山东铝业和兰州铝业滚存的未分配利润由本次换股吸收合并完成后存续公司的新老股东共享。

以上资料摘自中国铝业的招股说明书。

附件1-113　陌彩伊家具股份有限公司关于公募增发新股的决议公告

陌彩伊家具股份有限公司(1125)关于公募增发新股的决议公告

陌彩伊家具股份有限公司第二届董事会第九次会议

关于公募增发新股的决议公告

陌彩伊家具股份有限公司第二届董事会第九次会议于2016年9月15日在公司总部召开，应到董事九名，实到七名，监事会成员列席了会议。会议由董事长张宗庆先生主持。会议讨论了关于增发新股的方案，一致认为：为了进一步扩大主营业务生产能力、调整产品结构，实施低成本扩张，通过公募增发新股筹集资金是必要和可行的。会议经过表决，通过了有关公募增发新股的方案如下。

一、发行股票种类：境内上市流通的人民币普通股。

二、每股面值：人民币1元。

三、发行数量：含根据超额配售选择权发行的股份在内，不高于200万股。

四、发行对象：机构投资者、股权登记日在册的本公司流通股股东、公众投资者。

五、定价方式：由本公司和主承销商根据本公司的经营状况与发行时的股票市场情况按市价折扣法确定询价区间，询价结束后，按簿记结果确定发行价格。

六、发行方式：

（一）本次发行采用"网上网下累计投标询价同步进行"的方式。即同时在网上面向原流通股股东及公众投资者、在网下面向机构投资者询价发行。

（二）根据发行申购的实际情况，由发行人与主承销商协商确定网上及网下发行的数量。

（三）股权登记日在册的原流通股股东可参与累计投标询价，有效申购价格高于发行价格的所有原流通股股东均可按其原持股数的一定比例优先配售，新股具体申购及分配方法将由发行人与主承销商协商确定。

（四）授权主承销商在一定条件下行使超额配售选择权，主承销商可在包销数额之外发售不超过包销数额15％的超额配售股份，超额配售股份的发行为本次发行的一部分。

七、计划投资项目及本次募集资金目标：

本次增发所募集资金将用于投资百年红木家具项目。该项目已获得批准，项目建设内容主要为购入纯实木材料生产典雅系列的家具。项目总投资为5000万元，其中固定资产投资1000万元，流动资金4000万元，资金来源通过公司自有资金、本次公募增发募集资金及银行贷款解决。

本次公募增发的融资目标为：拟募集资金2000万元至2500万元。

八、本次发行新股的决议自股东大会通过增发新股决议之日起1年内有效。

九、建议股东大会授权董事会全权办理本次增发新股未尽事宜，包括具体确定本次发行的发行数量、发行定价方式及发行价格、发行申购及配售方法、超额配售权的行使等,并根据增发结果相应修改公司章程。

以上方案须提请股东大会审议通过,并经中国证券监督管理委员会核准后方能实施。

陌彩伊家具股份有限公司董事会
2016 年 9 月 17 日

附件 1-114 利润表

利润表 会企 02 表

编制单位:陌彩伊家具股份有限公司　　2015 年年度　　单位:元

项目	行次	本期金额	上期金额
一、营业收入	1	35 000 000	31 500 000
减:营业成本	2	10 000 000	9 000 000
税金及附加	3	2 000 000	1 800 000
销售费用	4	1 000 000	900 000
管理费用	5	1 000 000	900 000
财务费用	6	1 000 000	900 000
资产减值损失	7	0	0
加:公允价值变动收益(损失以"－"号填列)	8	0	0
投资收益(损失以"－"号填列)	9	0	0
其中:对联营企业和合营企业的投资收益	10	0	0
二、营业利润(亏损以"－"号填列)	11	20 000 000	18 000 000
加:营业外收入	12	0	0
其中:非流动资产处置利得	13	0	0
减:营业外支出	14	0	0
其中:非流动资产处置损失	15	0	0
三、利润总额(亏损总额以"－"号填列)	16	20 000 000	18 000 000
减:所得税费用	17	6 000 000	6 000 000
四、净利润(净亏损以"－"号填列)	18	14 000 000	12 000 000
五、其他综合收益的税后净额	19		
(一)以后不能重分类进损益的其他综合收益	20		
1. 重新计量设定受益计划净负债或净资产的变动			
2. 权益法下在被投资单位不能重分类进损益的 　　　其他综合收益中享有的份额			
(二)以后将重分类进损益的其他综合收益	21		
1. 权益法下在被投资单位以后将重分类进损益的 　　　其他综合收益中享有的份额			

项目	行次	本期金额	上期金额
2. 可供出售金融资产公允价值变动损益			
3. 持有至到期投资重分类为可供出售金融资产损益			
4. 现金流经套期损益的有效部分			
5. 外币财务报表折算差额			
六、综合收益总额	22		
七、每股收益：	23		
（一）基本每股收益	24	14	12.6
（二）稀释每股收益	25		

单位负责人：陈平　　　　会计主管：赵金　　　　复核：前进　　　　制表：金珍

附件1-115　预计资产负债表

预计资产负债表

2017年12月31日　　　　　　　　　　　　　　　　　　　　　　单位：万元

资产	期初数	期末数	负债与所有者权益	期初数	期末数
货币资金	100	200	应付账款	400	500
短期投资	200	300	应付税金	200	100
应收账款	50	100	长期借款	1100	600
材料存货	150	200	负债合计	1700	1200
产成品	300	300			
流动资产合计	800	1100	实收资本	100	100
固定资产原价	1600	1600	盈余公积	200	400
减：累计折旧	200	300	未分配利润	200	700
固定资产净值	1400	1300	所有者权益合计	500	1200
资产总额	2200	2400	负债与所有者权益合计	2200	2400

附件1-116　资产负债表

资产负债表

编制单位：陌彩伊股份有限公司　　2016年12月31日　　　　单位：万元　　会企01表

资产	行次	期末余额	年初余额	负债和所有者权益（或股东权益）	行次	期末余额	年初余额
流动资产：				流动负债：			
货币资金	1	100 000	90 000	短期借款	32	100 000	90 000

续表

资产	行次	期末余额	年初余额	负债和所有者权益（或股东权益）	行次	期末余额	年初余额
以公允价值计量且其变动计入当期损益的金融资产	2	500 000	450 000	以公允价值计量且其变动计入当期损益的金融负债	33	100 000	90 000
应收票据	3	300 000	270 000	应付票据	34	400 000	360 000
应收账款	4	500 000	450 000	应付账款	35	400 000	360 000
预付款项	5	10 000	9 000	预收款项	36	0	0
应收利息	6	20 000	18 000	应付职工薪酬	37	0	0
应收股利	7	20 000	18 000	应交税费	38	100 000	90 000
其他应收款	8	50 000	45 000	应付利息	39	100 000	90 000
存货	9	1 000 000	900 000	应付股利	40	100 000	90 000
一年内到期的非流动资产	10	0	0	其他应付款	41	0	0
其他流动资产	11	100 000	90 000	一年内到期的非流动负债	42	0	0
流动资产合计	12	2 600 000	2 340 000	其他流动负债	43	0	0
非流动资产：				流动负债合计	44	1 300 000	1 170 000
可供出售金融资产	13	300 000	270 000	非流动负债：			
持有至到期投资	14	200 000	180 000	长期借款	45	900 000	810 000
长期应收款	15	0	0	应付债券	46	500 000	450 000
长期股权投资	16	500 000	450 000	长期应付款	47	100 000	90 000
投资性房地产	17	0	0	专项应付款	48	0	0
固定资产	18	2 000 000	1 800 000	预计负债	49	0	0
在建工程	19		0	递延收益	50		0
工程物资	20		0	递延所得税负债	51		0
固定资产清理	21		0	其他非流动负债	52		0
生产性生物资产	22		0	非流动负债合计	53	1 500 000	1 350 000
油气资产	23		0	负债合计	54	2 800 000	2 520 000
无形资产	24		0	所有者权益（或股东权益）：			
开发支出	25		0	实收资本（或股本）	55	600 000	600 000
商誉	26		0	资本公积	56	300 000	300 000
长期待摊费用	27		0	减：库存股	57	0	0

续表

资产	行次	期末余额	年初余额	负债和所有者权益（或股东权益）	行次	期末余额	年初余额
递延所得税资产	28		0	其他综合收益	58	0	0
其他非流动资产	29		0	盈余公积	59	0	0
非流动资产合计	30	3000	2 700 000	未分配利润	60	1 900 000	1 620 000
				所有者权益（或股东权益）合计	61	2 800 000	2 520 000
资产合计	31	5 600 000	5 040 000	负债和所有者权益（或股东权益）合计	62	5 600 000	5 040 000

单位负责人：王楠　　　　　会计主管：陈小云　　　　　复核：吕丹丹　　　　　制表：陈丽

附件1-117　利润表

利润表　　　　　　　　　　　　　　　　会企02表

编制单位：大海公司　　　　2016年年度　　　　　　　　　　单位：元

项目	行次	本期金额	上期金额
一、营业收入	1	14 000 000	13 000 000
减：营业成本	2	3 000 000	2 500 000
税金及附加	3	1 000 000	950 000
销售费用	4	50 000	50 000
管理费用	5	40 000	40 000
财务费用	6	10 000	10 000
资产减值损失	7	0	0
加：公允价值变动收益（损失以"－"号填列）	8	0	0
投资收益（损失以"－"号填列）	9	100 000	90 000
其中：对联营企业和合营企业的投资收益	10	0	0
二、营业利润（亏损以"－"号填列）	11	10 000 000	9 540 000
加：营业外收入	12	5000	3000
其中：非流动资产处置利得	13	0	0
减：营业外支出	14	5000	2000
其中：非流动资产处置损失	15	0	0
三、利润总额（亏损总额以"－"号填列）	16	10 000 000	9 541 000
减：所得税费用	17	2 500 000	2 385 250
四、净利润（净亏损以"－"号填列）	18	7 500 000	7 155 750
五、其他综合收益的税后净额	19		

续表

项目	行次	本期金额	上期金额
（一）以后不能重分类进损益的其他综合收益	20		
1.重新计量设定受益计划净负债或净资产的变动			
2.权益法下在被投资单位不能重分类进损益的其他综合收益中享有的份额			
（二）以后将重分类进损益的其他综合收益	21		
1.权益法下在被投资单位以后将重分类进损益的其他综合收益中享有的份额			
2.可供出售金融资产公允价值变动损益			
3.持有至到期投资重分类为可供出售金融资产损益			
4.现金流经套期损益的有效部分			
5.外币财务报表折算差额			
六、综合收益总额	22		
七、每股收益：	23		
（一）基本每股收益	24		
（二）稀释每股收益	25		

单位负责人：张楚　　　　会计主管：张勤　　　　复核：魏民　　　　制表：金婷

附件1-118　资产负债表

资产负债表

编制单位：大海公司　　　　2016年12月31日　　　　单位：元　　会企01表

资产	行次	期末余额	年初余额	负债和所有者权益（或股东权益）	行次	期末余额	年初余额
流动资产：				流动负债：			
货币资金	1	300 000	略	短期借款	32	200 000	略
以公允价值计量且其变动计入当期损益的金融资产	2	700 000		以公允价值计量且其变动计入当期损益的金融负债	33	200 000	
应收票据	3	50 000		应付票据	34	200 000	
应收账款	4	150 000		应付账款	35	200 000	
预付款项	5	400 000		预收款项	36	0	
应收利息	6	30 000		应付职工薪酬	37	0	
应收股利	7	70 000		应交税费	38	10 000	
其他应收款	8	0		应付利息	39	90 000	

续表

资产	行次	期末余额	年初余额	负债和所有者权益（或股东权益）	行次	期末余额	年初余额
存货	9	300 000		应付股利	40	20 000	
一年内到期的非流动资产	10	0		其他应付款	41	80 000	
其他流动资产	11	0		一年内到期的非流动负债	42	0	
流动资产合计	12	2 000 000		其他流动负债	43	0	
非流动资产：				流动负债合计	44	1 000 000	
可供出售金融资产	13	0		非流动负债：			
持有至到期投资	14	100 000		长期借款	45	1 000 000	
长期应收款	15	0		应付债券	46	900 000	
长期股权投资	16	900 000		长期应付款	47		
投资性房地产	17	0		专项应付款	48	0	
固定资产	18	1 900 000		预计负债	49	0	
在建工程	19	100 000		递延收益	50	0	
工程物资	20	0		递延所得税负债	51	0	
固定资产清理	21	0		其他非流动负债	52	0	
生产性生物资产	22	0		非流动负债合计	53	1 900 000	
油气资产	23	0		负债合计	54	2 900 000	
无形资产	24	800 000		所有者权益（或股东权益）：			
开发支出	25	0		实收资本（或股本）	55	400 000	
商誉	26	0		资本公积	56	500 000	
长期待摊费用	27	0		减：库存股	57		
递延所得税资产	28	0		其他综合收益	58		
其他非流动资产	29	0		盈余公积	59		
非流动资产合计	30	3 800 000		未分配利润	60	2 000 000	
				所有者权益（或股东权益）合计	61	2 900 000	
资产合计	31	5 800 000		负债和所有者权益（或股东权益）合计	62	5 800 000	

单位负责人：张楚　　　　会计主管：张勤　　　　复核：魏民　　　　制表：金婷

附件 1-119　现金股利分配方案

大海公司 2016 年年度权益分派实施公告

一、权益分派方案

本公司 2016 年年度权益分派方案为：以公司现有总股本 200 000 股为基数，向全体股东每 10 股派 0.5 元人民币现金（含税，扣税后，A 股个人股东、投资基金、合格境外机构投资者实际每 10 股派人民币现金 0.45 元，B 股暂不扣税）。对其他非居民企业，我公司未代扣代缴所得税，由纳税人在所得发生地缴纳。B 股现金股息以本公司股东大会决议日后的第一个工作日（2017 年 6 月 30 日）中国人民银行公布的港币兑换人民币的中间价折为港币支付（中间价汇率为 1 港元＝0.8815 元人民币）。

二、股权登记日与除息日

（1）本次权益分派 A 股股权登记日为 2017 年 7 月 9 日，除息日为 2017 年 7 月 10 日；

（2）本次权益分派 B 股最后交易日为 2017 年 7 月 9 日，除息日为 2017 年 7 月 10 日，股权登记日为 2017 年 7 月 14 日。

三、权益分派对象

本次分派对象为：

（1）截至 2017 年 7 月 9 日下午深圳证券交易所收市时，在中国证券登记结算有限责任公司深圳分公司（以下简称"中国结算深圳分公司"）登记在册的本公司全体 A 股股东。

（2）截至 2017 年 7 月 14 日（最后交易日为 2017 年 7 月 9 日）下午深圳证券交易所收市时，在中国结算深圳分公司登记在册的本公司全体 B 股股东。

四、权益分派方法

（1）本公司此次委托中国结算深圳分公司代派的 A 股股息将于 2017 年 7 月 10 日通过股东托管证券公司（或其他托管机构）直接划入其资金账户。

（2）本公司此次委托中国结算深圳分公司代派的 B 股股息将于 2017 年 7 月 14 日通过股东托管证券商或托管银行直接划至其资金账户。若 B 股投资者于 2017 年 7 月 14 日办理转托管，其股息仍在原托管证券商或托管银行处领取。

第二篇　财务决策案例库-附件

案例1　华光机电股份有限公司筹资决策-附件资料

附件2-1　利润表（2016年）

利润表　　　　　　　　　　　　　　　会企02表
编制单位：华光机电股份有限公司　　2016年　　　　　　单位：万元

项目	行次	本期金额	上期金额
一、营业收入	1	821 634.80	560 212.30
减：营业成本	2	651 087.87	423 835.20
税金及附加	3	4301.58	3393.60
销售费用	4	51 378.77	40 285.02
管理费用	5	42 390.51	31 719.50
财务费用	6	8344.68	7882.35
资产减值损失	7	0.00	0.00
加：公允价值变动收益（损失以"－"号填列）	8	0.00	0.00
投资收益（损失以"－"号填列）	9	777.10	－1126.67
其中：对联营企业和合营企业的投资收益	10	0.00	0.00
二、营业利润（亏损以"－"号填列）	11	64 908.49	51 969.96
加：营业外收入	12	295.75	211.92
其中：非流动资产处置利得	13	0.00	0.00
减：营业外支出	14	485.40	1169.53
其中：非流动资产处置损失	15	0.00	0.00
三、利润总额（亏损总额以"－"号填列）	16	64 718.84	51 012.35
减：所得税费用	17	16 179.71	12 753.09
四、净利润（净亏损以"－"号填列）	18	48 539.13	38 259.26
五、其他综合收益的税后净额	19		
（一）以后不能重分类进损益的其他综合收益	20		
（二）以后将重分类进损益的其他综合收益	21		
六、综合收益总额	22		
七、每股收益：	23		

续表

项目	行次	本期金额	上期金额
(一)基本每股收益	24		
(二)稀释每股收益	25		

单位负责人:李兴东　　　　会计主管:陈华　　　　复核:刘洋　　　　制表:林美美

附件 2-2　行业平均数据

机械行业平均数据

盈利能力		偿债能力		发展能力		营运能力		财务结构	
销售毛利率/(%)	14.78	流动比率	1.25	应收账款增长率/(%)	26.76	应收账款周转率	6.58	资产负债率/(%)	61.33
销售净利率/(%)	5.80	速动比率	0.85	利润总额增长率/(%)	50.65	存货周转率	13.76	股东权益比/(%)	38.67
总资产收益率/(%)	7.25	利息保障倍数	8.55	资产增长率/(%)	25.25	流动资产周转率	2.03	流动负债比率/(%)	36.65
净资产收益率/(%)	18.75			销售收入增长率/(%)	33.05	总资产周转率	0.93	长期负债比率/(%)	24.68

附件 2-3　资产负债表(2016 年 12 月 31 日)

资产负债表

编制单位:华光机电股份有限公司　　　　2016 年 12 月 31 日　　　　单位:万元　　会企 01 表

资产	行次	期末余额	年初余额	负债和所有者权益 (或股东权益)	行次	期末余额	年初余额
流动资产:				流动负债:			
货币资金	1	192 545.23	142 250.30	短期借款	32	37 000.00	32 000.00
以公允价值计量且其变动计入当期损益的金融资产	2	0.00	0.00	以公允价值计量且其变动计入当期损益的金融负债	33	0.00	0.00
应收票据	3	8442.75	6690.00	应付票据	34	83 394.71	64 069.78
应收账款	4	140 893.02	94 038.01	应付账款	35	242 733.92	157 279.58
预付款项	5	22 937.91	22 976.55	预收款项	36	84 949.94	89 962.13

续表

资产	行次	期末余额	年初余额	负债和所有者权益（或股东权益）	行次	期末余额	年初余额
应收利息	6	0.00	0.00	应付职工薪酬	37	12 935.82	8952.02
应收股利	7	0.00	0.00	应交税费	38	12 158.69	8261.95
其他应收款	8	7723.85	7949.93	应付利息	39	0.00	0.00
存货	9	257 602.17	170 039.81	应付股利	40	29 862.00	28 440.00
一年内到期的非流动资产	10	0.00	0.00	其他应付款	41	5 409.60	5763.61
其他流动资产	11	0.00	0.00	一年内到期的非流动负债	42	0.00	0.00
流动资产合计	12	630 144.93	443 944.60	其他流动负债	43	0.00	0.00
非流动资产：				流动负债合计	44	508 444.68	394 729.07
可供出售金融资产	13	0.00	0.00	非流动负债：			
持有至到期投资	14	0.00	0.00	长期借款	45	0.00	0.00
长期应收款	15	0.00	0.00	应付债券	46	0.00	0.00
长期股权投资	16	36 923.97	36 997.20	长期应付款	47	0.00	0.00
投资性房地产	17	0.00	0.00	专项应付款	48	60 714.96	1422.00
固定资产	18	322 393.83	294 743.77	预计负债	49	0.00	0.00
在建工程	19	1143.15	23 268.52	递延收益	50	0.00	0.00
工程物资	20	0.00	0.00	递延所得税负债	51	0.00	0.00
固定资产清理	21	0.00	0.00	其他非流动负债	52	0.00	0.00
生产性生物资产	22	0.00	0.00	非流动负债合计	53	60 714.96	1422.00
油气资产	23	0.00	0.00	负债合计	54	569 159.64	396 151.07
无形资产	24	40 268.69	40 234.78	所有者权益（或股东权益）：			
开发支出	25	0.00	0.00	实收资本（或股本）	55	149 310.00	149 310.00
商誉	26	0.00	0.00	资本公积	56	76 239.37	76 239.37
长期待摊费用	27	29 862.00	29 862.00	减:库存股	57	0.00	0.00
递延所得税资产	28	1 701.20	1 701.20	其他综合收益	58	0.00	0.00
其他非流动资产	29	0.00	0.00	盈余公积	59	39 186.12	32 390.64
非流动资产合计	30	432 292.84	426 807.47	未分配利润	60	228 542.64	216 660.99
				所有者权益（或股东权益）合计	61	493 278.13	474 601.00
资产合计	31	1 062 437.77	870 752.07	负债和所有者权益（或股东权益）合计	62	1 062 437.77	870 752.07

单位负责人：李兴东　　　　会计主管：陈华　　　　复核：刘洋　　　　制表：林美美

附件 2-4　财务费用项目明细表

财务费用项目明细

项目	手续费	利息支出	汇兑损失	本年财务费用合计
金额/元	804 132.80	81 656 822.00	985 806.50	83 446 761.30

附件 2-5　利润分配表

利润分配表

分配项目	金额/万元
净利润	48 539.13
加：年初未分配利润	216 660.99
可供分配的利润	265 200.12
减：提取法定盈余公积	4853.91
可供股东分配的利润	260 346.21
提取任意盈余公积	1941.57
应付普通股股利	29 862.00
转作股本的普通股股利	0.00
未分配利润	228 542.64

附件 2-6　债券信息

债券参考数据

债券期限/年	发行费率/(%)	票面利率/(%)
3	5	4.60
5	5	5.02
7	5	5.88
10	5	6.14
15	3	6.80
20	3	7.10

附件 2-7　股利分配政策

华光机电股份有限公司股票上市公告（部分）

十一、股利分配政策
（一）股利分配的一般政策
本公司股利分配实行同股同利、股利固定增长的分配政策。

(二)利润分配的顺序

本公司可供股东分配的利润由董事局提出方案,经股东大会批准后,按股份比例分配。

本公司股利分配采取现金或附带股票的形式。每一年度的现金股利以5%的固定年增长率递增。每一年度是否派发股票股利,由董事局提出方案,由股东大会审议批准。派发现金股利时,按中国税法规定代扣代缴股东股利收入的应纳税金。

本公司每一会计年度的税后利润按照以下顺序分配:

1. 弥补亏损(如有亏损)。
2. 提取税后利润的10%作为法定公积金,当法定公积金已达到公司注册资本的50%时,可不再提取。
3. 经股东大会决议提取任意公积金。
4. 支付普通股股利。

法定公积金按照税后利润的10%提取,但当法定公积金已达注册资本的50%时,可不再提取。任意公积金的提取比例由股东大会决定。本公司目前尚无亏损。

附件2-8　银行贷款利率表

人民币贷款利率表	
项目	年利率/(%)
一、短期贷款	
6个月以内(含6个月)	4.86
6个月至1年(含1年)	5.31
二、中长期贷款	
1~3年(含3年)	5.40
3~5年(含5年)	5.76
5年以上	5.94
三、贴现	
贴现	以再贴利率为下限加点确定

附件2-9　证券法(节选)

第十三条　公司公开发行新股,应当符合下列条件:

(一)具备健全且运行良好的组织机构;

(二)具有持续盈利能力,财务状况良好;

(三)最近3年财务会计文件无虚假记载,无其他重大违法行为;

(四)经国务院批准的国务院证券监督管理机构规定的其他条件。

上市公司非公开发行新股,应当符合经国务院批准的国务院证券监督管理机构规定的条件,并报国务院证券监督管理机构核准。

第十四条 公司公开发行新股,应当向国务院证券监督管理机构报送募股申请和下列文件:

(一)公司营业执照;

(二)公司章程;

(三)股东大会决议;

(四)招股说明书;

(五)财务会计报告;

(六)代收股款银行的名称及地址;

(七)承销机构名称及有关的协议。

依照本法规定聘请保荐人的,还应当报送保荐人出具的发行保荐书。

第十五条 公司对公开发行股票所募集资金,必须按照招股说明书所列资金用途使用。改变招股说明书所列资金用途,必须经股东大会做出决议。擅自改变用途而未做纠正的,或者未经股东大会认可的,不得公开发行新股。

第十六条 公开发行公司债券,应当符合下列条件:

(一)股份有限公司的净资产不低于人民币3000万元,有限责任公司的净资产不低于人民币6000万元;

(二)累计债券余额不超过公司净资产的40%;

(三)最近3年平均可分配利润足以支付公司债券1年的利息;

(四)筹集的资金投向符合国家产业政策;

(五)债券的利率不超过国务院限定的利率水平;

(六)国务院规定的其他条件。

公开发行公司债券筹集的资金,必须用于核准的用途,不得用于弥补亏损和非生产性支出。

上市公司发行可转换为股票的公司债券,除应当符合第一款规定的条件外,还应当符合本法关于公开发行股票的条件,并报国务院证券监督管理机构核准。

第十七条 申请公开发行公司债券,应当向国务院授权的部门或者国务院证券监督管理机构报送下列文件:

(一)公司营业执照;

(二)公司章程;

(三)公司债券募集办法;

(四)资产评估报告和验资报告;

(五)国务院授权的部门或者国务院证券监督管理机构规定的其他文件。

依照本法规定聘请保荐人的,还应当报送保荐人出具的发行保荐书。

第十八条 有下列情形之一的,不得再次公开发行公司债券:

(一)前一次公开发行的公司债券尚未募足;

(二)对已公开发行的公司债券或者其他债务有违约或者延迟支付本息的事实,仍处于继续状态;

(三)违反本法规定,改变公开发行公司债券所募资金的用途。

附件2-10 年报公告日股票价格

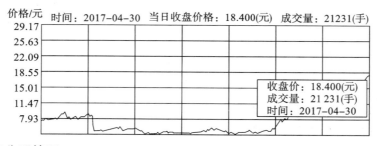

附件2-11 利润分配情况

利润分配表
单位：万元

	2016年	2015年	2014年
净利润	48 539.13	38 259.26	7173.37
加：年初未分配利润	216 660.99	212 198.02	233 114.64
可供分配的利润	265 200.12	250 457.28	240 288.01
减：提取法定盈余公积	4853.91	3825.93	717.34
可供股东分配的利润	260 346.21	246 631.35	239 570.67
提取任意盈余公积	1941.57	1530.36	286.93
应付普通股股利	29 862.00	28 440.00	27 085.71
转作股本的普通股股利	0.00	0.00	0.00
未分配利润	228 542.64	216 660.99	212 198.03

附件2-12 利润表（2015年）

利润表
会企02表

编制单位：华光机电股份有限公司　　2015年　　单位：万元

项目	行次	本期金额	上期金额
一、营业收入	1	560 212.30	218 175.74
减：营业成本	2	423 835.20	178 982.57
税金及附加	3	3393.60	1446.28
销售费用	4	40 285.02	16 322.21
管理费用	5	31 719.50	10 710.14
财务费用	6	7882.35	2103.85
资产减值损失	7	0.00	0.00
加：公允价值变动收益（损失以"－"号填列）	8	0.00	0.00
投资收益（损失以"－"号填列）	9	－1126.67	1152.21

续表

项目	行次	本期金额	上期金额
其中:对联营企业和合营企业的投资收益	10	0.00	0.00
二、营业利润(亏损以"-"号填列)	11	51 969.96	9762.90
加:营业外收入	12	211.92	97.46
其中:非流动资产处置利得	13	0.00	0.00
减:营业外支出	14	1169.53	295.86
其中:非流动资产处置损失	15	0.00	0.00
三、利润总额(亏损总额以"-"号填列)	16	51 012.35	9564.50
减:所得税费用	17	12 753.09	2391.13
四、净利润(净亏损以"-"号填列)	18	38 259.26	7173.37
五、其他综合收益的税后净额	19		
(一)以后不能重分类进损益的其他综合收益	20		
(二)以后将重分类进损益的其他综合收益	21		
六、综合收益总额	22		
七、每股收益:	23		
(一)基本每股收益	24		
(二)稀释每股收益	25		

单位负责人:李兴东　　　　会计主管:陈华　　　　复核:刘洋　　　　制表:林美美

附件2-13　资产负债表(2015年12月31日)

资产负债表

单位:万元

编制单位:华光机电股份有限公司　　　　2015年12月31日　　　　会企01表

资产	行次	期末余额	年初余额	负债和所有者权益(或股东权益)	行次	期末余额	年初余额
流动资产:				流动负债:			
货币资金	1	142 250.30	60 626.20	短期借款	32	32 000.00	21 000.00
以公允价值计量且其变动计入当期损益的金融资产	2	0.00	0.00	以公允价值计量且其变动计入当期损益的金融负债	33	0.00	0.00
应收票据	3	6690.00	2912.00	应付票据	34	64 069.78	25 718.90
应收账款	4	94 038.01	40 677.29	应付账款	35	157 279.58	64 855.32
预付款项	5	22 976.55	22 203.24	预收款项	36	89 962.13	10 469.75
应收利息	6	0.00	0.00	应付职工薪酬	37	8952.02	3488.93

续表

资产	行次	期末余额	年初余额	负债和所有者权益（或股东权益）	行次	期末余额	年初余额
应收股利	7	0.00	0.00	应交税费	38	8261.95	3424.85
其他应收款	8	7949.93	7449.89	应付利息	39	0.00	0.00
存货	9	170 039.81	72 918.32	应付股利	40	28 440.00	27 085.71
一年内到期的非流动资产	10	0.00	0.00	其他应付款	41	5763.61	5037.71
其他流动资产	11	0.00	0.00	一年内到期的非流动负债	42	0.00	0.00
流动资产合计	12	443 944.60	206 786.94	其他流动负债	43	0.00	0.00
非流动资产：				流动负债合计	44	394 729.07	161 081.17
可供出售金融资产	13	0.00	0.00	非流动负债：			
持有至到期投资	14	0.00	0.00	长期借款	45	0.00	0.00
长期应收款	15	0.00	0.00	应付债券	46	0.00	0.00
长期股权投资	16	36 997.20	36 399.28	长期应付款	47	0.00	0.00
投资性房地产	17	0.00	0.00	专项应付款	48	1422.00	122.48
固定资产	18	294 743.77	272 578.89	预计负债	49	0.00	0.00
在建工程	19	23 268.52	29 681.57	递延收益	50	0.00	0.00
工程物资	20	0.00	0.00	递延所得税负债	51	0.00	0.00
固定资产清理	21	0.00	0.00	其他非流动负债	52	0.00	0.00
生产性生物资产	22	0.00	0.00	非流动负债合计	53	1422.00	122.48
油气资产	23	0.00	0.00	负债合计	54	396 151.07	161 203.65
无形资产	24	40 234.78	44 675.52	所有者权益（或股东权益）：			
开发支出	25	0.00	0.00	实收资本（或股本）	55	149 310.00	149 310.00
商誉	26	0.00	0.00	资本公积	56	76 239.37	76 239.37
长期待摊费用	27	29 862.00	33 862.00	减:库存股	57	0.00	0.00
递延所得税资产	28	1701.20	2001.20	其他综合收益	58	0.00	0.00
其他非流动资产	29	0.00	0.00	盈余公积	59	32 390.64	27 034.35
非流动资产合计	30	426 807.47	419 198.46	未分配利润	60	216 660.99	212 198.03
				所有者权益（或股东权益）合计	61	474 601.00	464 781.74
资产合计	31	870 752.07	625 985.40	负债和所有者权益（或股东权益）合计	62	870 752.07	625 985.40

单位负责人：李兴东　　　　会计主管：陈华　　　　复核：刘洋　　　　制表：林美美

附件 2-14　公司债券发行试点办法（节选）

第二章　发行条件

第七条　发行公司债券，应当符合下列规定：

（一）公司的生产经营符合法律、行政法规和公司章程的规定，符合国家产业政策；

（二）公司内部控制制度健全，内部控制制度的完整性、合理性、有效性不存在重大缺陷；

（三）经资信评级机构评级，债券信用级别良好；

（四）公司最近一期末经审计的净资产额应符合法律、行政法规和中国证券监督委员会的有关规定；

（五）最近3个会计年度实现的年均可分配利润不少于公司债券1年的利息；

（六）本次发行后累计公司债券余额不超过最近一期末净资产额的40%；金融类公司的累计公司债券余额按金融企业的有关规定计算。

第八条　存在下列情形之一的，不得发行公司债券：

（一）最近36个月内公司财务会计文件存在虚假记载，或公司存在其他重大违法行为；

（二）本次发行申请文件存在虚假记载、误导性陈述或者重大遗漏；

（三）对已发行的公司债券或者其他债务有违约或者迟延支付本息的事实，仍处于继续状态；

（四）严重损害投资者合法权益和社会公共利益的其他情形。

附件 2-15　债券募集方案（草案）

华光机电股份有限公司公开发行公司债券募集方案

（一）本次公司债券的名称

本次公司债券的名称为华光机电股份有限公司2017年公司债券。

（二）本次公司债券的发行规模

本次公司债券发行的票面总额为7亿元。

（三）本次公司债券的票面金额

本次公司债券每一张票面金额为100元。

（四）发行价格

本次公司债券按面值发行。

（五）债券期限

本次公司债券的期限为5年。

（六）债券利率或其确定方式

本次公司债券的票面利率为固定利率，在债券存续期内固定不变，采用单利按年计息，不计复利，逾期不另计息。

票面利率由公司和保荐人（主承销商）通过询价方式确定，最终决定年利率为5.04%。

（七）还本付息的期限和方式

本次公司债券的起息日为公司债券的发行首日，即2017年4月30日。公司债券的利息自起息日起每年支付一次，2018年至2022年年间每年的4月30日为上一计息年度的付息日（遇节假日顺延，下同），本次公司债券到期日为2022年4月30日。

公司债券付息的债权登记日为每年付息日的前一交易日，到期本息的债权登记日为到期日前6个工作日。在债权登记日当日收市后登记在册的本次公司债券持有人均有权获得上一计息年度的债券利息或本金。本次公司债券的付息和本金兑付工作按照登记机构相关业务规则办理。

（八）担保方式

本次公司债券不提供担保。

（九）债券回购

本次公司债券在存续期内不会回购。

（十）上市安排

本次公司债券发行结束后，公司将尽快就本次公司债券向证券交易所提出上市申请。

案例2　东方贸易股份有限公司投资决策-案例附件

附件2-16　项目方案书

芦荟生产项目方案书

（项目编号：KM-2017/03）

项目名称：芦荟生产方案书

项目经理：陈明德

业务总监：方世龙

编制单位：东方贸易股份有限公司

编制时间：2016年11月15日

项目简介

芦荟是百合科草本植物，具有护肤、保湿、抗菌、防辐射、提高免疫力等多种功能。在世界范围内，芦荟已广泛用于化妆品、保健食品、饮料、工业等领域。芦荟产业的兴起，迎合了化妆品朝高雅、自然、温和无刺激、保湿、防衰老发展的趋势，食品工业朝绿色无污染、改善饮食结构；注重健康发展的趋势。开发和利用芦荟植物资源，符合国家生物资源产业发展方向，是人类生存和客观的要求，是新兴的朝阳产业。

市场调研

1. 国内市场需求预测

我国是发展中国家，在改革开放方针指引下，经济稳步增长，经济发达地区和中心城市居民的生活水平已步入小康阶段。伴随着人们收入的增加和生活水平的提高，化妆品和保健品的市场需求将迅速增加。根据化妆品工业协会与国际咨询公司预测，中国化妆品市场今后几年将以12%～18%的年均增长率发展。其中，作为化妆品新生力量的芦荟化妆品，将以高于整个化妆品产业发展速度增长。估计2017年芦荟工业原料的需求折合冻干粉50～80吨。

2. 国际市场发展预测

植物提取物正逐步取代化学合成品，生物技术迅速崛起，绿色、回归自然渐成时尚。由于芦荟植物能很好地迎合人们新的需求，其产品必将成为21世纪继续重点开发的对象。从市场的分布来看，当前芦荟市场主要分布在美国、日本及欧洲国家等少数发达国家，芦荟产业的发展是不均衡的，尚未开发的潜在的市场是巨大的。

3. 风险规避

在项目生产工艺方案部分,本套生产线不仅可以用于芦荟浓缩液的生产,还可以用于汁液饮料的生产。因此,如果市场不景气,没有达到设计的生产能力,那么可以利用本套生产线的剩余生产能力生产汁液饮料。由于固定资产投资金额大,投资回收期长,巨额投资一旦投出就难以改变,具有很大的风险性。那么,即使未来不确定因素不利于生产芦荟产品,本套生产线还可及时转产汁液饮料,改变投资、经营策略,为化解风险降低成本多提供一种途径,同样可能产生较大的经济效益和社会效益。

项目生产能力及产品方案

从上面的市场分析可以看出,选择年产 50 吨芦荟冻干粉的生产规模是比较妥当的。具体产品方案为:

(1) 建成芦荟浓缩液生产线一条,年产芦荟浓缩液 1000 吨(可折合冻干粉 50 吨)。500 吨芦荟浓缩液供应冻干粉生产线作为原材料,其余 500 吨芦荟浓缩液无菌包装后外销。

(2) 建成芦荟冻干粉生产线一条,利用芦荟浓缩液生产线生产的 500 吨浓缩液,年产芦荟冻干粉 25 吨。

本次项目方案书,希望能够传递我们的专业服务理念,并且承诺严格按照客户的要求和安排,为客户提供优质的服务。

财务顾问 林建华
东方贸易股份有限公司

附件 2-17 项目投资期

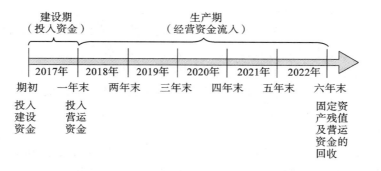

附件 2-18 财务数据测算

投资项目财务数据测算

1. 产品成本估算依据

(1) 每吨浓缩液需要 10 吨芦荟为原材料,芦荟单位成本为 2384 元/吨,冻干粉的原材料为浓缩液。

(2) 工资及福利费。工资按定员与岗位工资标准估算。计入芦荟浓缩液、冻干粉成本中的工资及福利费参照"工资及福利费用分配表"。

(3) 制造费用估计。产品制造费用参照"制造费用明细表",其中包含折旧费。折旧费的计提参照公司"固定资产管理制度",与税法上的规定一致。

(4) 管理费用估计。管理费用包括开办费用的摊销和固定资产折旧,参照"管理费用明细表"。

(5) 销售费用估计。销售费用的估算参照"销售费用明细表"。

2. 销售价格

产品销售价格参照公司的"销售预测表",预计销售价格和销售量在项目存续期间能够保持不变,且每年的销售收入都能在当年年末全部收回。

3. 相关税率

公司的所得税税率为25%。

附件 2-19 公司债券募集说明书(概要)

东方贸易股份有限公司

公司债券募集说明书概要

基本要素

债券名称:2016年东方贸易股份有限公司公司债券。

发行数量:20 000张。

票面金额:壹仟元整。

票面利率:采用固定利率形式,票面年利率6.5%,在债券存续期内固定不变。公司债券按年付息、到期还本,每年年末付息,逾期不另计利息。

债券期限:六年期。

发行价格:玖佰陆拾伍元整。

发行总额:人民币壹仟玖佰叁拾万元整。

发行费用:人民币肆拾万元整。

发行对象:通过承销商设置的发行网点向中华人民共和国境内机构投资者发行。

债券评级:经联合资信评估有限公司综合评定为AAA级。

主体评级:经联合资信评估有限公司综合评定为AA级。

债券担保:由中国华通集团公司提供无条件不可撤销的连带责任保证担保。

发行期限:由2016年12月01日起至2016年12月10日止。

发行人声明

发行人已批准本期债券募集说明书及其摘要,发行人领导成员承诺其中不存在虚假记载、误导性陈述或重大遗漏,并对其真实性、准确性、完整性承担个别和连带的法律责任。

附件 2-20 新增发行招股说明书(概要)

东方贸易股份有限公司

新增发行招股说明书概要

重要提示

本公司全体董事保证本招股说明书的内容真实、完整、准确,政府及国家证券管理部门对本次发行所做出的任何决定,均不表明其对发行人所发行的股票的价值或投资人的收益做出实质性判断或者保证,任何与此相反的声明均属虚假不实陈述。

本招股说明书概要的目的仅为尽可能广泛、迅速地向公众提供有关本次发行的简要情况。招股说明书的全文方为本次发售股票的正式法律文件。投资人在做出认购本公司股票的决定之前,应首先仔细阅读招股说明书全文,并以全文作为投资决策的依据。

新增发行情况

单位:元

	面值	发行价	发行费用	筹集资金
每股	1.00	5.35	0.35	5.00
合计	4 000 000	21 400 000	1 400 000	20 000 000

本次股票的发行期为 2016 年 12 月 05 日至 2016 年 12 月 15 日,
本公司已申请将本次发行的股票于近期在上海证券交易所挂牌交易。
主承销机构润飞信托投资公司
上市推荐人:金兴证券有限公司润飞信托投资公司
招投说明书签署:2016 年 11 月 28 日

附件 2-21　项目总投资

项目总投资

投资项目	金额/元
一、建设资金	
1. 固定资产投资	
浓缩液车间(生产设备)	19 000 000
冻干粉车间(生产设备)	12 000 000
管理部门(办公设备)	600 000
2. 开办费用	2 400 000
二、营运资金	4 900 000

附件 2-22　浓缩液车间固定资产投资

浓缩液车间固定资产

生产设备	市场报价/元
萃取设备	5 000 000
压滤设备	6 000 000
除沫器	5 000 000
分离机	3 000 000
合计	19 000 000

附件 2-23　冻干粉车间固定资产投资

冻干粉车间固定资产

生产设备	市场报价/元
干粉混合机	4 500 000
工业脱水机	3 200 000
纤维粉碎机	4 300 000
合计	12 000 000

附件 2-24　开办费用明细

开办费用明细表

费用项目	金额/元
筹建人员工资	960 000
办公用品	200 000
人员培训	900 000
其他	340 000
合计	2 400 000

附件 2-25　公司固定资产管理制度

公司固定资产管理制度

为了加强公司固定资产管理,明确部门及员工的职责,现结合公司实际,特制定本制度。

一、固定资产的标准

固定资产是指使用期限超过一年的房屋、建筑物、机器、机械、运输工具以及其他与生产经营有关的设备、器具工具等。不属于生产经营主要设备的物品,单位价值在 2000 元以上,并且使用期限超过 2 年的,也应作为固定资产管理。

二、固定资产的分类

固定资产类别	折旧计提年限	净残值率
1. 房屋及建筑物	20	5%
2. 机器设备	5	5%
3. 运输工具	4	5%
4. 计算机设备	3	5%
5. 办公家具及设备	5	5%
6. 其他		

附件 2-26　年金现值系数表

年金现值系数表

期数	3%	4%	5%	6%	7%	8%	9%	10%
1	0.9709	0.9615	0.9524	0.9434	0.9346	0.9259	0.9174	0.9091
2	1.9135	1.8861	1.8594	1.8334	1.8080	1.7833	1.7591	1.7355
3	2.8286	2.7751	2.7232	2.6730	2.6243	2.5771	2.5313	2.4869
4	3.7171	3.6299	3.5460	3.4651	3.3872	3.3121	3.2397	3.1699
5	4.5797	4.4518	4.3295	4.2124	4.1002	3.9927	3.8897	3.7908
6	5.4172	5.2421	5.0757	4.9173	4.7665	4.6229	4.4859	4.3553

续表

期数	3%	4%	5%	6%	7%	8%	9%	10%
7	6.2303	6.0021	5.7864	5.5824	5.3893	5.2064	5.0330	4.8684
8	7.0197	6.7327	6.4632	6.2098	5.9713	5.7466	5.5348	5.3349

附件 2-27 复利现值系数表

复利现值系数表

期数	3%	4%	5%	6%	7%	8%	9%	10%
1	0.9709	0.9615	0.9524	0.9434	0.9346	0.9259	0.9174	0.9091
2	0.9426	0.9246	0.9070	0.8900	0.8734	0.8573	0.8417	0.8264
3	0.9151	0.8890	0.8638	0.8396	0.8163	0.7938	0.7722	0.7513
4	0.8885	0.8548	0.8227	0.7921	0.7629	0.7350	0.7084	0.6830
5	0.8626	0.8219	0.7835	0.7473	0.7130	0.6806	0.6499	0.6209
6	0.8375	0.7903	0.7462	0.7050	0.6663	0.6302	0.5963	0.5645
7	0.8131	0.7599	0.7107	0.6651	0.6227	0.5835	0.5470	0.5132
8	0.7874	0.7307	0.6768	0.6274	0.5820	0.5403	0.5019	0.4665

附件 2-28 证券交易相关数据

2016 年证券交易相关数据

类型	成交总额/亿元	平均收益率	风险溢价
国债	26 344.55	4.30%	—
股票	180 429.95	14.00%	9.70%
基金	3700.23	7.00%	2.70%
权证	59 621.21	16.00%	11.70%
其他	1746.09	6.00%	1.70%
合计	271 842.03	13.35%	9.05%

附件 2-29 工资及福利费用分配表

工资及福利费用分配表

部门	员工数/人	人均工资及福利费/元	工资及福利费/元
浓缩液车间	40	8000	320 000
冻干粉车间	15	8000	120 000
管理部门	20	8000	160 000
销售部门	100	8000	800 000
合计	175	—	1 400 000

附件 2-30　制造费用明细表

制造费用明细表　　　　　　　　　　　　　　　　　　　　　　单位：元

车间	物料消耗	折旧	修理费	办公费	水电费	其他制造费用	总计
浓缩液	200 000	3 610 000	60 000	8000	100 000	22 000	4 000 000
冻干粉	100 000	2 280 000	40 000	2000	60 000	18 000	2 500 000
合计	300 000	5 890 000	100 000	10 000	160 000	40 000	6 500 000

附件 2-31　浓缩液销售预测表

浓缩液销售预测表

客户名称	2016年销售/吨	2017年预计销售/吨	预计单位/(元/吨)	预计销售额/元
绿雅商业广场	100	120	44 200	5 304 000
岛内价	200	240	44 200	10 608 000
中闽百汇	110	140	44 200	6 188 000
合计	410	500		22 100 000

附件 2-32　冻干粉销售预测表

冻干粉销售预测表

客户名称	2016年销售/吨	2017年预计销售/吨	预计单价/(元/吨)	预计销售额/元
绿雅商业广场	5	7	800 000	560 000
岛内价	6	8	800 000	6 400 000
中闽百汇	7	10	800 000	8 000 000
合计	18	25		20 000 000

附件 2-33　销售费用明细

销售费用明细表　　　　　　　　　　　　　　　　　　　　　　单位：元

费用项目	2018年	2019年	2020年	2021年	2022年
销售人员工资及福利费	800 000	800 000	800 000	800 000	800 000
广告费	1 000 000	1 000 000	1 000 000	1 000 000	1 000 000
展览费	250 000	250 000	250 000	250 000	250 000
运输费	600 000	600 000	600 000	600 000	600 000
销售网点费	200 000	200 000	200 000	200 000	200 000
其他	30 000	30 000	30 000	30 000	30 000
合计	2 880 000	2 880 000	2 880 000	2 880 000	2 880 000

附件 2-34　管理费用明细

管理费用明细表　　　　　　　　　　　　　　　　　　　　　　　单位:元

费用项目	2018 年	2019 年	2020 年	2021 年	2022 年
管理人员工资及福利费	160 000	160 000	160 000	160 000	160 000
办公费	150 000	150 000	150 000	150 000	150 000
通信费	170 000	170 000	170 000	170 000	170 000
差旅费	123 000	123 000	123 000	123 000	123 000
水电费	122 000	122 000	122 000	122 000	122 000
固定资产折旧	114 000	114 000	114 000	114 000	114 000
开办费摊销	800 000	800 000	800 000	0	0
其他	75 000	75 000	75 000	75 000	75 000
合计	1 714 000	1 714 000	1 714 000	914 000	914 000

案例 3　深远电网股份有限公司营运资金管理-案例附件

附件 2-35　现金管理活动总结(节选)

现金管理总结

现金管理活动一直是公司流动资产管理活动的重要方面,按照国务院所颁布的《现金管理活动暂行条例》的规定,我公司陆续出台了一系列现金管理政策,以达到通过现金管理活动使现金收支不但在数量上,而且在时间上相互衔接,以保证企业经营活动的现金需要,提高现金收益率的目的。现将现金管理活动的大致状况汇报如下:

一、宏观环境

自 2015 年以来,受次贷危机影响,公司各项证券投资活动均受到了一定影响,各类短期证券变现力大幅度下降,这在一定程度上提升了现金转换成本和交易成本。展望未来,仍然存在较好的投资机遇:各种证券价格有较大幅度的降低,很多公司举步维艰,现金链断裂。我公司可以充分利用当前机遇,持有一些现金以备明年投资所用,以实现较大收益。

二、供应商

我公司的主要原材料煤一直由中煤股份有限公司提供,价格一直维持在每吨 760 元。据可靠资料显示,我市中小煤矿公司(比如林海煤矿、晨云煤矿等)目前由于资金状况不佳,预计下一年度会大幅度降低煤炭价格以获取大量资金,我公司应充分考虑这一因素,持有部分资金以购买较为廉价的材料。另外,中煤股份有限公司也很有可能为提升应收账款周转率而提升现金折扣率,公司应对此状况进行合理估计。

三、公司日常支出

1. 差旅费。随着我公司的迅猛发展,业务逐渐扩展,销售部门的出差量逐年上升,公司需备存充分资金以供出差人员使用。

2. 文体活动费用。上一年度,宣传部所举办的公司秋季运动会,促进了公司各部门之间的团结,预计明年将继续举办并增加其他类项目,预计支出会比上一年度增加 10%。其他活动,比如公司人员生日会、趣味竞答、公司庆典等的支出将继续维持上年水平。

3. 其他零星支出与以前年度无异。

四、紧急状况预防

一直以来,我公司充分利用短期借款等增加临时举债能力,以备不时之需。但去年由于种种原因,短期借款一时难以取得,又加上部分销售款不能及时到位,给公司造成了较大损失。因此,在今年的现金持有量确定上应充分考虑这些方面的原因……

附件 2-36　国债 010107

挂牌代码	010107
挂牌名称	21 国债
国债全称	2001 年记账式国债
实际发行量	239.6 亿
发行价格	100 元
发行方式	记账式
期限	20 年
到期日	2021-07-31
票面年利率	5.40%
国债付息方式	按年付息
计息日期	2001-07-31
上市日期	2001-08-20

附件 2-37　现金管理费用明细

现金管理费用明细　　　　　　　　　　　　　　　　单位:元

费用项目	金额
管理人员工资	30 000
安全措施费	20 000
其他费用	10 000
合计	60 000

附件 2-38　现金短缺分析表

现金短缺成本

类型	方案一损失/元	方案二损失/元	方案三损失/元
停工待料损失	20 000	12 000	6000
信誉损失	2000	1800	700
现金折扣损失	500	250	150
其他损失	2000	1000	700
合计	24 500	15 050	7550

附件 2-39 每日现金余额预测表

每日现金余额预测表

概率	0.1	0.2	0.3	0.2	0.2
现金余额/元	−2000	−1000	500	1000	3000

附件 2-40 现金转换成本明细

现金转换成本明细

成本项目	金额
委托手续费/(元/次)	180
证券过户费/(元/次)	130
委托买卖佣金/(元/次)	150
实物交割手续费/(元/次)	80
合计/元	540

附件 2-41 全年现金需要量预测

全年现金需要量预测表

项目	第一季度	第二季度	第三季度	第四季度	总计/元
办公费用/元	16 000	15 000	12 000	17 000	60 000
预计短期投资/元	20 000	18 000	26 000	12 000	76 000
差旅费/元	10 000	15 000	16 000	19 000	60 000
文体活动费用/元	15 000	15 000	15 000	15 000	60 000
预防紧急情况/元	25 000	27 000	23 000	24 000	99 000
预计材料购入/元	38 000	37 000	32 000	38 000	145 000
合计/元	124 000	127 000	124 000	125 000	500 000

附件 2-42 深远电网股份有限公司赊销情况一览表

深远电网股份有限公司赊销情况表

公司名称	赊销金额/万元	预计的坏账损失/万元	平均收账期/天
钱海工业	4600	138	54
雨萌集团	6300	189	54
临夏股份有限公司	4900	147	54
佳好餐饮	2800	84	54
加分辅导学校	1000	30	54
东邀旅游公司	5400	162	54
统计	25 000	750	54

附件 2-43　深远电网股份有限公司应收账款管理成本明细

应收账款管理成本明细

费用项目	金额/万元
客户资信调查费用	5
收账费用	7
账簿记录费用	2
其他费用	1
合计	15

附件 2-44　深远电网股份有限公司成本明细

成本明细

成本项目	金额/万元
变动成本：	10 000
其中:煤炭成本	2736
车间人员工资	554
其他燃料	6710
固定成本：	200
其中:各部门管理费用	70
资产折旧费	100
资产维护费用	30
总成本合计	10 200

附件 2-45　深远电网股份有限公司借款合同

银行借款合同

立合同单位：

　　借款单位(简称甲方)<u>深远电网股份有限公司</u>

　　贷款单位(简称乙方)<u>中国建设银行深远支行</u>

　　保证方(简称丙方)×××

　　甲方为进行建设和发展的需要,依据国家相关规定<u>　　　　　　　　　　</u>,特向乙方申请借款,经乙方审查同意发放。为明确双方责任,恪守信用,特签订本合同,共同遵守。

　　一、甲方向乙方借款人民币(大写)<u>　零　</u><u>　千　</u><u>　零　</u><u>　百　</u><u>　壹　</u><u>　拾　</u><u>　零　</u>万元,规定用于<u>电网铺设和发电设备更新　　　　</u>。

　　二、借款期约定为<u>　五　</u>年<u>　零　</u>个月。即从<u>　2016　</u>年<u>　06　</u>月<u>　30　</u>日至<u>　2021　</u>年<u>　06　</u>月<u>　30　</u>日。乙方保证按设计计划和信贷计划,在下达的贷款指标额度内贷出资金。甲方保证按规定的借款用途用款。

三、贷款利息自支用贷款之日起,以实际贷款数按月息 __0.833%__ 计算,按 __年息10%计算__ 。

四、甲方保证按还款计划归还贷款本金。甲方如不能按期偿还,乙方有权从甲方的存款户中扣收。

违约责任:(略)

合同的附件:借款申请书,担保协议书

双方商定的其他条件:(略)

本合同自签订之日起生效,贷款本息全部偿还后失效。

本合同正本三份:甲方、乙方、保证方各执一份,副本 __三__ 份送乙方财会部门和有关部门。

借款单位:(公章)　　　　　　　法定代表人(签字)方俊

贷款单位:(公章)　　　　　　　法定代表人(签字)张建跃

担保单位:(公章)　　　　　　　法定代表人(签字)陈新路

附件2-46　公司信用政策调整会议记录

会议名称:公司信用政策讨论。

会议时间:2016年3月30日。

会议地点:深远电网股份有限公司办公楼二楼会议厅。

记录人:余婷。

出席与列席会议人员:田志、林毅仁、蔡明海、黄博、余婷、李维龙。

缺席人员:张思田(出差在外)。

会议主持人:田志。

主要议题:探讨公司信用政策。

发言记录:

田志:此次开会的目的主要是探讨我公司的信用政策问题,前一段时间,部分客户致电指明我公司目前的信用政策过于严格,有些客户甚至因此而选择其他电网公司,对我公司的销售产生了重大影响。先由林毅仁同志介绍我公司目前信用政策的基本情况。

林毅仁:我公司目前施行的是 $n/30$ 的信用政策,也就是说客户要在30天内还款,没有其他现金折扣。实行该政策的主要原因是为了促进我公司账款的迅速回收。由于前几年我公司进行了大量基础项目建设,比如电网铺设、设备购买等,为了加快现金回笼,所以出台了这样的信用政策。随着我公司各项目建设的完工以及深远市委市政府提供的政策扶持、各银行也纷纷伸出了援助之手,现在看来近期我公司资金方面不会有太大的问题,是应该修整一下信用政策以促进销售了。

蔡明海：在现有的信用政策下,我公司的年销售额为 25 000 万元。因为电网公司的特殊情况,我公司所有的销售额均为赊销额,不存在现销情况。由于不存在现金折扣,且信用期限较短,我公司的收账期一般会维持在 54 天。但是由于信用条件的严格,收账困难也比较大,根据信用部门的相关数据,我公司的收账费用每年为 15 万元,坏账损失的发生额占年赊销额的 3%,所以我认为确实应该修改一下信用政策。

黄博：我们确实接到很多客户的电话,对我公司现行的信用政策颇有微词,尤其是信用期限问题,信用期限仅为 30 天,30 天过后我部门就要开始提醒客户还款,加大了收账难度,另外一个就是很多客户 30 天内会还一部分欠款,剩余的就一拖再拖,甚至不再偿还,使坏账损失居高不下。事实上我们信用部门内部针对此问题也讨论了两个方案:方案一,n/60 的信用政策;方案二,2/10,1/20,n/60。这两个方案都在一定程度上延长了信用期限,相信会在一定程度上促进销售,降低收账难度。

田志：我们先来讨论一下第一个方案吧。把信用期限延长到 60 天确实是一个好的提议,这个方案不仅能促进销售,而且会在一定程度上降低收账费用和坏账损失,具体的数据如何呢?

李维龙：我对第一个方案进行了重点的预测,前一段时间跟客户也就此事进行了充分的沟通,这一政策不仅受到老客户的欢迎,而且对我们扩大市场有很好的帮助。根据部分的信息回馈,我们预测如果采用方案一,我们的赊销额将会增加 2000 万元,确实增加了销售额。

林毅仁：但是这种政策会大大延长我们的收账期,本身我们的信用期限就增加到了 60 天,根据以往经验推断,如果采用该方案的话,我们的平均收账期将增加到 90 天,这一方案可能不利于资金回笼。

田志：这个问题应该也不难解决。因为最近我们公司的总体现金流还是不错的,前期的一些基础建设已经告一段落,再加上银行对我公司的政策比较宽松,银行借款的取得也比较容易。如果过分地把资金需要放在对应收账款的控制上,把客户逼得太紧,对维持客户关系也不利。那其他的相关成本如何呢?

蔡明海：这一政策使我们的收账费用有了大幅度的降低。方案一的施行可能要使收账费用降低为 9 万元,信用期限长了,各公司有了较长的喘息时间,反而不需要我们过分催账,而且对于我们信用部门来说,也减少了工作量。还有一个就是我们调查了一下,如果我们把信用期限延长,很多客户纷纷承诺会直接付全款,将会使坏账损失在一定程度上有所降低。我们预测方案一的施行将使坏账损失额占赊销额的比例降低为 2%,是个不小的进步呀。

田志：方案一为我们带来的收益确实不容忽视。我们再来讨论一下方案二吧,方案二提出了现金折扣的应用。这一方案很有创意,事实上,对现金折扣这一促销手段我公司很少使用,前一段时间和凌霄建筑公司谈判的时候为了吸引这一客户,也提出了类似方案,但是由于其他原因,凌霄建筑公司也没有和我们签订最终合同。所以这一方案的重要影响还望大家进行认真考虑。

李维龙：方案二将会为我公司带来 28 000 万元的预计销售,赊销额能够达到这么高,主要原因是采用现金折扣对很多客户的吸引确实不容忽视。我们预测 50% 的客户会在 10 天以内付款,20% 的客户会在 10~20 天付款。也就是说 50% 的赊销额将会享受到 10 天以内的现金折扣优惠政策,20% 的赊销额会享受到 10~20 天的现金折扣优惠政策,剩余的赊销额将不会享受任何优惠。

林毅仁：出于谨慎,我们认为该方案的平均收账期仍然为 90 天。另外这一方案降低了收账费用也使得坏账损失率有了大幅度的降低。由于没有历史数据,我们进行了大体测度,我们预计方案二的收账费用为8万元,坏账损失占赊销额的比例将会为1.5%,其他的具体数据我们还在进一步的测算中。

田志:你们的工作确实做得很到位,各种数据也都测算得比较精细。至于这两个方案优劣如何,和现有政策相比是不是真的提高了相关收益,这些具体的数据问题要尽快确定,并提交到部门管理处进行批示。好了,今天的会议就到这里了,散会!

附件2-47 每次订货成本明细

订货成本明细

成本类别	金额
采购机构开支/(元/年)	30 000
差旅费/(元/次)	150
邮资费/(元/次)	50
电报电话费/(元/次)	50
运输费/(元/次)	200
检验费/(元/次)	150

附件2-48 煤炭的年需要量

煤炭的年需要量   单位:吨

第一季度	第二季度	第三季度	第四季度	总计
8000	7000	11 000	10 000	36 000

附件2-49 煤炭的储存成本

煤炭的储存成本

成本类别	金额
仓库折旧/(元/年)	20 000
仓库职工工资/(元/年)	30 000
存货保险费用/(元/吨)	20
存货的破损和变质损失/(元/吨)	70
存货资金应计利息/(元/吨)	30

附件2-50 煤炭供货合同

煤炭供货合同

供货方(以下简称甲方):中煤能源股份有限公司
购买方(以下简称乙方):深远电网股份有限公司

甲方与乙方进行商品交易的任何相关程序为达到双方平等、互利、合法、公平的交易原则,经双方友好协商,签署如下协议:

一、合作关系

(1) 甲、乙双方自协议签订之日起形成(供需合作伙伴关系);

(2) 甲方所供产品,必须符合产品质量标准,如出现产品质量问题,甲方无条件退货或换货;

(3) 甲方按乙方所需产品规格、数量及时送达乙方;

(4) 乙方在协议期内,不得使用其他同行所供应的同类煤炭。

二、供货品种及价格

品种:神木优混

参考指标(H:5500 大卡/千克。Vdaf:29%。Ad:9%。St:0.4%。Mt:14%)。

单价:760 元/吨。

数量折扣:乙方每批购买量1200 吨及以上1800 吨以下的,价格优惠1%;每批购买量1 800 吨及以上的,价格优惠3%。

三、货款结算方式

批结,甲方按每批为一送货单位向乙方供货。次批货到时乙方无条件向甲方支付前批货款。

四、违约责任

甲方违反以上协议,应向乙方支付违约金20 万元;乙方违反以上协议,除结清所欠货款外,并向甲方支付违金20 万元。

五、协议期限

本合作期限自2015 年2 月2 日至2018 年12 月31 日有效,有效期届满,双方本着真诚合作的态度及供需平衡的情况,在本协议结束前,再行签订新协议书。

六、解决合同纠纷的方式

本协议未尽事宜,由甲乙双方协议解决,协议不成,双方同意向甲方所在地的人民法院起诉。

七、其他

1. 注:乙方必须对甲方的供货价格保密。

2. 本协议一式两份,甲、乙双方各执一份备查。本合同经甲、乙双方签字盖章后开始生效。

供货方:(公章) 法定代表人:李建发

购买方:(公章) 法定代表人:方俊

日期:2015 年2 月8 日

附件 2-51　采购部年终总结

采购部年终总结

岁末已至，采购部全体员工在公司的正确领导下，以提高经济效益为中心，真抓实干，奋力拼搏，开放视野，拓展思路，求实创新。在过去的一年里，随着我国经济建设的步伐加快，以及目前在全世界存在的能源短缺的严重问题，我公司需要的最主要原材料——煤的价格持续上涨，给采购工作加大了难度。在此情况下，我们严格按照公司的管理规定，规范化、程序化地进行操作，以一切为了公司效益的原则，保质保量圆满地完成了各项任务。现将主要完成的工作、未来工作的计划及工作中出现的问题汇报一下：

一、自2008年以来，我公司与中煤能源股份有限公司建立了良好的供销关系。中煤股份有限公司为我公司提供了较为充足的原材料，为公司的顺利发展提供了保障。根据销售部预测，下一年度我公司的供电量仍然需要保持去年的水平，明年的煤炭资源供应总量仍需要维持在36 000吨，按每年360天计算，每日的煤炭需求量为100吨。

二、为了达到成本效益最大化，根据中煤股份有限公司的销售政策，我部门人员经过认真计算确定明年我公司的最优经济订货量每次为1800吨。另外，由于中煤股份有限公司地处我市，运输方便，能够保证及时交货。根据以往经验判断，中煤股份有限公司的交货期可以维持在1天内。

三、由于我市近些年来工业发展迅速，各项基础项目建设如雨后春笋，因此在各时期都可能会出现电量需求发生较大变动的情况，为了防止需求变化引起缺货损失，我部门建议公司应该设立合理的保险储备量。保险储备量的设置是一把双刃剑，虽然它可以使我公司避免缺货或供应中断造成损失，但保险储备量却可以大大增加存货平均储备量，从而使储备成本升高。

四、目前，我部门已根据往年资料及各预测材料进行保险储备量的计算，以找出合理的保险储备量，从而使缺货或供应中断损失和储备成本之和最小。相信在部门人员的密切配合下，一定可以使公司在这方面的成本达到最小化。

我公司正处于蓬勃发展的关键时期，采购部门的工作任重而道远，虽然当前危机重重，各种能源价格居高不下，但我们相信在公司领导的正确指导下，在部门人员的密切配合下，我们一定会顺利渡过当前难关，用我们的智慧和汗水为公司的未来发展贡献自己的一份力量！

附件 2-52　交货期内的存货需要量及概率

交货期内的存货需要量及概率

需要量/吨	概率
70	0.02
80	0.03
90	0.15
100	0.4
110	0.1
120	0.1
130	0.1
140	0.1

附件 2-53　单位缺货成本

存货单位缺货成本　　　　　　　　　　　　　　　　　　　　单位：元

项目	金额
单位边际贡献	500
单位赔偿金	200
单位信誉损失	100
合计	800

案例 4　蓝龙汽车配件股份有限公司利润分配-案例附件

附件 2-54　《中华人民共和国公司法》（以下简称《公司法》）（节选）

第八章　公司财务、会计

第一百六十三条　发行可转换为股票的公司债券的，公司应当按照其转换办法向债券持有人换发股票，但债券持有人对转换股票或者不转换股票有选择权。

第一百六十四条　公司应当依照法律、行政法规和国务院财政部门的规定建立本公司的财务、会计制度。

第一百六十五条　公司应当在每一会计年度终了时编制财务会计报告，并依法经会计师事务所审计。

财务会计报告应当依照法律、行政法规和国务院财政部门的规定制作。

第一百六十六条　有限责任公司应当依照公司章程规定的期限将财务会计报告送交各股东。

股份有限公司的财务会计报告应当在召开股东大会年会的二十日前置备于本公司，供股东查阅；公开发行股票的股份有限公司必须公告其财务会计报告。

第一百六十七条　公司分配当年税后利润时，应当提取利润的百分之十列入公司法定公积金。公司法定公积金累计额为公司注册资本的百分之五十以上的，可以不再提取。

公司的法定公积金不足以弥补以前年度亏损的，在依照前款规定提取法定公积金之前，应当先用当年利润弥补亏损。

公司从税后利润中提取法定公积金后，经股东会或者股东大会决议，还可以从税后利润中提取任意公积金。

公司弥补亏损和提取公积金后所余税后利润，有限责任公司依照本法第三十五条的规定分配；股份有限公司按照股东持有的股份比例分配，但股份有限公司章程规定不按持股比例分配的除外。

股东会、股东大会或者董事会违反前款规定，在公司弥补亏损和提取法定公积金之前向股东分配利润的，股东必须将违反规定分配的利润退还公司。

公司持有的本公司股份不得分配利润。

第一百六十八条　股份有限公司以超过股票票面金额的发行价格发行股份所得的溢价款

以及国务院财政部门规定列入资本公积金的其他收入,应当列为公司资本公积金。

第一百六十九条 公司的公积金用于弥补公司的亏损、扩大公司生产经营或者转为增加公司资本。但是,资本公积金不得用于弥补公司的亏损。

法定公积金转为资本时,所留存的该项公积金不得少于转增前公司注册资本的百分之二十五。

第一百七十条 公司聘用、解聘承办公司审计业务的会计师事务所,依照公司章程的规定,由股东会、股东大会或者董事会决定。

公司股东会、股东大会或者董事会就解聘会计师事务所进行表决时,应当允许会计师事务所陈述意见。

第一百七十一条 公司应当向聘用的会计师事务所提供真实、完整的会计凭证、会计账簿、财务会计报告及其他会计资料,不得拒绝、隐匿、谎报。

附件2-55 关于《公司法》施行后有关企业财务处理问题的通知

关于《公司法》施行后有关企业财务处理问题的通知

财企[2006]67号

各省、自治区、直辖市、计划单列市财政厅(局),新疆生产建设兵团财务局,国务院各部委、各直属机构,各中央管理企业:

我国第三次修订通过的《公司法》于2006年1月1日起施行,现就有关企业财务处理问题通知如下:

一、关于以非货币资产作价出资的评估问题

根据《公司法》第二十七条的规定,企业以实物、知识产权、土地使用权等非货币资产出资设立公司的,应当评估作价,核实资产。国有及国有控股企业以非货币资产出资或者接受其他企业的非货币资产出资,应当遵守国家有关资产评估的规定,委托有资格的资产评估机构和执业人员进行;其他的非货币资产出资的评估行为,可以参照执行。

二、关于公益金余额处理问题

从2006年1月1日起,按照《公司法》组建的企业根据《公司法》第一百六十七条进行利润分配,不再提取公益金;同时,为了保持企业间财务政策的一致性,国有企业以及其他企业一并停止实行公益金制度。企业对2005年12月31日的公益金结余,转作盈余公积金管理使用;公益金赤字,依次以盈余公积金、资本公积金、以前年度未分配利润弥补,仍有赤字的,结转未分配利润账户,用以后年度实现的税后利润弥补。

企业经批准实施住房制度改革,应当严格按照财政部《关于企业住房制度改革中有关财务处理问题的通知》(财企[2000]295号)及财政部《关于企业住房制度改革中有关财务处理问题的补充通知》(财企[2000]878号)的相关规定执行。企业按照国家统一规定实行住房分配货币化改革后,不得再为职工购建住房,盈余公积金不得列支相关支出。

尚未实行分离办社会职能或者主辅分离、辅业改制的企业,原属于公益金使用范围的内设职工食堂、医务室、托儿所等集体福利机构所需固定资产购建支出,应当严格履行企业内部财务制度规定的程序和权限进行审批,并按照企业生产经营资产的相关管理制度执行。

企业停止实行公益金制度以后,外商投资企业的职工奖励及福利基金,经董事会确定继续提取的,应当明确用途、使用条件和程序,作为负债管理。

三、关于股份有限公司收购本公司股票的财务处理问题

股份有限公司根据《公司法》第一百四十三条规定回购股份，应当按照以下要求进行财务处理：

（一）公司回购的股份在注销或者转让之前，作为库存股管理，回购股份的全部支出转作库存股成本。但与持有本公司股份的其他公司合并而导致的股份回购，参与合并各方在合并前及合并后如均属于同一股东最终控制的，库存股成本按参与合并的其他公司持有本公司股份的相关投资账面价值确认；如不属于同一股东最终控制的，库存股成本按参与合并的其他公司持有本公司股份的相关投资公允价值确认。

库存股注销时，按照注销的股份数量减少相应股本，库存股成本高于对应股本的部分，依次冲减资本公积金、盈余公积金、以前年度未分配利润；低于对应股本的部分，增加资本公积金。

库存股转让时，转让收入高于库存股成本的部分，增加资本公积金；低于库存股成本的部分，依次冲减资本公积金、盈余公积金、以前年度未分配利润。

（二）因实行职工股权激励办法而回购股份的，回购股份不得超过本公司已发行股份总额的百分之五，所需资金应当控制在当期可供投资者分配的利润数额之内。

股东大会通过职工股权激励办法之日与股份回购日不在同一年度的，公司应当于通过职工股权激励办法时，将预计的回购支出在当期可供投资者分配的利润中做出预留，对预留的利润不得进行分配。

公司回购股份时，应当将回购股份的全部支出转作库存股成本，同时按回购支出数额将可供投资者分配的利润转入资本公积金。

（三）库存股不得参与公司利润分配，股份有限公司应当将其作为所有者权益的备抵项目反映。

四、本通知自 2006 年 4 月 1 日起施行。执行中有何问题，请随时向我部反映。

中华人民共和国财政部
二〇〇六年三月十五日

附件 2-56 历年股利分配情况

历年股利分配情况

年度	2008	2009	2010	2011	2012	2013	2014	2015
分红派息	每10股派2元	每10股派2元	每10股派2元	每10股派4元	每10股送2股派5元	每10股送1股派10元	每10股派12元	每10股派12元

附件 2-57 企业会计制度

企业提取形成的盈余公积主要有以下用途：

1. 用于弥补亏损

企业发生的亏损的弥补渠道有四种。一是用以后年度的利润弥补。根据《计税办法》的规定，对年度亏损，经申报主管税务机关审核后，允许用下一年度的经营所得弥补，下一年度所得不足弥补的，允许逐年延续弥补，但最长不得超过 5 年。二是用以后年度的税后利润弥补。企

业亏损经过五年的税前利润尚未弥补完的亏损,应用税后利润弥补。三是用盈余公积弥补。企业用盈余公积弥补亏损时,应有企业董事会或类似机构决议,并经股东会批准。四是用接受捐赠资产的待转资产价值弥补。

2. 转增资本

企业经股东会批准,可将盈余公积用于转增资本,但按规定转增资本后的盈余公积金额不得少于注册资本的25%。在实际将盈余公积转增资本时,要按股东原有持股比例结转。

附件2-58 资产负债表

资产负债表

编制单位:蓝龙汽车配件股份有限公司　　2015年12月31日　　单位:元　　会企01表

资产	行次	期末余额	年初余额	负债和所有者权益（或股东权益）	行次	期末余额	年初余额
流动资产：				流动负债：			
货币资金	1	51 060 000.00	50 800 000.00	短期借款	32	360 000.00	360 000.00
以公允价值计量且其变动计入当期损益的金融资产	2	0.00	0.00	以公允价值计量且其变动计入当期损益的金融负债	33	0.00	0.00
应收票据	3	140 000.00	160 000.00	应付票据	34	1 140 000.00	1 120 000.00
应收账款	4	4 600 000.00	3 600 000.00	应付账款	35	11 700 000.00	6 960 000.00
预付款项	5	0.00	0.00	预收款项	36	0.00	0.00
应收利息	6	0.00	0.00	应付职工薪酬	37	2 800 000.00	2 200 000.00
应收股利	7	0.00	0.00	应交税费	38	1 360 000.00	900 000.00
其他应收款	8	0.00	0.00	应付利息	39	220 000.00	200 000.00
存货	9	41 000 000.00	13 400 000.00	应付股利	40	36 000 000.00	36 000 000.00
一年内到期的非流动资产	10	0.00	0.00	其他应付款	41	0.00	0.00
其他流动资产	11	0.00	0.00	一年内到期的非流动负债	42	0.00	0.00
流动资产合计	12	96 800 000.00	67 960 000.00	其他流动负债	43	0.00	0.00
非流动资产：				流动负债合计	44	53 580 000.00	47 740 000.00
可供出售金融资产	13	0.00	0.00	非流动负债：			
持有至到期投资	14	9 000 000.00	9 000 000.00	长期借款	45	2 600 000.00	2 200 000.00
长期应收款	15	0.00	0.00	应付债券	46	1 440 000.00	1 440 000.00
长期股权投资	16	131 400 000.00	130 000 000.00	长期应付款	47	0.00	0.00
投资性房地产	17	0.00	0.00	专项应付款	48	0.00	0.00
固定资产	18	18 000 000.00	18 000 000.00	预计负债	49	0.00	0.00

续表

资产	行次	期末余额	年初余额	负债和所有者权益（或股东权益）	行次	期末余额	年初余额
在建工程	19	0.00	0.00	递延收益	50	0.00	0.00
工程物资	20	0.00	0.00	递延所得税负债	51	0.00	0.00
固定资产清理	21	0.00	0.00	其他非流动负债	52	0.00	0.00
生产性生物资产	22			非流动负债合计	53	4 040 000.00	3 640 000.00
油气资产	23	0.00	0.00	负债合计	54	57 620 000.00	51 380 000.00
无形资产	24	6 420 000.00	6 420 000.00	所有者权益（或股东权益）：			
开发支出	25	0.00	0.00	实收资本（或股本）	55	30 000 000.00	30 000 000.00
商誉	26	0.00	0.00	资本公积	56	60 000 000.00	60 000 000.00
长期待摊费用	27	0.00	0.00	减：库存股	57	0.00	0.00
递延所得税资产	28	0.00	0.00	其他综合收益	58	0.00	0.00
其他非流动资产	29	0.00	0.00	盈余公积	59	42 000 000.00	33 000 000.00
非流动资产合计	30	164 820 000.00	163 420 000.00	未分配利润	60	72 000 000.00	57 000 000.00
				所有者权益（或股东权益）合计	61	204 000 000.00	180 000 000.00
资产合计	31	261 620 000.00	231 380 000.00	负债和所有者权益（或股东权益）合计	62	261 620 000.00	231 380 000.00

单位负责人：李临风　　　　会计主管：岳梅　　　　复核：闫峰　　　　制表：林晓筠

附件2-59　股东大会决议

蓝龙汽车配件股份有限公司

2016年年度股东大会决议公告

本公司及董事会全体成员保证公告内容的真实、准确和完整，没有虚假记载、误导性陈述或者重大遗漏。

一、重要提示

本次会议召开期间，无增加、否决或变更提案情形发生。

二、会议召开和出席情况

1. 召开时间：2017年4月19日。

2. 召开地点：北京市海淀区长春桥路11号万柳亿城中心。

3. 召开方式：现场投票与网络表决相结合。

4. 召集人：公司董事会。

5. 主持人：董事长李临风。

6. 本次会议的召开符合《公司法》《股票上市规则》及《公司章程》的规定。

三、会议的出席情况

股东及代理人 182 人、代表股份 15 048 240 股,占上市公司有表决权总股份 50.16%。

四、提案审议和表决情况

议案一　公司 2016 年年度利润分配方案

公司 2016 年利润分配方案为:根据南方民和会计师事务所出具的审计报告,公司 2016 年年度净利润 96 000 000 元,分别按 10%和 5%的比例提取法定公积金和任意公积金,以公司 2016 年 12 月 31 日的总股本 30 000 000 股为基数,每 10 股送 1 股,并且按发放后的股数发放现金股利,每 10 股派 12 元。

1. 表决情况:

同意 14 413 220 股,占出席会议所有股东所持表决权 95.78%;反对 70 760 股,占出席会议所有股东所持表决权 0.47%;弃权 564 260 股,占出席会议所有股东所持表决权 3.75%。

2. 表决结果:

本议案属于股东大会普通决议,需要经股东大会参会有效表决权的半数以上同意。

上述表决情况显示,本议案已获通过。

附件 2-60　利润分配实施公告

蓝龙汽车配件股份有限公司
2016 年利润分配实施公告

本公司及董事会全体成员保证公告内容的真实、准确和完整,对公告的虚假记载、误导性陈述或者重大遗漏负连带责任。

一、通过分配方案的股东大会届次和时间

公司 2016 年年度利润分配及资本公积金转增股本方案已获 2017 年 4 月 19 日召开的 2016 年年度股东大会审议通过。公司 2016 年年度股东大会决议公告刊登于 2016 年 4 月 20 日的《上海证券报》《证券时报》及上海证券交易所网站 www.sse.com.cn。

二、分配方案

(1) 本次分配以 30 000 000 股为基数,向全体股东每 10 股送 1 股,并且按送股后的股数 33 000 000 股发放现金股利,每 10 股派发现金红利 12 元(含税),共计派发现金红利 39 600 000 元。

(2) 发放年度:2016 年年度。

(3) 分派对象:截至 2017 年 5 月 5 日下午上海证券交易所收市后,在中国证券登记结算有限责任公司上海分公司登记在册的全体股东。

(4) 每股税前红利金额 1.2 元。对公司个人股东(包括证券投资基金),公司按 10%的税率代扣个人所得税;对在中国注册的居民企业,派发现金红利为每股 1.2 元(含税)。

(5) 对其他非居民企业,我公司未代扣代缴所得税,由纳税人在所得发生地缴纳。

(6) 发放现金红利时间:2017 年 5 月 12 日。

三、分红实施办法

公司第一大股东、第二大股东所持股份的现金红利由本公司直接派发;其他股东的现金红利均委托中国证券登记结算有限责任公司上海分公司,通过其资金结算系统向股权登记日登记在册,并在上海证券交易所各会员单位办理了指定交易的股东派发。已办理全面指定交易的投资者可于红利发放日在其指定的证券营业部领取现金红利,未办理指定交易的投资者的红利暂由中国证券登记结算有限责任公司上海分公司保管,待办理指定交易后再行派发。

四、有关咨询办法

(1) 咨询机构:公司证券部。

(2) 咨询地址:北京市海淀区长春桥路11号万柳亿城中心。

(3) 邮政编码:100089。

(4) 联系人:冯昕昕。

(5) 电话:010-52669884 传真:010-58823578。

五、备查文件

公司2016年年度股东大会决议及公告。

蓝龙汽车配件股份有限公司董事会
日期:2017年5月2日

附件 2-61　历年股利支付率

历年派现企业股利支付率	
年度	平均派现率
2013 年	48.5%

附件 2-62　利润表

利润表　　　　　　　　　　　　　　　　　会企02表

编制单位:蓝龙汽车配件股份有限公司　　2016年　　　　　单位:元

项目	行次	本期金额	上期金额
一、营业收入	1	1 154 000 000.00	568 000 000.00
减:营业成本	2	692 400 000.00	340 800 000.00
税金及附加	3	57 700 000.00	28 400 000.00
销售费用	4	115 400 000.00	56 800 000.00
管理费用	5	157 600 000.00	64 200 000.00
财务费用	6	240 000.00	220 000.00
资产减值损失	7	0.00	0.00
加:公允价值变动收益(损失以"-"号填列)	8	0.00	0.00
投资收益(损失以"-"号填列)	9	420 000.00	500 000.00
其中:对联营企业和合营企业的投资收益	10	0.00	0.00
二、营业利润(亏损以"-"号填列)	11	131 080 000.00	78 080 000.00
加:营业外收入	12	6 800 000.00	8 000 000.00

续表

项目	行次	本期金额	上期金额
其中:非流动资产处置利得	13	0.00	0.00
减:营业外支出	14	9 880 000.00	6 080 000.00
其中:非流动资产处置损失	15	0.00	0.00
三、利润总额(亏损总额以"－"号填列)	16	128 000 000.00	80 000 000.00
减:所得税费用	17	32 000 000.00	20 000 000.00
四、净利润(净亏损以"－"号填列)	18	96 000 000.00	60 000 000.00
五、其他综合收益的税后净额	19		
(一)以后不能重分类进损益的其他综合收益	20		
(二)以后将重分类进损益的其他综合收益	21		
六、综合收益总额	22		
七、每股收益:	23		
(一)基本每股收益	24		
(二)稀释每股收益	25		

单位负责人:李临风　　　　会计主管:岳梅　　　　复核:闫峰　　　　制表:林晓筠

附件 2-63　历年派现企业数

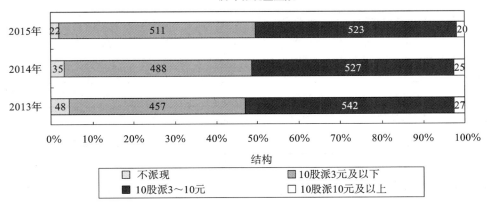

附件 2-64　公告日股票价格

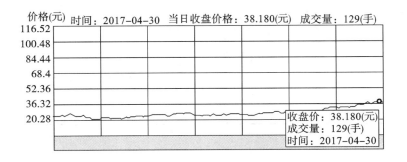

附件 2-65 证券交易数据

2016 年证券市场资料

类型	成交总额/亿元	平均收益率	风险溢价率
国债	26 344.55	4.30%	—
股票	180 429.95	14.00%	9.70%
基金	3700.23	7.00%	2.70%
权证	59 621.21	16.00%	11.70%
其他	1746.09	6.00%	1.70%
合计	271 842.03	13.35%	9.05%

附件 2-66 银行贷款利率表

人民币贷款利率表

项目	年利率/(%)
一、短期贷款	
6 个月以内(含 6 个月)	4.86
6 个月至 1 年(含 1 年)	5.31
二、中长期贷款	
1~3 年(含 3 年)	5.40
3~5 年(含 5 年)	5.76
5 年以上	5.94
三、贴现	
贴现	以再贴利率为下限加点确定

附件 2-67 债券利率表

企业债券参考数据

债券期限/年	发行费率/(%)	平均收益率/(%)
3	3	5.42
5	3	5.80
7	3	6.14
10	3	6.36

附件 2-68　资产负债表（2016 年）

资产负债表

单位:元

编制单位:蓝龙汽车配件股份有限公司　　　2016 年 12 月 31 日　　　会企 01 表

资产	行次	期末余额	年初余额	负债和所有者权益（或股东权益）	行次	期末余额	年初余额
流动资产:				流动负债:			
货币资金	1	60 800 000.00	51 060 000.00	短期借款	32	4 400 000.00	360 000.00
以公允价值计量且其变动计入当期损益的金融资产	2	0.00	0.00	以公允价值计量且其变动计入当期损益的金融负债	33	0.00	0.00
应收票据	3	220 000.00	140 000.00	应付票据	34	1 060 000.00	1 140 000.00
应收账款	4	8 600 000.00	4 600 000.00	应付账款	35	12 000 000.00	11 700 000.00
预付款项	5	0.00	0.00	预收款项	36	0.00	0.00
应收利息	6	0.00	0.00	应付职工薪酬	37	2 400 000.00	2 800 000.00
应收股利	7	0.00	0.00	应交税费	38	1 500 000.00	1 360 000.00
其他应收款	8	0.00	0.00	应付利息	39	240 000.00	220 000.00
存货	9	78 000 000.00	41 000 000.00	应付股利	40	39 600 000.00	36 000 000.00
一年内到期的非流动资产	10	0.00	0.00	其他应付款	41	0.00	0.00
其他流动资产	11	0.00	0.00	一年内到期的非流动负债	42	0.00	0.00
流动资产合计	12	147 620 000.00	96 800 000.00	其他流动负债	43	0.00	0.00
非流动资产:				流动负债合计	44	61 200 000.00	53 580 000.00
可供出售金融资产	13	0.00	0.00	非流动负债:			
持有至到期投资	14	11 600 000.00	9 000 000.00	长期借款	45	26 600 000.00	2 600 000.00
长期应收款	15	0.00	0.00	应付债券	46	23 800 000.00	1 440 000.00
长期股权投资	16	132 000 000.00	131 400 000.00	长期应付款	47	0.00	0.00
投资性房地产	17	0.00	0.00	专项应付款	48	0.00	0.00
固定资产	18	24 800 000.00	18 000 000.00	预计负债	49	0.00	0.00
在建工程	19	24 000 000.00	0.00	递延收益	50	0.00	0.00
工程物资	20	1 080 000.00	0.00	递延所得税负债	51	0.00	0.00
固定资产清理	21	0.00	0.00	其他非流动负债	52	0.00	0.00
生产性生物资产	22	0.00	0.00	非流动负债合计	53	50 400 000.00	4 040 000.00

续表

资产	行次	期末余额	年初余额	负债和所有者权益（或股东权益）	行次	期末余额	年初余额
油气资产	23	0.00	0.00	负债合计	54	111 600 000.00	57 620 000.00
无形资产	24	30 900 000.00	6 420 000.00	所有者权益（或股东权益）：			
开发支出	25	0.00	0.00	实收资本（或股本）	55	33 000 000.00	30 000 000.00
商誉	26	0.00	0.00	资本公积	56	60 000 000.00	60 000 000.00
长期待摊费用	27	0.00	0.00	减：库存股	57	0.00	0.00
递延所得税资产	28	0.00	0.00	其他综合收益	58	0.00	0.00
其他非流动资产	29	0.00	0.00	盈余公积	59	56 400 000.00	42 000 000.00
非流动资产合计	30	224 380 000.00	164 820 000.00	未分配利润	60	111 000 000.00	72 000 000.00
				所有者权益（或股东权益）合计	61	260 400 000.00	204 000 000.00
资产合计	31	372 000 000.00	261 620 000.00	负债和所有者权益（或股东权益）合计	62	372 000 000.00	261 620 000.00

单位负责人：李临风　　　　会计主管：岳梅　　　　复核：闫峰　　　　制表：林晓筠

案例5　盛云棉纺有限公司全面预算管理-案例附件

附件2-69　目标利润管理组织结构

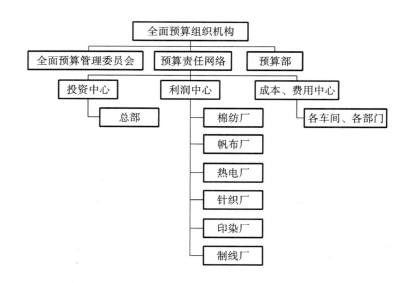

盛云棉纺有限公司全面预算的组织机构包括全面预算管理委员会、预算部及预算责任网络。

①全面预算管理委员会是实施全面预算管理的最高管理机构,以预算会议的形式审议各预算事项。

②预算部是处理利润全面预算管理日常事务的职能部门,协助全面预算管理委员会协调、处理预算执行过程中出现的问题。

③预算责任网络以公司的组织机构为基础,根据所承担的责任划分为投资中心、利润中心及成本、费用中心。

附件 2-70　目标利润管理实行情况

盛云棉纺有限公司

盛云棉纺有限公司自 1998 年开始探索、实行预算管理模式,当年实现税前利润 400 万元,比 1997 年增长了 60%。1999 年,公司开始全面推行利润预算管理模式,当年实现税前利润 840 万元,比 1998 年又翻了一番。

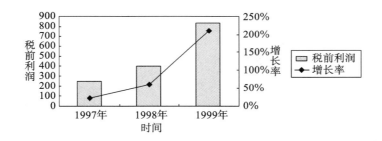

在此后的管理实践中,盛云棉纺有限公司一面优化措施,加大力度,推行和完善利润预算管理制度,一面不断总结利润预算管理模式的运行经验,并从管理学的角度进行深入探讨,将其上升到理论的高度。

经过 10 年的不断摸索、尝试,公司归纳、总结出一套适合本公司实际情况的利润预算管理模式。随着该模式的推行,公司的经济效益一直保持稳定的增长,销售收入、利润连年平均以 40% 的幅度稳步增长。

盛云棉纺有限公司的全面预算管理以目标利润为导向,同传统的企业预算管理不同的是,它首先分析企业所处的市场环境,结合企业的销售、成本、费用及资本状况、管理水平等战略能力来确定目标利润,然后以此为基础详细编制企业的销售预算,并根据企业的财务状况来编制资本预算等分预算。

附件 2-71　目标利润的制定过程

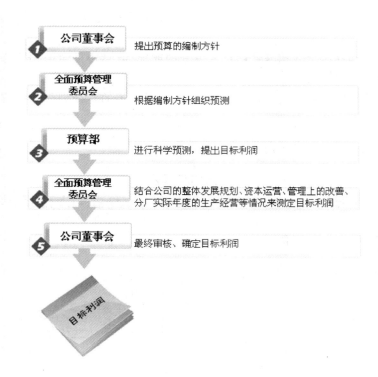

附件 2-72　各分厂实际利润

2016 年各分厂实际利润

分厂	营业利润/万元	结构百分比/(%)
棉纺厂	1707.20	37.20
帆布厂	676.91	14.75
针织厂	1354.29	29.51
制线厂	285.45	6.22
印染厂	388.71	8.47
热电厂	176.69	3.85
合计	4589.25	100.00

附件 2-73　总部利润预测（节选）

利润预测报告

……

综上，根据公司的发展规划，2017 年要对主要利润中心——棉纺厂进行技术改造，提高该分厂的经营效益。经预测，技术改造完成后，棉纺厂的利润将增加 254.76 万元。

结合帆布市场的需求预测和 2016 年帆布厂的销售情况,公司总部决定调整帆布厂的产品结构,淘汰一些市场萎缩品种,集中生产市场畅销产品,并尝试开发新品种。据预测,2017 年帆布厂的利润将增加 33.66 万元。

热电厂除了供应公司内部各分厂使用外,还有余裕对外提供电力、热力。由于热电厂投产完毕,效益趋于稳定,预计 2017 年可实现利润 200 万元。

其他分厂在巩固原有产品市场的基础上,计划开拓新的市场,预计利润可增长 5%。

附件 2-74 各季度产销量

2016 年棉纺厂各季度产销表

	第一季度	第二季度	第三季度	第四季度	全年合计
生产能力/吨	1500	1500	1500	1500	6000
生产量/吨	1212	1220	1333	1445	5210
利用率(生产量/生产能力)	80.80%	81.33%	88.87%	96.33%	86.83%
销售量/吨	996	1 310	1318	1324	4948
产销率(销量/产量)	82.18%	107.38%	98.87%	91.63%	94.97%
销量百分比/(%)	20.13	26.47	26.64	26.76	100.00

附件 2-75 预计利润表

2016 年棉纺厂预计利润

	单位变动成本/(万元/吨)	金额/万元	结构百分比/(%)
销售收入	2.40	12 000.00	100.00
减:变动生产成本	1.25	6250.00	52.08
变动销售及管理费用	0.25	1250.00	10.42
贡献毛益	0.90	4500.00	37.50
减:固定生产成本	—	1000.00	8.33
固定销售及管理费用	—	1600.00	13.33
营业利润	—	1900.00	15.83

附件 2-76 实际利润表

2016 年棉纺厂实际利润

	单位金额/(万元/吨)	总金额/万元	结构百分比/(%)
销售收入	2.40	11 875.20	100.00
减:变动生产成本	1.30	6432.40	54.17
变动销售及管理费用	0.20	989.60	8.33
贡献毛益	0.90	4453.20	37.50

续表

	单位金额/(万元/吨)	总金额/万元	结构百分比/(%)
减:固定生产成本	—	952.00	8.02
固定销售及管理费用	—	1794.00	15.11
营业利润	—	1707.20	14.38

附件 2-77　市场价格预测

棉纺织品价格走势分析及后市预测

据对棉纺织企业调查,受棉花、纺织原料和化工原料价格大幅上涨,运输成本增加及电价、水价上调等因素的影响,目前棉纺织产品出厂价格呈上涨态势,进而导致市场价格也呈上涨态势。据调查分析,主要原因是:

一、棉花价格大幅上涨

2016年,由于气候、自然灾害及棉花实际产量低于预测产量等因素影响,新棉上市后,棉花价格飞涨,由9月初的6000元/吨左右,骤升至11月份的8000元/吨,升幅达33.33%,之后,棉价继续攀升,在8200元/吨左右的高位一直维持到今年年初。

市场棉花资源紧张,棉花价格持续攀升,在买涨不买落的心理驱动下,各棉纺织企业纷纷抢购棉花资源,扩大库存,由此又支撑棉花价格居高不下。由于纺织企业生产用棉大多是在棉花价位较高时购进的,高成本决定了所生产的纺织品价格降不下来。这是推动棉纺织品价格上涨的重要因素。

目前,国家已经出台相关政策抑制棉花价格的涨幅,以维持棉花市场的稳定发展。预计今年的棉价可以保持在8200元/吨的水平。

二、能源及运输费用增加

随着国民经济进入新一轮发展期,工业生产持续快速增长,能源的社会需求量急剧增加。自2015年以来,全国电力持续紧张,引发煤炭价格大幅上涨。为协调电煤用户与煤炭生产企业的矛盾,国家两次提高了电煤价格,电价也随之相应上涨。去年工业用电综合平均价格0.6185元/千瓦时,同比上涨15.92%,预计今年将继续上涨到0.7422元/千瓦时。

由于水资源短缺,为了唤起各行业节约用水的意识,2016年各市相继上调了水价。去年工业用水综合平均价格为2.4740元/吨,同比上涨13.62%,预计今年会增加到2.9688元/吨,增幅与电价相同。

自2016年"五一"后,全国公路部门严格治理整顿运输超载,并开始实行新的交通法规,加之汽油、柴油价格上调,运输费用大幅度增加,这些都影响着纺织品价格上涨,预计今年还会上涨10%。

三、间接原料价格上扬

随着工业经济的快速发展,化学原料及化工产品的需求量不断增加,加之受国际原油市场价格飙升的影响,国内石油价格大幅上涨,石油的下游产品化学原料价格亦随之持续上扬,使得纺织产品成本不断增加,这也是拉动棉纺织品价格上涨的主要因素之一。去年化学原料的平均价格为3200元/吨,预计今年将继续增长17.50%。因为间接材料用量较少,棉纺织企业大多临时购买而不是事先储存,所以受将来市场价格影响较大。

四、劳动力成本提高

去年,生活资料物价普遍上涨,出现了较严重的通货膨胀。为了缓解物价上涨对市民日常生活造成的诸多影响,各级政府和有关部门正积极采取措施保障基本物资的供给,并要求用人单位提高劳动报酬以保证市场基本平稳,保障人民生活踏实。经过去年的逐步提高,预计今年的平均工资水平会达到去年的125%。

五、国际市场需求较旺出口增加

2016年以来,纺织企业不断调整产品结构,提高产品质量,增加高附加值产品的生产,积极拓展海外市场。据统计,上半年纺织纱线、织物及制品出口额34 797万美元,同比增长33.67%;全国出口额18.57亿美元,同比增长26.2%。美国精梳棉纱进口数量继2015年增长26%之后,去年上半年又增长40%以上。

六、电力紧张状况仍在加剧

去年以来,全国20多个省市电力紧张的状况仍在加剧,尤其是一些纺织大省市电力供需矛盾十分突出,对工业企业限电较为普遍,许多城市实行"开五停二"或"开四停三",避峰填谷,致使纺织企业开工率不足,生产能力下降,有的企业不得不取消订单,这也是导致近期棉纺织品价格上涨的原因之一。

综上分析,目前纺织企业平均原料成本仍处于较高位,棉纺织品降价空间相对较小,预测今年棉纺产品的平均价格将会达到27 000元/吨,比上年增长12.50%。

附件2-78 存货盘点报告表

存货盘点报告表

企业名称:盛云棉纺有限公司　　　　2016年12月31日

存货类别	存货名称	计量单位	数量		盈余		亏短		盈亏原因
			账存	实存	数量	计划成本	数量	计划成本	
产成品	棉纱	吨	270	270					
原材料	棉花	吨	230	230					

会计主管:陈思妤　　　　　　　　　保管员:刘琳　　　　　　　　　盘点人:高茜

附件2-79 产品成本计算表

产品成本计算表

成本项目	价格标准	用量标准	单位成本/(万元/吨)	总成本/万元
直接材料费用	6500.00元/吨	1吨/吨	0.65	3216.20
直接人工费用	4.40元/小时	1000小时/吨	0.44	2177.12
变动制造费用	2.10元/小时	1000小时/吨	0.21	1039.08
合计	—	—	1.30	6432.40

附件 2-80 制造费用明细

2016 年制造费用明细表

项目	单位变动制造费用/(元/吨)	总费用/万元
变动制造费用总额	2100	1039.08
其中:间接材料费用	800	395.84
间接人工费用	640	316.67
其他变动费用	660	326.57
固定制造费用总额	—	952.00
其中:折旧费	—	450.00
管理人员工资	—	340.00
其他固定费用	—	162.00
合计	—	1991.08

附件 2-81 其他变动费用明细

其他变动费用明细表

费用项目	单位变动制造费用/(元/吨)	总费用/万元
机物料消耗	40.00	19.79
低值易耗品	20.00	9.90
水费	180.00	89.06
电费	320.00	158.34
包装费	20.00	9.90
装卸费	80.00	39.58
合计	660.00	326.57

附件 2-82 其他固定费用明细

其他固定费用明细表

单位:万元

费用项目	金额
修理费	31.00
办公费	50.00
差旅费	20.00
通信费	30.00
保险费	20.00
其他	11.00
合计	162.00

附件2-83 销售费用明细

2016年销售费用明细

费用项目	单位销售费用/(元/吨)	总费用/万元
变动销售费用	2000	989.60
其中:销售佣金	800	395.84
运输费	1000	494.80
包装费	200	98.96
固定销售费用	—	620.00
其中:人员工资	—	400.00
水电费	—	120.00
折旧费	—	100.00
销售费用合计	—	1609.60

附件2-84 管理费用明细

2016年管理费用明细　　　　　　　　　　　　　　　　　单位:万元

费用项目	金额
人员工资	400.00
差旅费	86.00
办公费	200.00
水电费	130.00
保险费	46.00
折旧费	100.00
修理费	52.00
无形资产摊销	160.00
合计	1174.00

附件2-85 库存产品成本

产品成本汇总表

2016年12月31日　　　　　　　　　　　　　　　　　　　　　单位:万元

成本项目 \ 产品名称	棉纱(270吨)									合计
	总成本	产成品数量	单位成本	总成本	产成品数量	单位成本	总成本	产成品数量	单位成本	
直接材料	175.5		0.65							
直接人工	118.8		0.44							

续表

| 产品名称
成本项目 | 棉纱（270吨） | | | 总成本 | 产成品数量 | 单位成本 | 总成本 | 产成品数量 | 单位成本 | 合计 |
	总成本	产成品数量	单位成本							
变动制造费用	56.7		0.21							
合计	351		1.3							

会计主管： 审核： 制表：

案例6 南海钨业股份有限公司财务分析-案例附件

附件2-86 会议记录（节选）

会议名称：月末例会。

会议时间：2016年3月30日。

会议地点：南海钨业股份有限公司办公楼二楼会议厅。

记录人：余晓。

出席与列席会议人员：林水平、蔡小军、黄小明、余晓、田云照。

缺席人员：张寅（出差在外）

会议主持人：田云照

主要议题：本月重大事项讨论。

发言记录：

林水平（会计主管）：提出目前所发生的对公司有重大影响的事项：

事项一：近期天源有限公司发生重大财务危机，我公司于2011年年度为其5年期的银行贷款提供了担保，贷款额高达300万元，还款期为2016年4月15日，预测天源有限公司无法按期偿还，我公司将面临还款的连带责任；

事项二：中国工商银行同意我公司的借款申请，借款额度高达30万元，但借款手续尚未办理妥善，望有关部门抓紧时间；

事项三：经公司董事会研究决定，由于天源有限公司的重大财务危机对我公司造成的严重影响，我公司决定于近期将持有的立业区未开发的土地、尚未开采的林海钨矿开采权予以出售，以度过此次危机，就目前情况来看，这两项长期资产的出售不会对我公司的持续经营造成影响；

事项四：开采部当前急需一台深层挖掘机，但由于天源有限公司事件尚未解决，决定暂缓设备购买。同时，我公司与东机租赁公司签订协议，决定从下一季度起租赁该公司深层挖掘机一台，租赁期为10年，租金为每年10万元。

附件2-87 财务报表附注（节选）

（三）财务报表附注

一、公司基本情况

南海钨业股份有限公司（以下简称本公司），系1993年经海南省股份制试点领导小组"琼股办字(1993)第 4 号"文批准、以定向募集方式设立的股份有限公司。1996 年 11 月经中国证券监督管理委员会"证监发(1996)第 331 号"文批准,1996 年 12 月 5 日在深圳证券交易所挂牌交易,证券代码为 0003147;企业法人营业执照注册号为 4600001002367;本公司目前注册资本为人民币 22 257.46 万元;法定代表人黄明山;公司注册地址海南省海口市。

本公司主要从事:硬质合金和钨、钼、钽等有色金属及其深加工产品和装备的研制、开发、生产、销售及贸易业务。

二、财务报表的编制基础

本公司以持续经营为基础,根据实际发生的交易和事项,按照《企业会计准则-基本准则》和其他各项会计准则的规定进行确认和计量,在此基础上编制财务报表。

本公司原执行企业会计准则和《企业会计制度》及有关补充规定,自 2007 年 1 月 1 日起,执行财政部 2006 年颁布的《企业会计准则》及其应用指南。

三、遵循企业会计准则的声明

本公司声明,本公司编制的财务报表符合中华人民共和国财政部(以下简称"财政部")颁布的《企业会计准则》(2006)的要求,真实、完整地反映了本公司的合并财务状况和财务状况,合并经营成果和经营成果以及合并现金流量和现金流量等有关信息。

四、会计政策、会计估计变更及前期差错更正

1. 会计政策变更

本公司本期未发生会计政策变更。

2. 会计估计变更

本公司本期未发生会计估计变更。

3. 前期重大差错更正

本公司本期未发生前期重大差错更正。

五、税项

1. 主要税种与税率

税(费)种	计税(费)依据	税(费)率
增值税	计税销售收入	13%、17%
营业税	营业收入	5%
企业所得税	应纳税所得额	18%
城市维护建设税	应交流转税额	7%
教育费附加	应交流转税额	4.5%
房产税	房产余值或租金收入	1.2%或12%

2. 优惠税负及批文

公司本部属海南省经济特区,按《中华人民共和国企业所得税暂行条例》的规定,2007 年执行 15%税率,按税务总局国发[2007]39 号《关于实施企业所得税过渡优惠政策的通知》2008 年按 18%税率执行,2009 年按 20%税率执行,2010 年按 22%税率执行,2011 年按 24%税率执行,2012 年按 25%税率执行。

……

八、公司报表重要项目注释

......

19. 资本公积

项目	年初数	本年增加	本年减少	年末数
股本溢价	198 194 259.97	—	—	198 194 259.97
其他资本公积	13 709 104.59	—	13 709 104.59	0.00
合计	211 903 364.56	—	13 709 104.59	198 194 259.97

......

32. 财务费用

单位:元

类别	本期发生额	上期发生额
1. 利息支出	43 682 734.18	42 315 768.19
2. 汇兑净损失	8 867 542.16	6 582 164.91
3. 其他费用	472 590.08	1 381 257.83
其中:手续费支出	378 261.81	895 186.94
合计	53 022 866.42	50 279 190.93

......

十一、或有事项

1. 提供担保形成的或有负债

本公司为已转让的控股子公司——天源有限公司本金 300 万元贷款提供的一般保证尚未解除,约定的保证截止期为 2016 年 4 月 30 日,现已有确定证据表明:天源有限公司资不抵债,陷入重大财务危机,截至 2015 年 12 月 31 日,天源有限公司危机尚未解除,本公司根据天源有限公司债务清偿能力计提了 178 万元预计负债。上年度报告期末,本公司无提供担保形成的或有负债。

2. 未决诉讼、仲裁形成的或有负债

截至本报告期末、本公司无未决诉讼、仲裁形成的或有负债。

3. 已贴现商业承兑汇票形成的或有负债

截至本报告期末,本公司无已贴现商业承兑汇票形成的或有负债。

4. 其他或有负债

截至本报告期末,本公司无其他或有负债。

附件 2-88 资产负债表

资产负债表

单位:元

编制单位:南海钨业股份有限公司　　2015 年 12 月 31 日　　会企 01 表

资产	行次	期末余额	年初余额	负债和所有者权益（或股东权益）	行次	期末余额	年初余额
流动资产:				流动负债:			

续表

资产	行次	期末余额	年初余额	负债和所有者权益（或股东权益）	行次	期末余额	年初余额
货币资金	1	157 064 333.37	145 669 737.81	短期借款	32	310 438 018.33	653 783 960.80
以公允价值计量且其变动计入当期损益的金融资产	2	924 694.16	1 681 014.90	以公允价值计量且其变动计入当期损益的金融负债	33	0.00	0.00
应收票据	3	0.00	0.00	应付票据	34	340 329 088.07	127 355 875.99
应收账款	4	297 143 575.47	98 761 265.65	应付账款	35	410 127 854.35	131 822 702.24
预付款项	5	118 428 858.50	166 380 668.98	预收款项	36	145 699 803.44	148 008 297.50
应收利息	6	4 174 027.39	6 190 233.33	应付职工薪酬	37	2 695 445.61	3 479 405.77
应收股利	7	2 956 130.01	0.00	应交税费	38	−1 052 293.45	−34 577 162.96
其他应收款	8	187 586 223.85	32 528 104.70	应付利息	39	968 848.18	1 282 819.74
存货	9	164 504 298.25	322 010 191.78	应付股利	40	0.00	0.00
一年内到期的非流动资产	10	0.00	0.00	其他应付款	41	14 949 516.17	88 495 206.17
其他流动资产	11	0.00	0.00	一年内到期的非流动负债	42	0.00	0.00
流动资产合计	12	932 782 141.00	773 221 217.15	其他流动负债	43	0.00	0.00
非流动资产：				流动负债合计	44	1 224 156 280.70	1 119 651 105.25
可供出售金融资产	13	0.00	16 889 505.50	非流动负债：			
持有至到期投资	14	79 800 000.00	121 000 000.00	长期借款	45	60 909 092.00	12 272 728.00
长期应收款	15	0.00	0.00	应付债券	46	0.00	0.00
长期股权投资	16	676 960 362.90	634 487 412.58	长期应付款	47	0.00	0.00
投资性房地产	17	42 192 225.27	43 415 971.52	专项应付款	48	0.00	0.00
固定资产	18	39 769 802.26	39 732 425.81	预计负债	49	0.00	0.00
在建工程	19	0.00	0.00	递延收益	50	0.00	0.00
工程物资	20	0.00	0.00	递延所得税负债	51	84 938.83	3 208 727.59
固定资产清理	21	0.00	52 398.27	其他非流动负债	52	0.00	0.00
生产性生物资产	22	0.00	0.00	非流动负债合计	53	60 994 030.83	15 481 455.59

续表

资产	行次	期末余额	年初余额	负债和所有者权益（或股东权益）	行次	期末余额	年初余额
油气资产	23	0.00	0.00	负债合计	54	1 285 150 311.53	1 135 132 560.84
无形资产	24	991 666.66	0.00	所有者权益（或股东权益）：			
开发支出	25	0.00	0.00	实收资本（或股本）	55	240 250 000.00	240 250 000.00
商誉	26	0.00	0.00	资本公积	56	198 194 259.97	211 903 364.56
长期待摊费用	27	0.00	0.00	减：库存股	57	0.00	0.00
递延所得税资产	28	6 305 520.25	4 019 355.98	其他综合收益	58	0.00	0.00
其他非流动资产	29	0.00	0.00	盈余公积	59	38 900 687.45	35 472 180.90
非流动资产合计	30	846 019 577.34	859 597 069.66	未分配利润	60	16 306 459.39	10 060 180.51
				所有者权益（或股东权益）合计	61	493 651 406.81	497 685 725.97
资产合计	31	1 778 801 718.34	1 632 818 286.81	负债和所有者权益（或股东权益）合计	62	1 778 801 718.34	1 632 818 286.81

单位负责人：黄明山　　　　会计主管：林水平　　　　复核：蔡小军　　　　制表：黄小明

附件 2-89　利润表

利润表

会企 02 表

编制单位：南海钨业股份有限公司　　　　2015 年　　　　单位：元

项目	行次	本期金额	上期金额
一、营业收入	1	3 957 277 210.45	2 841 989 109.28
减：营业成本	2	3 875 833 351.59	2 745 396 916.78
税金及附加	3	3 032 969.85	4 636 720.18
销售费用	4	28 219 760.34	29 898 369.92
管理费用	5	26 420 400.46	22 314 923.58
财务费用	6	53 022 866.42	50 279 190.93
资产减值损失	7	10 450 738.65	10 867 439.65
加：公允价值变动收益（损失以"－"号填列）	8	－756 320.74	－705 377.62
投资收益（损失以"－"号填列）	9	76 875 290.82	54 270 876.82

续表

项目	行次	本期金额	上期金额
其中:对联营企业和合营企业的投资收益	10	902 425.07	-547 161.87
二、营业利润(亏损以"-"号填列)	11	36 416 093.22	32 161 047.44
加:营业外收入	12	1 360 151.00	1 065 790.26
其中:非流动资产处置利得	13		
减:营业外支出	14	1 982 342.11	5 824 115.85
其中:非流动资产处置损失	15		
三、利润总额(亏损总额以"-"号填列)	16	35 793 902.11	27 402 721.85
减:所得税费用	17	1 508 836.58	1 612 318.38
四、净利润(净亏损以"-"号填列)	18	34 285 065.53	25 790 403.47
五、其他综合收益的税后净额	19		
(一)以后不能重分类进损益的其他综合收益	20		
(二)以后将重分类进损益的其他综合收益	21		
六、综合收益总额	22		
七、每股收益:	23		
(一)基本每股收益	24		
(二)稀释每股收益	25		

单位负责人:黄明山　　　　会计主管:林水平　　　　复核:蔡小军　　　　制表:黄小明

附件2-90　现金流量表

现金流量表

会企03表

编制单位:南海钨业股份有限公司　　　　2015年1月1日　　　　单位:元

项目	本期金额	上期金额
一、经营活动产生的现金流量:		
销售商品、提供劳务收到的现金	3 642 519 744.18	3 270 586 952.19
收到的税费返还	58 812 302.82	84 932 642.36
收到其他与经营活动有关的现金	21 777 510.32	2 413 362 761.98
经营活动现金流入小计	3 723 109 557.32	5 768 882 356.53
购买商品、接受劳务支付的现金	3 118 719 483.78	3 382 015 081.71
支付给职工以及为职工支付的现金	22 049 652.02	23 316 823.85
支付的各项税费	15 843 344.84	12 417 162.84
支付的其他与经营活动有关的现金	240 868 776.40	2 149 233 194.22
经营活动现金流出小计	3 397 481 257.04	5 566 982 262.62
经营活动产生的现金流量净额	325 628 300.28	201 900 093.91
二、投资活动产生的现金流量:		

续表

项目	本期金额	上期金额
收回投资所收到的现金	380 560 098.93	33 460 309.93
取得投资收益所收到的现金	58 291 121.92	48 872 265.85
处置固定资产、无形资产和其他长期资产所收到的现金净额	17 100.00	55 883 997.13
处置子公司及其他营业单位收到的现金净额	0.00	0.00
收到的其他与投资活动有关的现金	13 500 000.00	
投资活动现金流入小计	452 368 320.85	138 216 572.91
购建固定资产、无形资产和其他长期资产所支付的现金	3 165 772.02	1 766 469.88
投资所支付的现金	359 736 763.74	441 969 312.45
取得子公司及其他营业单位支付的现金净额	0.00	0.00
支付的其他与投资活动有关的现金	0.00	0.00
投资活动现金流出小计	362 902 535.76	443 735 782.33
投资活动产生的现金流量净额	89 465 785.09	−305 519 209.42
三、筹资活动产生的现金流量：		
吸收投资所收到的现金	0.00	0.00
借款所收到的现金	971 801 983.84	1 499 733 433.20
收到的其他与筹资活动有关的现金	0.00	0.00
筹资活动现金流入小计	971 801 983.84	1 499 733 433.20
偿还债务所支付的现金	1 266 511 562.31	1 296 010 248.47
分配股利、利润或偿付利息所支付的现金	106 058 432.25	53 963 586.28
支付的其他与筹资活动有关的现金	0.00	0.00
筹资活动现金流出小计	1 372 569 994.56	1 349 973 834.75
筹资活动产生的现金流量净额	−400 768 010.72	149 759 598.45
四、汇率变动对现金的影响额	−2 931 479.09	9 187 539.96
五、现金及现金等价物净增加额	11 394 595.56	55 328 022.90
加：期初现金及现金等价物余额	145 669 737.81	90 341 714.91
六、期末现金及现金等价物余额	157 064 333.37	145 669 737.81

单位负责人：黄明山　　　　会计主管：林水平　　　　复核：蔡小军　　　　制表：黄小明

附件 2-91　所有者权益变动表

编制单位：南海钨业股份有限公司

2015 年

项目	本年金额					
	实收资本（或股本）	资本公积	库存股（减项）	盈余公积	未分配利润	所有者权益合计
一、上年年末余额	240 250 000.00	211 903 364.56		35 563 685.68	10 883 723.50	498 600 773.74

续表

项目	本年金额					
	实收资本（或股本）	资本公积	库存股（减项）	盈余公积	未分配利润	所有者权益合计
加:会计政策变更						
前期差错更正				−91 504.78	−823 542.99	−915 047.77
二、本年年初余额	240 250 000.00	211 903 364.56		35 472 180.90	10 060 180.51	497 685 725.97
三、本年增减变动金额(减少以"−"号填列)						
(一)净利润					34 285 065.53	34 285 065.53
(二)直接计入所有者权益的利得和损失		−13 709 104.59				−13 709 104.59
1.可供出售金融资产公允价值变动净额						
2.权益法下被投资单位其他所有者权益变动的影响						
3.与计入所有者权益项目相关的所得税影响						
4.其他		−13 709 104.59				−13 709 104.59
上述（一）和（二）小计		−13 709 104.59			34 285 065.53	20 575 960.94
(三)所有者投入和减少资本						
1.所有者投入资本						
2.股份支付计入所有者权益的金额						
3.其他						

续表

项目	本年金额					
	实收资本（或股本）	资本公积	库存股（减项）	盈余公积	未分配利润	所有者权益合计
（四）利润分配			3 428 506.55	—28 038 786.65	—24 610 280.10	
1.提取盈余公积			3 428 506.55	—3 428 506.55		
2.对所有者（或股本）的分配				—24 025 000.00	—24 025 000.00	
3.本年购回存股						
4.其他				—585 280.10	—585 280.10	
（五）所有者权益内部结转						
1.资本公积转增资本（或股本）						
2.盈余公积转增资本（或股本）						
3.盈余公积弥补亏损						
4.其他						
四、本年年末余额	240 250 000.00	198 194 259.97	38 900 687.45	16 306 459.39	493 651 406.81	240 250 000.00

单位负责人：黄明山　　会计主管：林水平　　复核：蔡小军　　制表：黄小明

上年金额

实收资本（或股本）	资本公积	库存股（减项）	盈余公积	未分配利润	所有者权益合计
240 250 000.00	202 615 306.24		41 215 182.15	59 701 003.93	546 269 900.69
	—4 361 046.24		—8 322 041.59	—74 899 045.19	—87 582 133.05
240 250 000.00	198 254 259.97		32 893 140.56	—15 198 041.26	458 687 767.64

续表

实收资本(或股本)	资本公积	库存股(减项)	盈余公积	未分配利润	所有者权益合计
				25 790 403.47	25 790 403.47
	13 649 104.59				13 207 554.86
	13 649 104.59				13 649 104.59
					−441 549.73
				25 790 403.47	38 997 958.33
			2 579 040.34	−2 579 040.34	

附件 2-92 钨业公司流动比率情况

钨业公司流动比率情况

类别	流动比率
西海钨业公司	78%
东海钨业公司	50%
北海钨业公司	62%
心海钨业公司	72%
中海钨业公司	48%
行业标准	65%

附件 2-93 南海钨业股份有限公司各年度营运状况

南海钨业股份有限公司营运能力状况

项目	2012年年度/(%)	2013年年度/(%)	2014年年度/(%)	行业标准/(%)
应收账款周转率	17.64	18.36	19.50	19.50
存货周转率	18.74	18.54	17.32	19.00
流动资产周转率	4.68	4.65	4.65	4.78
固定资产周转率	98.76	106.54	100.18	100.00
非流动资产周转率	4.52	4.50	4.46	4.78

续表

项目	2012年年度/(%)	2013年年度/(%)	2014年年度/(%)	行业标准/(%)
总资产周转率	2.32	2.30	2.29	2.40

附件2-94　公司股本变动情况

南海钨业股份有限公司股本变动情况

一、股本变动情况表

单位：股

	本次变动前		本次变动增减(＋,－)					本次变动后	
	数量	比例/(%)	发行新股	送股	公积金转股	其他	小计	数量	比例/(%)
一、有限售条件股份	84 760 200	35.28						84 760 200	35.28
1.国家持股									
2.国有法人持股	84 760 200	35.28						84 760 200	35.28
3.其他内资持股									
其中：境内法人持股									
境内自然人持股									
4.外资持股									
其中：境外法人持股									
境外自然人持股									
二、无限售条件股份	155 489 800	64.72						155 489 800	64.72
1.人民币普通股	155 489 800	64.72						155 489 800	64.72
2.境内上市的外资股									
3.境外上市的外资股									
4.其他									
三、股份总数	240 250 000	100						240 250 000	100

二、限售股份变动情况表

单位：股

股东名称	年初限售股数	本年解除限售股数	本年增减限售股数	年末限售股数	限售原因	变动原因
海南有色金属股份有限公司	62 915 899	0	21 844 301	84 760 200	未完成股改承诺	收购临夏硬质合金有限责任公司持有本公司21 844 301股股份
临夏硬质合金有限责任公司	21 844 301	0	－21 844 301	0	未完成股改承诺	转让其持有本公司21 844 301股股份
合计	84 760 200	0	0	84 760 200		

三、股票发行与上市情况

截至报告期末的前 3 年,公司未发行股票及衍生证券。

附件 2-95 公司各年度部分盈利能力指标

盈利能力部分指标

项目	南海公司(2012 年)	南海公司(2013 年)	南海公司(2014 年)	行业标准
资产能力盈利指标	—	—	—	—
总资产利润率/(%)	2.30	2.24	2.13	2.30
总资产报酬率/(%)	4.51	4.52	4.54	4.68
总资产净利率/(%)	2.21	2.15	2.08	2.21
资本能力盈利指标	—	—	—	—
净资产收益率/(%)	6.75	6.78	6.84	6.90
资本收益率/(%)	5.70	5.75	5.88	6.00

附件 2-96 公司各年度相关指标分析

公司各年度指标分析

项目	南海公司(2012 年)	南海公司(2013 年)	南海公司(2014 年)	行业标准
营业净利率/(%)	0.96	0.96	0.91	0.96
总资产周转率	2.30	2.24	2.29	2.30
总资产净利率/(%)	2.21	2.15	2.08	2.21
权益乘数	3.05	3.15	3.28	3.12

附件 2-97 南海公司最近 3 年主要财务比率

近 3 年主要财务比率

项目	2012 年年度	2013 年年度	2014 年年度
净经营资产周转次数	6.58	6.65	6.69
净利息率	10.58	11.35	11.56
净财务杠杆	50.36	54.28	57.46

第三篇 财务管理综合案例实训-附件

中国明洋电器有限公司财务管理-案例附件

附件 3-1 LED 模组项目生产方案书

（项目编号：KM-2016/08）

项目名称：LED 模组生产项目方案书。

项目经理：吴中华。

业务总监：陈世生。

编制单位：明洋电器。

编制时间：2016 年 12 月 11 日。

项目简介

LED 模组是新型 LED 液晶电视的主要原材料。LED 液晶电视是采用 LED 背光技术生产的新一代彩色电视，较传统彩电其优势表现在：高亮度，而且可以在寿命范围内实现稳定的亮度和色彩表现。更宽广的色域（超过 NTSC 和 EBU 色域），实现更艳丽的色彩。可以调整的背光白平衡，同时保证整体反差。当用户的视频源在计算机和 DVD 机间切换时，可以轻松在 9600 K 和 6500 K 间调整白平衡，而且不会牺牲亮度和反差。实时色彩管理，由于红绿蓝 3 色独立发光，很容易精确控制目前的显示色彩特性。可以为大尺寸屏幕提供连续面阵光源。降低动态场景的人工痕迹，不会牺牲亮度和寿命。LED 背光可以灵活调整发光频率，而且频率大大高于 CCFL，因此能完美地呈现运动画面。亮度调整范围大，无论在明亮的户外还是全黑的室内，用户都很容易把显示设备的亮度调整到最悦目的状态。使用温度范围广、低电压、耐冲击。LED 背光源对环境的适应能力非常强。低电磁辐射。LED 光源没有任何射线产生，也没有水银之类的有毒物质，可谓是绿色环保光源。开发和利用 LED 液晶电视，符合国家资源开发方向，满足人类健康生存的需求，是彩电行业的发展方向，是公司新的利润增长点。但是目前国内 LED 模组的供应完全由国外企业控制，液晶电视生产的利润大部分被供应商分割，为了增强品牌的自主性，同时提高公司的利润水平，公司有必要投产 LED 模组。

市场调研

1. 国内市场需求预测

我国是发展中国家，经济高速增长，经济发达地区和中心城市居民已经步入小康阶段。伴随着人们收入水平的增加和生活水平的提高，对彩电的需求也越来越科技化、健康化。根据国际权威咨询公司预测，中国彩电市场今后几年将以 15%～30% 的增长率发展。其中，作为彩电新生力量的 LED 液晶电视，由于其高科技含量和绿色理念，将以更高的速度增长。随着 LED 液晶电视的普及，对 LED 模组的需求也随之增加，LED 模组的市场前景非常广阔。

2. 国际市场调研

从市场分布来看,目前 LED 模组的生产主要集中于日本、美国等少数发达国家,而需求则遍布全球各地。LED 模组的供给和需求之间存在巨大的缺口。

3. 风险规避

在项目生产工艺方案部分,本套生产线不仅可以用于电视 LED 模组的生产,还可以用于其他电器 LED 模组的生产。因此如果市场不景气,没有达到设计生产能力,可以将设备转产。如此可以降低项目投资风险。改变投资、经营策略,为化解风险降低成本提供了途径,同样可能产生较大的经济效益和社会效益。

项目生产能力及产品方案

经过分析,选择年产 150 万件 LED 模组的生产规模比较妥当。具体方案为:建设 LED 模组生产线一条,设计产能为年产 LED 模组 150 万件。2017 年 1 月开始进行建设,预计固定资产投资总额为 3 亿元,在建设期初一次性投入。2017 年年底项目竣工验收。2018 年年初正式投产运营,届时需要投入流动资金 1000 万元维持生产运作。生产线预计使用寿命为 5 年。

希望本次项目方案书能够传递我们的专业服务理念,并且承诺严格按照客户的要求和安排,为客户提供优质的产品和服务。

明洋电器财务主管林玲

附件 3-2　LED 投资项目财务数据测算

1. 产品成本估算依据

(1) 原材料成本:LED 模组的主要原材料是液晶玻璃、驱动 IC、液晶排线。通过市场调查,LED 模组的材料成本预计为 30 元/件。由于原材料的供应波动性很大,价格时高时低,为了规避风险,明洋电器公司已经和供货商韩国三星电子签订了长期供货协议,在未来 5 年的时间内由三星电子以固定价格向公司供货,将原材料成本锁定在 30 元/件。

(2) 人工成本:由于生产 LED 的技术要求较高,公司需要从社会上招聘一批新员工并进行定期培训。培训费、员工工资、福利费等各项支出预计每年为 500 万元。

(3) 制造费用:制造费用由修理支出、车间管理人员工资以及设备折旧费构成。预计年制造费用为 6000 万元,其中折旧费为 5820 万元。(模组生产设备采用直线法计提折旧,设备寿命为 5 年,残值率 3%,与税法上一致。)

说明:上述各项成本,除设备折旧费之外,皆为付现成本。

2. 销售预测

经过市场调查发现,LED 模组的供应远远小于需求,因此销售前景乐观。但是随着技术的普及,LED 模组的供应将会逐渐增加,届时公司会采取降价措施维持销量。具体见附件 3-3 "LED 产品销售预测表"。预计每年销售收入在当年年末可以全部收回。

3. 相关税率

本公司适用的所得税税率为 25%。

4. 必要报酬率

公司要求的必要报酬率为 6.90%。

附件3-3　LED产品销售预测表

LED产品销售预测表

项目	2018年	2019年	2020年	2021年	2022年
预计销量/万件	150	150	150	150	150
预计售价/(元/件)	125	110	100	90	80

附件3-4　复利现值系数表

报酬率为6.9%时的折现系数

项目	1年	2年	3年	4年	5年	6年
折现系数	0.9355	0.8751	0.8186	0.7658	0.7163	0.6701

附件3-5　设备更新申请书

关于更新彩电生产线的申请报告

财务部：

　　由于超负荷运转，目前公司的彩电生产线已经严重老化，生产效率明显降低，维护成本急剧上升。该生产线的设计使用寿命为5年，已经使用3年，尚可使用2年，设备净残值预计为500万元。目前该生产线每年的付现成本为4800万元。其所产生的效益已大大降低。此外由于彩电技术迅猛发展，该生产线所生产的彩电型号已经逐渐退市，产品销路不畅，市场前景黯淡。继续维持该生产线的运行也与公司业务重心转型的战略导向不符，因此我部门申请更新生产线。

　　新生产线的产品为LED液晶电视。新生产线的购置成本为20 000万元。可以使用5年，按照税法规定采用直线法计提折旧，残值率为5%。新生产线每年为公司带来的收入与旧设备相同，但是每年的付现成本仅为2000万元(参考国内其他企业的情况得出)。

　　目前旧生产线的可变现净值预计为2500万元。

　　我部门认为更新设备不仅节约了设备运行成本，而且生产的产品具有更广阔的市场前景，因此申请财务部的资金援助。

生产部
2016年12月16日

附注：两条生产线的资金情况分析

附表1　旧生产线资金情况分析

原值	10 000万元	账面净值	4300万元
年折旧额	1900万元	可变现净值	2500万元
已提折旧	5700万元	年付现成本	4800万元
法定残值	500万元	预计残值	500万元

附表 2　新生产线资金情况分析

买价	年折旧额	法定残值	预计残值	年付现成本
20 000 万元	3800 万元	1000 万元	1000 万元	2000 万元

说明：新旧生产线皆按照直线法计提折旧，残值率为 5%。公司所得税率为 25%。公司确定的必要报酬率为 6.9%。

附件 3-6　决策方法争论

附件 3-7　折现系数表

6.9%折现系数表

项目	$n=1$	$n=2$	$n=3$	$n=4$	$n=5$
复利现值系数	0.9355	0.8751	0.8186	0.7658	0.7163
年金现值系数	0.9355	1.8105	2.6291	3.3949	4.1112

附件 3-8　央行动向

周小川：利率过低会影响银行服务实体经济动力

2009 年 11 月 20 日上午，中国人民银行时任行长周小川在全球 CEO 年会上表示，利率过低会影响银行服务实体经济的动力，并导致银行选择发展其他非信贷业务，利差还是得保持在一定的水平上。

周小川在年会上表示，今年的信贷总额增长很快，有效支持了实体经济发展，金融体系要能够更好地为实体经济服务。前提是金融机构本身要健康，这会涉及资本、不良资产、杠杆率、融资条件和方式等。

亚洲金融危机期间，中国金融体系受到重挫，这次危机由于大型金融机构改革后健康了，宏观经济也向好，中国金融体系所受到的影响很小。周小川说，这并不意味着以后都安全，得病原因也有可能是自身放松警惕。

周小川指出，金融机构的压力一方面来自竞争，另一方面来自价格。如果利率过低，将减少金融体系为实体服务的动力。此次危机初期，全球金融机构开始囤积现金，以减少"去杠杆化"的冲击，但全球央行投放货币后，还有金融机构在囤积现金，它们囤积现金的原因是负债方利率过低，不放贷款压力也不大。周小川说，现在存款利率已经降到 2%，再降好还是不好？活期存款利率已经很低,隔夜拆借利率也很低。周小川认为,银行服务实体的动力来自服务能够获取收入,这样利差还是得保持在一定水平上。银行需要一定利差,在服务实体经济的同时自身也得到加强。

周小川说,商业银行都有相当强的获取利润的动机,一方面股份制公司形式的银行要为股东提供利润,另一方面需要补充资本金,资本金相当一部分来自银行本身创造的利润,同时银行还要增强拨备,发展中国家产生不良的机会还是很多的。

附件3-9 通胀预期

多数经济学家称中国面临明显通胀预期

核心提示:央视调查显示,52%的被调查经济学家和企业家认为中国正面临明显的通胀预期,42%的经济学家和企业家认为最有效的手段是调整财政政策和货币政策。

中国新闻网2009年12月6日报道:大家好,欢迎收看《经济半小时》。在中央经济工作会议召开前夕,我们《经济半小时》栏目就当前经济界所关注的问题,对百名经济学家和企业家进行了问卷调查,主题是:通胀离我们还有多远?这可能是当前中国经济所面对的最大的一个悬念。虽然,今年前10个月,我国的CPI和PPI总体上仍处于负增长,但是信贷规模大幅上升,蔬菜、水电油气、有色金属、主要工业品价格普遍上涨,引发了经济界对通胀预期的讨论。我们大规模调查力图破解这个悬念。昨天,我们就当前通胀形势、通胀诱因、通胀信号等进行了深入分析,从经济学家和企业家那里听到了各种声音。今天,我们继续来展开调查。

专家就通胀问题各抒己见

根据当前国内经济热点及学界、企业界和公众关心的话题,截止到节目播出前,《经济半小时》栏目已经向100多位知名经济学家和企业家发出了问卷调查。目前,回收的署名问卷调查表达到121份,填写问卷的学者和企业家均表达了各自对通胀问题的看法。

本次调查结果显示,52%的被调查经济学家、企业家认为:我们正面临明显的通胀预期,但通胀尚未到来。42%的经济学家和企业家认为通胀真正来临的时间预计是明年下半年,77%的被调查者认为,货币投放过多是通货膨胀的根本原因。

附件3-10 预计销售收入

2016会计年度已经结束,为了对下一会计年度的经营财务状况进行规划控制,财务部主管林玲开始着手收集资料,预测下一年度的销售收入。之所以从销售收入入手,是因为销售收入是编制全面预算的起点,同时也可以用来估计未来资金需要量。因此销售预测是财务计划的第一步也是最关键的一步。

销售预测不准确的后果是严重的。由于企业下一年度的生产安排要按照本年度销售预测进行,如果市场需求量大于预测量,就无法满足顾客的需求,不能实现更高的利润。如果预测过分乐观,将导致产品过剩,存货积压,损害公司的价值。

鉴于销售预测的重要性,林玲决定广泛收集信息,使预测的销售收入更加贴近现实。但是她也明白准确无误地把握未来是不可能的,因为未来总是充满了波动性,不可能将未来所有事件都预测到,不可能将所有事件对销售收入的影响都纳入考虑。下表是她所收集的公司历史销售收入情况。

历史销售收入

单位:元

项目	2012 年	2013 年	2014 年	2015 年	2016 年
传统电视	4 916 006 100	4 756 218 600	4 633 395 500	4 512 176 600	4 403 152 500
平板电视	3 726 829 157	5 329 966 400	8 469 654 570	10 326 459 557	9 003 948 932
总收入	8 642 835 257	10 086 185 000	13 103 050 070	14 838 636 157	13 407 101 432

明洋电器的产品大体可以划分为两类:传统电视以及平板电视。传统电视曾经是公司的主打品牌,但是随着产品的更新换代,消费者需求日益萎缩,近年来销售收入呈连年下降趋势。

平板电视是公司 2012 年研制推出的新型产品,平板电视作为高端价位品牌,已经成为上层人士的首选,拥有广阔的发展潜力。从销售收入的情况也可以看出,近年来平板电视的销售收入逐年攀升,已经成为支撑公司收入的主要产品。2016 年平板电视的销售收入发生滑坡,原因在于该年度全球金融危机爆发,进而蔓延至实体经济领域,导致全球市场电视需求量下降。林玲预计经济危机仍将持续一段时间,因此不宜对 2017 年的销售收入过分乐观。

林玲考察了很多销售预测方法,发现每种方法都有优劣之处。考虑到上述实际情况,林玲决定对传统电视销售预测采用高低点法,对平板电视的销售收入预测采用加权平均法。最后将二者综合得出明洋电器 2017 年的预计总销售收入。

附件 3-11 历史销售收入图示

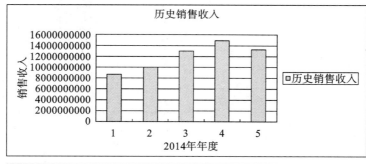

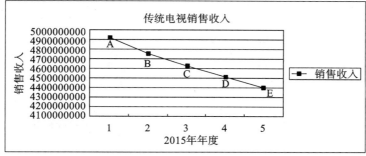

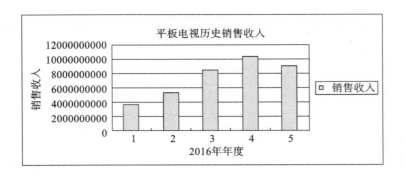

附件 3-12　利润表(2016 年)

利 润 表

会企 02 表

编制单位:明洋电器有限公司　　　　2016 年　　　　　　　　　　　　　　单位:元

项目	行次	本期金额	上期金额
一、营业收入	1	13 407 101 432.00	14 838 636 157.00
减:营业成本	2	11 025 741 265.00	12 456 715 421.00
税金及附加	3	53 750 815.36	43 616 260.50
销售费用	4	1 710 720 673.00	1 732 986 707.00
管理费用	5	314 315 359.00	289 291 359.60
财务费用	6	68 059 774.77	52 320 721.20
资产减值损失	7	29 809 188.59	94 308 158.57
加:公允价值变动收益(损失以"－"号填列)	8		
投资收益(损失以"－"号填列)	9	445 801.92	49 416 104.42
其中:对联营企业和合营企业的投资收益	10		
二、营业利润(亏损以"－"号填列)	11	205 150 158.20	218 813 633.55
加:营业外收入	12	79 282 159.25	79 192 345.32
其中:非流动资产处置利得	13		
减:营业外支出	14	15 455 602.48	6 083 376.59
其中:非流动资产处置损失	15		
三、利润总额(亏损总额以"－"号填列)	16	268 976 714.97	291 922 602.28
减:所得税费用	17	57 683 519.61	78 406 697.17
四、净利润(净亏损以"－"号填列)	18	211 293 195.36	213 515 905.11
五、其他综合收益的税后净额	19		
(一)以后不能重分类进损益的其他综合收益	20		
(二)以后将重分类进损益的其他综合收益	21		

续表

项目	行次	本期金额	上期金额
六、综合收益总额	22		
七、每股收益:	23		
（一）基本每股收益	24	0.43	0.43
（二）稀释每股收益	25	0.43	0.43

单位负责人：王礼　　　会计主管：文章　　　复核：王益　　　　　　　　　　　制表：陈明

附件3-13　资产负债表(2016年12月31日)

资产负债表

编制单位：明洋电器有限公司　　　2016年12月31日

单位：元　　会企01表

资产	行次	期末余额	年初余额	负债和所有者权益（或股东权益）	行次	期末余额	年初余额
流动资产：				流动负债：			
货币资金	1	675 799 349.09	621 948 643.17	短期借款	32		
以公允价值计量且其变动计入当期损益的金融资产	2			以公允价值计量且其变动计入当期损益的金融负债	33		
应收票据	3	2 324 644 678.38	1 585 138 953.49	应付票据	34	256 158 381.38	252 300 959.43
应收账款	4	515 560 695.80	749 152 787.79	应付账款	35	1 533 213 887.57	2 126 152 849.97
预付款项	5	35 881 341.06	71 117 257.13	预收款项	36	461 627 869.88	410 006 506.79
应收利息	6			应付职工薪酬	37	45 165 708.60	47 402 160.31
应收股利	7			应交税费	38	-35 669 882.51	4 482 443.37
其他应收款	8	17 678 092.11	27 678 629.54	应付利息	39	962 975.00	962 975.00
存货	9	1 193 316 307.77	2 048 492 507.31	应付股利	40		
一年内到期的非流动资产	10			其他应付款	41	479 243 843.10	441 183 329.56

续表

资产	行次	期末余额	年初余额	负债和所有者权益（或股东权益）	行次	期末余额	年初余额
其他流动资产	11			一年内到期的非流动负债	42		
流动资产合计	12	4 762 880 464.21	5 103 528 778.43	其他流动负债	43		
非流动资产：				流动负债合计	44	2 740 702 783.02	3 282 491 224.43
可供出售金融资产	13			非流动负债：			
持有至到期投资	14			长期借款	45	6 500 000.00	6 500 000.00
长期应收款	15			应付债券	46		
长期股权投资	16	6 159 180.91	1 876 212.87	长期应付款	47		
投资性房地产	17	34 587 446.28	112 224 001.84	专项应付款	48		
固定资产	18	909 764 332.33	840 916 396.28	预计负债	49		
在建工程	19	45 363 735.99	30 623 953.20	递延收益	50		
工程物资	20			递延所得税负债	51		
固定资产清理	21	129 541.95	195 668.02	其他非流动负债	52	90 114 436.50	46 867 558.69
生产性生物资产	22			非流动负债合计	53	96 614 436.50	53 367 558.69
油气资产	23			负债合计	54	2 837 317 219.52	3 335 858 783.12
无形资产	24	93 308 363.50	100 319 071.36	所有者权益（或股东权益）：			

续表

资产	行次	期末余额	年初余额	负债和所有者权益(或股东权益)	行次	期末余额	年初余额
开发支出	25	4 396 438.02		实收资本(或股本)	55	493 767 810.00	493 767 810.00
商誉	26			资本公积	56	1 502 891 829.35	1 502 891 829.35
长期待摊费用	27	20 812 728.18	44 426 708.29	减：库存股	57		
递延所得税资产	28	36 354 289.94	38 836 669.87	其他综合收益	58		
其他非流动资产	29			盈余公积	59	383 363 735.50	364 528 984.75
非流动资产合计	30	1 150 876 057.10	1 169 418 681.73	未分配利润	60	696 415 926.94	575 900 052.94
				所有者权益(或股东权益)合计	61	3 076 439 301.79	2 937 088 677.04
资产合计	31	5 913 756 521.31	6 272 947 460.16	负债和所有者权益(或股东权益)合计	62	5 913 756 521.31	6 272 947 460.16

单位负责人：王礼　　　会计主管：文章　　　复核：王益　　　制表：陈明

附件 3-14　不定向增发的条件

上市公司不定向增发股票需要满足的条件

一、一般条件

(1)组织机构健全,运行良好。

(2)盈利能力具有可持续性,上市公司最近 3 个会计年度持续盈利。

(3)财务状况良好,最近 3 年及一期财务报表未被注册会计师出具保留意见、否定意见或无法表示意见的审计报告;最近 3 年资产减值准备计提充分合理,不存在操纵经营业绩的情形;最近 3 年以现金或股票方式累计分配的利润不少于最近 3 年实现的年均可分配利润的 20%。

(4)财务会计文件无虚假记载。

(5)募集资金的数额和使用符合规定。上市公司募集资金数额不超过项目需要量。

(6)上市公司不存在下列行为:本次发行申请文件有虚假记载、误导性陈述或重大遗漏……

二、上市公司不定向增发还需要满足的条件

(1)最近 3 个会计年度加权平均净资产收益率平均不低于 6%。扣除非经常性损益后的净利润与扣除前的净利润相比,以低者作为加权平均净资产收益率的计算依据。

(2)除金融类企业外,最近一期期末不存在持有金额较大的交易性金融资产和可供出售的金融资产、借予他人款项、受托理财等财务性投资的情形。

(3)发行价格应不低于公告招股意向书前 20 个交易日公司股票均价或前一个交易日的均价。

增发的股票应当由证券公司承销。承销的有关规定如下:向不特定对象公开发行的证券票面总值超过人民币 5000 万元的,应当由承销团承销。承销团应当由主承销和参与承销的证券公司组成。

附件 3-15 历史财务数据

历史财务数据

项目	2014 年	2015 年	2016 年
加权平均净资产收益率/(%)	7.78	7.42	4.93
股利分配率/(%)	51.42	31.60	32.25
每股红利/元	0.1	0.12	0.138
总股本数/股	493 767 810	493 767 810	493 767 810

附件 3-16 明洋电器历史股价

明洋电器历史股价

日期	股价/元	日期	股价/元	日期	股价/元	日期	股价/元
2016.12.05	6.69	2016.12.12	6.70	2016.12.19	6.67	2016.12.26	6.36
2016.12.06	6.83	2016.12.13	6.40	2016.12.20	6.76	2016.12.27	6.22
2016.12.07	6.99	2016.12.14	6.48	2016.12.21	6.73	2016.12.28	6.33
2016.12.08	6.82	2016.12.15	6.54	2016.12.22	6.27	2016.12.29	6.10
2016.12.09	6.89	2016.12.16	6.61	2016.12.23	6.17	2016.12.30	6.40

附件 3-17 发行公司债券的要求

发行公司债券的要求

根据《中华人民共和国证券法》《中华人民共和国公司法》和《公司债券发行试点办法》的有关规定,发行公司债券应该符合以下条件:

(1)股份有限公司的净资产不低于人民币 3000 万元,有限责任公司的净资产不低于人民币 6000 万元。

(2)本次发行后累计公司债券余额不超过最近一期末净资产额的 40%;金融类公司的累计公司债券余额按金融企业的有关规定计算。

(3)公司的生产经营符合法律、行政法规和公司章程的规定,募集的资金投向符合国家产业政策方向。

(4)最近 3 个会计年度实现的年均可分配利润不少于公司债券 1 年的利息。

(5) 债券的利率不超过国务院规定的利率水平。

(6) 公司内部控制制度健全,内部控制制度的完整性、合理性、有效性不存在重大缺陷。

(7) 经资信评级机构评级,债券信用级别良好。

上市公司存在下列情形的,不得发行公司债券:①前一次公开发行的公司债券尚未募足;②对已发行的公司债券或者其他债券有违约或者延迟支付本息的事实,仍处于继续状态;③违反规定,改变公开发行公司债券所募资金的用途;④最近36个月内公司财务会计文件存在虚假记载,或公司存在其他重大违法行为;⑤本次发行申请文件存在虚假记载、误导性陈述或者重大遗漏;⑥严重损害投资者合法权益和社会公共利益的其他情形。

附件3-18 公司债券发行管理办法

公司债券的发行程序

第十二条 申请发行公司债券,应当由公司董事会制订方案,由股东会或股东大会对下列事项做出决议:

(一)发行债券的数量;

(二)向公司股东配售的安排;

(三)债券期限;

(四)募集资金的用途;

(五)决议的有效期;

(六)对董事会的授权事项;

(七)其他需要明确的事项。

第十三条 发行公司债券募集的资金,必须符合股东会或股东大会核准的用途,且符合国家产业政策。

第十四条 发行公司债券,应当由保荐人保荐,并向中国证监会申报。

保荐人应当按照中国证监会的有关规定编制和报送募集说明书和发行申请文件。

第十五条 公司全体董事、监事、高级管理人员应当在债券募集说明书上签字,保证不存在虚假记载、误导性陈述或者重大遗漏,并声明承担个别和连带的法律责任。

第十六条 保荐人应当对债券募集说明书的内容进行尽职调查,并由相关责任人签字,确认不存在虚假记载、误导性陈述或者重大遗漏,并声明承担相应的法律责任。

第十七条 为债券发行出具专项文件的注册会计师、资产评估人员、资信评级人员、律师及其所在机构,应当按照依法制定的业务规则、行业公认的业务标准和道德规范出具文件,并声明对所出具文件的真实性、准确性和完整性承担责任。

第十八条 债券募集说明书所引用的审计报告、资产评估报告、资信评级报告,应当由有资格的证券服务机构出具,并由至少2名有从业资格的人员签署。

债券募集说明书所引用的法律意见书,应当由律师事务所出具,并由至少2名经办律师签署。

第十九条 债券募集说明书自最后签署之日起6个月内有效。

债券募集说明书不得使用超过有效期的资产评估报告或者资信评级报告。

第二十条 中国证监会依照下列程序审核发行公司债券的申请:

(一)收到申请文件后,5个工作日内决定是否受理;

(二)中国证监会受理后,对申请文件进行初审;

(三)发行审核委员会按照《中国证券监督管理委员会发行审核委员会办法》规定的特别程序审核申请文件;

(四)中国证监会做出核准或者不予核准的决定。

第二十一条 发行公司债券,可以申请一次核准,分期发行。自中国证监会核准发行之日起,公司应在6个月内首期发行,剩余数量应当在24个月内发行完毕。超过核准文件限定的时效未发行的,须重新经中国证监会核准后方可发行。

首期发行数量应当不少于总发行数量的50%,剩余各期发行的数量由公司自行确定,每期发行完毕后5个工作日内报中国证监会备案。

第二十二条 公司应当在发行公司债券前的2~5个工作日内,将经中国证监会核准的债券募集说明书摘要刊登在至少一种中国证监会指定的报刊,同时将其全文刊登在中国证监会指定的互联网网站。

债券持有人权益保护

第二十三条 公司应当为债券持有人聘请债券受托管理人,并订立债券受托管理协议;在债券存续期限内,由债券受托管理人依照协议的约定维护债券持有人的利益。

公司应当在债券募集说明书中约定,投资者认购本期债券视作同意债券受托管理协议。

第二十四条 债券受托管理人由本次发行的保荐人或者其他经中国证监会认可的机构担任。为本次发行提供担保的机构不得担任本次债券发行的受托管理人。

债券受托管理人应当为债券持有人的最大利益行事,不得与债券持有人存在利益冲突。

第二十五条 债券受托管理人应当履行下列职责:

(一)持续关注公司和保证人的资信状况,出现可能影响债券持有人重大权益的事项时,召集债券持有人会议;

(二)公司为债券设定担保的,债券受托管理协议应当约定担保财产为信托财产,债券受托管理人应在债券发行前取得担保的权利证明或其他有关文件,并在担保期间妥善保管;

(三)在债券持续期内勤勉处理债券持有人与公司之间的谈判或者诉讼事务;

(四)预计公司不能偿还债务时,要求公司追加担保,或者依法申请法定机关采取财产保全措施;

(五)公司不能偿还债务时,受托参与整顿、和解、重组或者破产的法律程序;

(六)债券受托管理协议约定的其他重要义务。

第二十六条 公司应当与债券受托管理人制定债券持有人会议规则,约定债券持有人通过债券持有人会议行使权利的范围、程序和其他重要事项。

公司应当在债券募集说明书中约定,投资者认购本期债券视作同意债券持有人会议规则。

第二十七条 存在下列情况的,应当召开债券持有人会议:

(一)拟变更债券募集说明书的约定;

(二)拟变更债券受托管理人;

(三)公司不能按期支付本息;

(四)公司减资、合并、分立、解散或者申请破产;

(五)保证人或者担保物发生重大变化;

(六)发生对债券持有人权益有重大影响的事项。

监督管理

第二十八条　公司违反本办法规定，存在不履行信息披露义务，或者不按照约定召集债券持有人会议，损害债券持有人权益等行为的，中国证监会可以责令整改；对其直接负责的主管人员和其他直接责任人员，可以采取监管谈话、认定为不适当人选等行政监管措施，记入诚信档案并公布。

第二十九条　保荐人出具有虚假记载、误导性陈述或者重大遗漏的发行保荐书，保荐人或其相关人员伪造或变造签字、盖章，或者不履行其他法定职责的，依照《证券法》和保荐制度的有关规定处理。

第三十条　为公司债券发行出具审计报告、法律意见、资产评估报告、资信评级报告及其他专项文件的证券服务机构和人员，在其出具的专项文件中存在虚假记载、误导性陈述或者重大遗漏的，依照《证券法》和中国证监会的有关规定处理。

第三十一条　债券受托管理人违反本办法规定，未能履行债券受托管理协议约定的职责，损害债券持有人权益的，中国证监会可以责令整改；对其直接负责的主管人员和其他直接责任人员，可以采取监管谈话、认定为不适当人选等行政监管措施，记入诚信档案并公布。

附件 3-19　历史财务

明洋电器历史财务数据

项目	2014 年	2015 年	2016 年
应付债券/元	0	0	0
可分配利润/元	146 482 772.88	213 515 905.11	211 293 195.36

附件 3-20　预计公司债发行情况

预计公司债发行情况

公司名称	发行规模	债券期限	票面利率	发行情况	支付方式
国阳新能	14 亿元	5 年	5.38%	平价发行	年末付息，到期还本
万业企业	10 亿元	5 年	7.30%	平价发行	年末付息，到期还本
保利地产	20 亿元	5 年	7.00%	平价发行	年末付息，到期还本
峰峰集团	10 亿元	5 年	6.65%	平价发行	年末付息，到期还本
明洋电器（预计情况）	2 亿元	5 年	6.50%	平价发行	年末付息，到期还本

附件 3-21　人民币贷款利率

人民币贷款利率

项目	年利率/(%)
短期贷款	
6 个月以内(含 6 个月)	4.86

续表

项目	年利率/(％)
6个月到1年(含1年)	5.31
中长期贷款	
1年到3年(含3年)	5.40
3年到5年(含5年)	5.76
5年以上	5.94

附件 3-22 税法对租赁的分类

税法关于固定资产租赁费的规定

纳税人根据生产经营需要租入固定资产而支付的租赁费,分别按下列规定处理:

(1)纳税人以经营租赁方式从出租方取得固定资产,其符合独立纳税人交易原则的租金可根据收益时间,均匀扣除。

(2)纳税人以融资租赁方式取得的固定资产,其租金支出不得扣除,但是可按规定提取折旧费用。融资租赁是指在实质上转移与一项资产所有权有关的全部风险和报酬的一种租赁。符合下列条件之一的租赁为融资租赁:

①在租赁期满时,租赁资产的所有权转让给承租方;

②租赁期为资产使用年限的大部分(占75％或以上);

③租赁期内租赁最低付款额大于或基本等于租赁开始日资产的公允价值。

附件 3-23 融资租赁合同样本

融资租赁合同书

合同号码:

合同签订日期:

出租人:(以下简称甲方)　　　　　　　承租人:(以下简称乙方)

法定地址:　　　　　　　　　　　　　　法定地址:

邮政编码:　　　　　　　　　　　　　　邮政编码:

法定代表人:　　　　　　　　　　　　　法定代表人:

电传:　　　　　　　　　　　　　　　　电传:

电话:　　　　　　　　　　　　　　　　电话:

开户银行:　　　　　　　　　　　　　　开户银行:

传真:　　　　　　　　　　　　　　　　传真:

账号:　　　　　　　　　　　　　　　　账号:

电挂:　　　　　　　　　　　　　　　　电挂:

第一条 租赁物件

甲方根据乙方的要求及乙方的自主选定,以租给乙方为目的,为乙方购买价值3亿元的

LED模组生产线一条租予乙方,乙方则向甲方承租并使用该物件。

　　第二条　租赁期间

　　甲方负责对该生产线进行安装调试,至2018年1月1日达到预定可使用状态。乙方租赁期间为2018年1月1日至2022年12月31日。

　　第三条　租金

　　(1)甲方为乙方购买租赁物件,乙方承租租赁物件须向甲方支付租金。租金及其给付时间、地点、币种和次数如下:

　　(2)乙方以人民币向甲方支付租金。自2018年1月1日起至2022年12月31日止,每年12月31日向甲方支付租金8000万元。2018年12月31日 为首次支付日。

　　第四条　租赁期满后租赁物件的处理

　　乙方在租赁期满并全部履行完毕合同规定的义务时,乙方有权向甲方支付产权转移费人民币672万元,甲方即将租赁物件所有权转移给乙方。

　　第五条　租赁物件的购买

　　(1)乙方根据自己的需要,通过调查卖方的信用力,自主选定租赁物件及卖方。乙方对租赁物件的名称、规格、型号、性能、质量、数量、技术标准及服务内容、品质、技术保证及价格条款、交货时间等享有全部的决定权,并直接与卖方商定,乙方对自行的决定及选定负全部责任。甲方根据乙方的选定、要求与卖方签订购买合同。乙方同意并确认附表(略)所记载的购买合同的全部条款,并在购买合同上签字。

　　(2)乙方须向甲方提供甲方认为必要的各种批准或许可证明。

　　(3)甲方负责筹措购买租赁物件所需的资金,并根据购买合同,办理各项有关的进口手续。

　　(4)有关购买租赁物件应交纳的海关关税、增值税及国家新征税项和其他税款,国内运费及其他必须支付的国内费用,均由乙方负担,并按有关部门的规定与要求,由乙方按时直接支付。甲方对此不承担任何责任。

　　第六条　租赁物件的交付

　　……

　　第七条　租赁物件瑕疵的处理

　　……

　　第八条　租赁物件的保管、使用和费用

　　……

　　第九条　租赁物件的灭失及毁损

　　……

　　第十条　保险

　　……

　　第十一条　违反合同处理

　　……

　　甲方:法定代表人:　　　　　　　　乙方:法定代表人:

附件 3-24　自建项目现金流出情况

自建项目资金流出情况

附件 3-25　融资租赁方式下现金流出情况

融资租赁方式下现金流出情况

附件 3-26　复利现值系数表

复利现值系数表

年数	4.8%（有担保的税后借款成本）	6.9%（必要报酬率）
1	0.95	0.94
2	0.91	0.88
3	0.87	0.82
4	0.83	0.77
5	0.79	0.72
6	0.75	0.67

附件 3-27　预计销量与售价

预计销量与售价

时间	第一季度	第二季度	第三季度	第四季度
预计销量/台				
传统电视	754 796	650 000	786 620	755 000
平板电视	305 000	275 000	315 000	305 000
预计售价/元				

续表

时间	第一季度	第二季度	第三季度	第四季度
传统电视	1250	1250	1250	1250
平板电视	7500	7500	7500	7500

附件 3-28　销售预算数据说明

在确定 2017 年资金需要量的时候，明洋电器的管理层运用高低点法对传统电视 2017 年的销售情况进行了预测，运用加权平均法对平板电视的销售情况进行了预测。预测结果如下：

平板电视的销售情况表

项目	预计销售收入/元	预计销量/台	预计售价/元
传统电视	3 683 020 000	2 946 416	1250
平板电视	9 000 000 000	1 200 000	7500

为了编制销售预算，明洋电器的管理层进一步将估计区间由年精确到季度，通过分析历史季度销售数据，同时考虑电视销售的季节性，预计 2017 年季度销售情况如下：

2017 年季度销售情况表

项目	第一季度	第二季度	第三季度	第四季度
传统电视销量/台	754 796	650 000	786 620	755 000
传统电视售价/元	1250	1250	1250	1250
平板电视销量/台	305 000	275 000	315 000	305 000
平板电视售价/元	7500	7500	7500	7500

明洋电器 2016 年年末的应收账款余额为 515 560 696 元。销售收入的收款情况为：季度内现销比例为 70%，下一季度收回其余 30% 货款。

附件 3-29　生产预算数据说明

明洋电器的管理层预计 2017 年年初和年末的存货资料如下：

2017 年年初和年末的存货量表

项目	2017 年初存货量	预计 2017 年末存货量
传统电视/台	120 000	100 000
平板电视/台	60 000	50 000

公司制定的存货政策是每季度期末存货量为下一季度销量的 30%。

附件 3-30　直接材料预算数据说明

传统电视的生产需要用到的原材料主要是显像管，平板电视的生产需要用到的原材料是液晶模板，其定额情况如下：

项目	显像管	液晶模板
传统电视	1件/台	—
液晶电视	—	1件/台

各材料季度末存货量为下季度生产耗用量的30%。其中显像管与液晶模板的年初、年末存货量情况如下：

项目	2017年年初存货	预计2017年年末存货
显像管	200 000件	180 000件
液晶模板	100 000件	80 000件

显像管与液晶模板的预计售价情况如下：

项目	第一季度	第二季度	第三季度	第四季度
显像管售价/元	650	650	650	650
液晶模板售价/元	4000	4000	4000	4000

明洋电器2016年年末应付账款余额为1 533 213 888元。为了维持现金流的平稳，公司制定的还款政策规定材料采购成本的70%是现购，余额下季度付清。

附件3-31 直接人工预算数据说明

直接人工的消耗定额情况如下：

项目	人工定额	小时工资率
传统电视	30小时/台	10元/时
平板电视	70小时/台	10元/时

明洋电器的直接人工成本均为付现成本。

附件3-32 制造费用预算数据说明

按照是否与产量成比例，将明洋电器的制造费用划分为两部分：变动制造费用和固定制造费用。变动制造费用包括：间接人工费、间接材料费、修理费、水电费。这些费用的变动与总产量成正比，其定额情况如下：

项目	定额
间接人工费	0.5元/台
间接材料费	0.5元/台

续表

项目	定额
修理费	1.0元/台
水电费	1.5元/台

固定制造费用分为办公费、折旧费、管理人员工资以及保险费,其支出预计如下:

项目	每季度支出/元
办公费	150 000
折旧费	25 125 000
管理人员工资	180 000
保险费	250 000

上述费用除折旧费外都是付现费用。

附件 3-33　销售及管理费用预算表

销售及管理费用预算表

费用项目	金额/元
销售佣金	6 000 000
办公费	50 000 000
运输费	5 000 000
广告费	20 000 000
销售人员薪金	24 000 000
保险费	12 000 000
财产税	8 000 000
全年现金支出总额	125 000 000
每季度现金支出总额	31 250 000

附件 3-34　现金预算数据说明

2016年年末明洋电器的现金余额为67 580万元。经股东大会表决,公司将向全体股东每10股派发现金1.38元,共计6800万元,占本年可供分配利润的37.90%。股利发放日初步定为2017年5月中旬。

管理层预计2017年每季度需要预缴所得税1500万元。

LED模组生产项目已经通过了董事会的表决,将于2017年1月1日开始建设,由于项目的固定资产是一次性投入,估计第一季度将发生固定资产投资支出30 000万元。

经过资金需求预测,管理层决定在第一季度通过银行借款的方式来满足2亿元的资金需求,期限为5年,每年年末支付利息。预期2017年无其他还款事项。

附:人民币贷款利率表

项目	年利率/(%)
一、短期贷款	
6个月以内(含6个月)	4.86
6个月至1年(含1年)	5.31
二、中长期贷款	
1~3年(含3年)	5.40
3~5年(含5年)	5.76
5年以上	5.94
三、贴现	
贴现	以再贴利率为下限加点确定

附件3-35　现金持有量讨论记录

公司现金持有量会议记录

时间:2016年12月21日上午

地点:财务部会议室

主持人:林玲(财务部主管)

出席者:张瑶(采购部主管)、陈诚(生产部主管)、管桦(投资部主管)

记录:白宁(办公室秘书)

讨论议题:确定下一年公司最佳现金持有量

林玲提出讨论议题:管理的精髓在于尽可能准确地规划未来。2016会计年度即将结束,在大家的通力合作下,这一年公司业绩得到很大的增长,感谢大家的辛苦工作。2017年在即,为了使公司业绩再上新台阶,今天会同诸位一起商讨明年公司现金持有量的问题。根据前一段时间编制的现金预算,预计明年公司全年现金需求量约为100亿元,我们财务部提出了4个可供选择的持有方案,分别是20亿、50亿、75亿和100亿元。之前也已经向各位通报了这个信息。今天请各位来,主要是想请大家从各自专业的角度出发,提出自己的看法。

讨论发言(按发言顺序记录)

管桦(投资部主管):我觉得公司必须持有一定数量的现金。因为持有现金可以满足公司的三个需求。最主要的是交易性需求——这主要用于日常生产经营中。其次是预防性需求——万一公司出现意外情况,可以用现金应付紧急之需。第三个好处是可以用来投资,近期股市开始回暖,新一轮牛市即将到来,此时投资股票,一方面退出容易,基本不影响资金流动性。另一方面还可以赚取高于银行利息的收益。但是需要支付交易费用。每次转换成本大概为1374万元。这个成本基本固定,随着投资额的提高,单位现金负担的成本反而会降低。因此我建议公司持有尽可能多的现金。

张瑶(采购部主管):我也认为公司持有的现金越多越好。根据以往的经验,如果我们能够在采购时及时付款,就能够充分享受供应商提供的信用折扣,这对公司而言是一笔隐性收益。如果现金持有量太低,那么一方面我们的采购员不能大量采购,无法享受价格折扣的好处。另一方面公司的付款期也会延长,很可能丧失供应商提供的信用折扣。

陈诚(生产部主管):我赞同他们的看法。从生产的角度来考虑,公司现金持有量过低将会导致公司无法及时补充存货,存货不足则会直接影响生产的持续性。一旦生产中断,公司车间的机器折旧费照提,工人的工资也必须照发,这无疑提高了产品生产成本。而且如果因为生产原因导致产品缺货,也会影响公司的声誉。

林玲(财务部主管):你们提出的观点都很正确。持有一定现金是必需的。现金短缺的确会对企业造成很大的损失。张主管和陈主管能不能将现金短缺给企业带来的损失进行量化?

陈诚(生产部主管):这个问题在会议之前我们已经研究过了。根据经验,我们认为现金短缺给企业带来的成本如下:

现金持有量	20 亿元	50 亿元	75 亿元	100 亿元
短缺成本	12 000 万元	5000 万元	3000 万元	0 元

林玲(财务部主管):谢谢两位主管所做的工作。相信这个数据是根据经验得出的比较准确的数据。刚才各位都是从现金短缺的角度来分析问题,我想和各位分享一下持有现金的成本。

根据财务部提供的数据,我测算了今年公司的净资产收益率为 6.87%。按照公司的发展态势和市场大势,保守估计明年还将维持此水平。现金的流动性最强,但收益性几乎为零,持有现金就相当于白白丧失这部分资源的收益——这也是持有现金带来的最主要的成本。如果我们能够将多余现金投资到生产领域,至少还可以获得 6.87% 的回报率。因此现金持有也不是越多越好。

还有一个问题是现金的安全性问题。大家都知道现金上面没有所有者的签名,谁拥有谁就可以消费。因此若公司持有大量现金,就必须加强安全措施。这项支出要不要考虑呢?

张瑶(采购部主管):听了林主管的分析,我才意识到存在这样的问题。看来现金也不是越多越好。关于现金的安全我认为问题不大,因为公司已经有两位现金保管员,而且他们两人几年来的工作成绩大家也都是有目共睹的,无论钱多钱少,公司的现金都没有出过状况。因此以后的责任也大可放心地由他们承担。

陈诚(生产部主管):是的。尽管公司为设置现金保管员每年需要额外支出 10 万元的固定成本,但是这笔钱花得值。听了各位的发言,真是开拓了思路。看来公司的每一项决策牵涉面都极广,单单一个现金持有量就有这么多的学问。请财务部主导这件事情。我们生产部将会积极配合财务部的工作。不过我还想了解一下财务部用什么方法或模型来最终确定现金持有量?

林玲(财务部主管):谢谢各位的支持。现金持有量的确定方法有多种:成本分析模式、存货模式、随机模式等。前两种比较常用。随机模式适用于难以预测现金需求量的情况。但是前面已经提到,我们预测公司明年的现金需求量为 100 亿元,因此我们准备只采用前两种方法。散会后我们财务部将会根据各位提供的数据,分别采用成本分析模式和存货模式进行测算,决定公司明年的最佳现金持有量。届时会把最终结果告知大家。谢谢大家的参与。

散会。

附件 3-36　经济订货批量法的误用

经济订货批量的决定

财务部工作人员方刚负责存货政策的制定。新的会计年度在即,他按照财务部主管林玲的指令制定明年的经济订货批量。他经过分析发现,公司的原材料品种非常多,购货渠道也很庞杂,但是主要原材料是液晶模板,其价值占原材料总值的70%左右。因此他决定首先确定液晶模板的经济订货批量。

液晶模板是公司主打品牌平板电视的主要原材料。自2012年投产平板电视以来,公司的平板电视销量连年攀升。对液晶模板的需求也逐年增加。在管理层稳健发展理念的指导下,对液晶模板的需求量维持稳定增长态势。液晶模板的耗用比较均匀,不存在明显的季节性。而且按照先前确定的最佳现金持有量,采购所需资金基本不受限制,仓储设备完全能够满足需要。

明洋电器的主要供货商是国内最大的液晶模板生产商——彩虹电子科技有限公司,明洋电器超过60%的液晶模板由该公司提供。明洋电器公司一直维持着与彩虹电子科技有限公司的良好商业关系,并且占据了买方市场上的绝对主动权——公司的进货数量和进货时间完全自主。而发达的交通和完善的物流体系更方便了存货的运输,公司基本不会出现缺货状况。

基于此,方刚认为在确定经济订货数量的时候,可以运用经济订货批量法。根据编制的直接材料预算及历史情况,可以得知2017年液晶模板的需求量及单价成本等情况如下:

项目	数值
液晶模板全年需求量	117万件
单价	4000元
每次订货成本	26万元
单位储存成本	16元/年

按照经济订货批量模型,方刚计算出的经济订货批量为19.5万件,全年订货次数为6次。他将此结果报告给林玲。林玲在研究了方刚的分析思路和数据后否定了他的结论。林玲指出,方刚计算所用的数据基本符合现实情况,但是经济订货批量模型并不适用于本公司,因为他在确定经济订货批量的时候没有与采购部门沟通,忽视了经济订货批量模型成立的一个重要前提条件。她希望方刚能够加强与企业其他部门的沟通,紧密结合企业实际,制订出更准确的方案。

附件 3-37　供货协议书

供货协议书

编号:KM2016-0203　日期:2016年5月31日。

甲方:明洋电器股份有限公司。地址:北京市崇文门外新世界正仁大厦2号。

乙方:彩虹电子科技有限公司。地址:北京市朝阳区麦子店街39号。

甲乙双方在充分理解和信任的基础上,经过友好协商,达成如下协议:

(1) 双方将建立长期的合作关系。

(2) 甲方将从乙方购买甲方自用的液晶模板。

(3) 乙方将根据甲方的到货预计以集装箱方式向甲方供应原材料;乙方收到甲方合格的信用证起 45 天内应将货物运至指定目的港。

(4) 甲方采用银行汇票的方式向乙方支付货款。

(5) 乙方将在未来 3 年内按照 4000 元/件的稳定价格向甲方供货。乙方要求的付款条件为原材料发出后 45 天付款;乙方给出的销售优惠政策为:一次购货 39 万件以上,提供 2‰ 的数量折扣。

附件 3-38　年末存货明细表

2016 年年末存货明细表

单位:元

存货种类	期末	期初
原材料	629 620 296.55	354 219 683.15
在产品	4 504 836.44	4 394 049.06
库存商品	1 485 862 491.93	1 407 542 183.79
低值易耗品	—	590 051.72
委托加工物资	—	5 623 931.00
合计	2 119 987 624.92	1 772 369 898.72

附件 3-39　信用等级评价政策

客户信用等级评估方案

一、总体构思

客户信用等级的评估是为了加强信用控制,并为客户分类提供依据。信用等级的评估,以客户的信用履约记录和还款能力为核心,进行量化的评定。客户信用等级每季度根据客户上一季度的经营和财务状况评定一次。信用评估指标分为品质特性评价、信用履约率评价、偿债能力评价、经营能力评价、盈利能力评价 5 大类共 20 项,对各项指标设置相应分值。信用等级评定实行百分制,其中财务指标占 30 分,非财务指标占 70 分。评分后按得分的高低,对客户分为 AAA、AA、A、B、C 五个等级。在对客户进行分类时,核心信用二代的信用等级必须为 AA 级以上,A 类信用二代的信用等级必须为 A 级以上,B 类信用二代的信用等级必须为 B 级以上,C 类信用二代的信用等级必须为 C 级以上。

二、评估步骤

(1) 收集客户的营业执照、法定代表人身份证的复印件、财务报表(上年末及上季度末)等相关资料。

(2) 填写"客户基本情况表"。

(3) 根据客户实际情况填写"客户信用等级评分表"。

(4) 按客户实际得分评定其信用等级。

三、评估指标及分值

(一)品质特性评价(28分)

1. 整体印象(满分4分)

该项指标由评估人员根据其对客户的整体印象来评分。

A. 成立3年以上,公司规模较大,员工表面素质较高,公司在同业中形象良好(4分)

B. 成立1年(含1年)以上,公司规模较中等,员工表面素质较一般,公司在同业中形象良好(2分)

C. 成立未满1年,公司规模较小,员工表面素质较低,公司在同业中形象较差(0分)

2. 行业地位(满分4分)

该项指标根据客户在经营区域内的市场占有率评定

A. 在当地销售规模处于前三名(4分)

B. 在当地销售规模处于前十位(3分)

C. 在当地有一定销售规模,但排名较后(2分)

D. 在当地处于起步阶段(0分)

3. 负责人品德及企业管理素质(满分4分)

该项指标根据企业的董事长、总经理、部门负责人的文化水平、道德品质、信用观念、同行口碑,企业制度建设、合同履约率等情况综合评价。

A. 主要负责人品德及企业管理素质好(4分)

B. 主要负责人品德及企业管理素质一般(2分)

C. 主要负责人品德及企业管理素质差(0分)

4. 业务关系持续期(满分3分)

A. 与本公司的业务关系持续2年以上(3分)

B. 与本公司的业务关系持续1~2年(2分)

C. 与本公司的业务关系持续2~12个月(1分)

D. 与本公司的业务关系期少于2个月(0分)

5. 业务关系强度(满分3分)

A. 以本公司为主供货商(3分)

B. 以本公司为次供货商(1.5分)

C. 偶尔在本公司提货(0分)

6. 合作诚意(满分4分)

A. 合作态度好,愿意向本公司提供报表(4分)

B. 合作态度一般,向其索取财务报表有一定的难度(2分)

C. 合作态度差,不愿意向本公司提供财务报表(0分)

7. 员工人数(满分2分)

A. 人员稳定,从业人数100人以上(2分)

B. 从业人数30~100人(1分)

C. 从业人数少于30人或人员流动性大(0分)

8. 诉讼记录(满分4分)

A. 无诉讼记录(4分)

B. 有诉讼记录但已全部胜诉(3分)

C. 有未决诉讼,或已胜诉但不能执行(1分)

D. 有诉讼记录,败诉(0分)

(二)信用履约评价(38分)

1. 信用履约率(满分20分)

信用履约率＝上季累计偿还到期信用额÷上季累计到期信用额×100%

满意值为100%

得分＝实际值×20

2. 按期履约率(满分14分)

按期履约率＝上季累计按期偿还到期信用额÷上季累计到期信用额×100%

满意值为100%

得分＝实际值×14

3. 呆/坏账记录(满分4分)

上季无呆/坏账记录(4分)

上季有呆/坏账记录(0分)

(三)偿债能力评价(14分)

1. 应收账款周转天数(满分4分)

应收账款周转天数＝90天×上季平均应收账款÷上季销售额

上季平均应收账款＝(上季初应收账款余额＋上季末应收账款余额)÷2

满分值为小于45天,超过90天为0分

得分＝4×[1－(实际周转天数－45)÷45]

2. 流动比率(满分3分)

流动比率＝上季末流动资产÷上季末流动负债×100%

满意值为大于1.5

得分＝实际值÷1.5×3

3. 速动比率(满分4分)

速动比率＝(流动资产－存货－待摊费用－待处理流动资产损失)÷流动负债×100%

满意值为大于1

得分＝实际值÷1×4

4. 资产负债率(满分3分)

资产负债率＝上季末总负债÷上季末总资产×100%

满意值为低于50%(低于或等于50%均得满分)

得分＝3×[1－(实际值－50%)÷50%]

(四)资本状况评价(18分)

1. 注册资本(满分4分)

A. 注册资本在100万元(含100万元)以上(4分)

B. 注册资本50万元至100万元(2分)

C. 注册资本在50万元以下(0分)

2.年营业额(满分6分)

A.年营业额8000万元以上(6分)

B.年营业额5000万元至8000万元(5分)

C.年营业额2000万元至5000万元(4分)

D.年营业额1000万元至2000万元(3分)

E.年营业额500万元至1000万元(2分)

F.年营业额300万元至500万元(1分)

G.年营业额低于300万元(0分)

3.营业额增长率(满分4分)

营业额增长率＝(上季销售收入额－前季销售收入额)÷前季销售收入额

满意值为10%(高于或等于10%均得满分)

得分＝实际值×4÷10%

(五)盈利能力评价(8分)

1.销售毛利率(满分5分)

销售毛利率＝至上季销售毛利÷至上季销售额

上季销售毛利＝上季销售额－上季销售成本

满意值为6%(高于或等于6%均得满分),毛利为负值的不得分

得分＝实际值×3÷6%

2.销售净利润率(满分3分)

销售净利润率＝至上季净利润÷至上季销售额

满意值为2.5%(高于或等于2.5%均得满分),利润为负值的为0分

得分＝实际值×3÷2.5%

四、信用等级标准

1.能提供财务报表的客户

1)经销商

AAA级。得分为90分(含90分)以上,且信用履约率得分为满分,按期履约率得分为满分,无呆、坏账记录,年营业额不低于5000万元。

AA级。得分为80～90分,且信用履约率得分为满分,按期履约率得分不低于12.6分,无呆、坏账记录,年营业额不低于3000万元。

A级。得分为70～80分,且信用履约率得分为满分,按时履约率得分不低于11.2分,无呆、坏账记录,年营业额不低于1800万元。

B级。得分为60～70分,且信用履约率得分不低于18分,按时履约率得分不低于9.8分,无呆、坏账记录。

C级。得分为50～60分,信用履约率得分不低于15分,按时履约率得分不低于8.4分,无呆、坏账记录。

2)系统集成商

AAA级。得分为85分(含85分)以上,且信用履约率得分为满分,按时履约率得分为满分,无呆、坏账记录,年营业额不低于2000万元。

AA级。得分为75～85分,且信用履约率得分为满分,按时履约率得分不低于12分,无

呆、坏账记录,年营业额不低于 1500 万元。

A 级。得分为 65~75 分,且信用履约率得分为满分,按时履约率得分不低于 10 分,无呆、坏账记录,年营业额不低于 500 万元。

B 级。得分为 55~65 分,且信用履约率得分不低于 16 分,按时履约率得分不低于 9 分,无呆、坏账记录。

C 级。得分为 45~55 分,信用履约率得分不低于 10 分,按时履约率得分不低于 8 分,无呆、坏账记录。

2.不能提供财务报表的客户

对不愿意提供财务报表的客户,其信用等级最高只能评为 B 级。

1) B 级。得分为 60 分(含 60 分)以上,且信用履约率得分不得低于 18 分,按时履约率得分不低于 9.8 分,无呆、坏账记录。

2) C 级。得分为 50 分(含 50 分)以上,且信用履约率得分不低于 15 分,按时履约率得分不低于 8.4 分,无呆、坏账记录。

附件 3-40 信用政策选择

信用政策选择

财务部主管林玲分析了今年的财务报告,她认为相对于公司约 50 000 万元的应收账款规模而言,今年的坏账损失仅为 1000 万元,坏账损失率低,应收账款质量较高。因此拟定明年继续执行今年的信用政策。

她就此事询问销售部主管潘平的意见。潘平认为今年公司的销售收入比去年有一定幅度下滑,因此他希望财务部能够制定更宽松的信用政策,以促进销售额的回升。他提出了一个方案供林玲参考,方案如下:

新信用政策及影响

信用标准:对 B 级及以上的客户提供商业信用。

营业收入增加额:134 000 万元。

应收账款增加额:5000 万元。

收账期:90 天。

变动成本率:20%。

潘平同时指出,执行新的信用政策可能会使公司明年的坏账损失上升至 1500 万元。

财务部主管林玲在拿到该方案后,决定通过先测算其对净利润的贡献再做决定。她预期 2017 年销售净利率将维持 2016 年的水平,公司的必要报酬率为 6.9%。

附件 3-41 坏账准备的计提

坏账准备计提

单位:元

账龄	应收账款	计提坏账准备
1 年以内	436 897 600	21 844 880
1~2 年	23 671 520	2 367 152
2~3 年	33 294 885	6 658 977

续表

账龄	应收账款	计提坏账准备
3 以上	215 737	86 294.80
总计	494 079 742	30 957 303.80

附件 3-42 行业财务指标

行业财务指标

项目	行业均值	项目	行业均值	项目	行业均值
1.流动比率	1.25	5.总资产周转率	1.30	9.总资产报酬率	5.07%
2.速动比率	0.84	6.资产负债率	57.46%	10.净资产收益率	7.21%
3.存货周转率	5.58	7.已获利息倍数	3.73	11.投入资本回报率	3.24%
4.应收账款周转率	11.48	8.毛利率	16.98%	12.市盈率	20.76

附件 3-43 可比财务比率

2015 年可比财务比率

项目	比率
应收账款周转率	24.36
存货周转率	6.60
流动资产周转率	3.23
固定资产周转率	16.44
总资产周转率	2.52

综合案例2

东光电器照明股份有限公司财务管理-案例附件

附件 3-44 财务总监聘用书

财务总监聘用书

祝贺你,你已被聘用为东光电器照明股份有限公司的财务总监。在接下来的一年中,你将主管东光电器照明股份有限公司的财务工作。公司为你举行了盛大的欢迎仪式,财务也将为你介绍公司和行业的基本情况,助你一臂之力。祝你好运!

附:

聘用合同

根据国家有关法律法规,甲乙双方经平等协商,自愿签订本合同并共同严格遵照执行。

一、合同期限

自 2017 年 1 月 1 日起,至 2022 年 1 月 1 日止,为期 5 年。

二、工作内容和工作条件

(1) 乙方在财务部门,从事财务管理工作,受聘财务总监职务。

(2) 乙方必须按照受聘岗位的职责和工作标准要求,完成规定的工作任务,具体规定如下:

①按照财务会计管理有关法律和规章制度,负责建立健全所在企业财务管理和会计核算等相关制度。

②组织所在企业的预算管理,组织年度总预算的制定和分解落实,实施预算全过程控制,并对其执行情况进行分析与考核。

③合理组织财务活动,正确计算和反映企业经营成果,对企业的财务决算报告的真实性和完整性负责。

④依法合理筹措、运用资金,保证经营需要,不断降低融资成本,提高资金使用效果。

⑤负责所在企业内部审计和会计人员培训等日常管理工作。

(3) 甲方应按国家规定,根据乙方岗位及工作要求,为乙方提供必需的工作条件和劳动保护。

三、报酬和保险福利待遇

(1) 甲方按规定为乙方办理养老保险,保险费用由双方按规定比例分担。今后政府开办新险种时,甲方应及时为乙方办理参保手续。

(2) 乙方在合同期内的工时制度、公休假日、女工保护待遇,因工负伤、致残和死亡待遇,非因工负伤和患病待遇均按国家的有关规定执行。

四、工作纪律

(1) 乙方应严格遵守国家的各项法律、法规,遵守甲方的各项规章制度和纪律,服从单位的领导、管理和教育。

(2) 甲方根据上级有关规定制定的本单位的岗位规则、工作标准和规范,乙方保证严格遵守。

(3) 乙方违反法律和规章,甲方可按有关规定给予必要的处理。

五、聘用合同的变更、解除、终止

(1) 下列情况之一,经双方协商同意,可以变更本合同的相关内容:

①签订聘用合同所依据的客观情况发生重大变化,致使本合同无法履行。

②因工作需要岗位发生变化,必须办理变更聘用合同内容的。

(2) 经双方协商一致,聘用合同可以解除。

六、违约责任和经济补偿

(1) 合同期间,一方违反本合同有关条款规定,应付给对方违约金 1 万元。给对方造成经济损失的,应承担经济赔偿责任。

(2) 下列情况之一,甲方应根据乙方在本单位的工作年限,每满 1 年发给相当于 1 个月工资总额的经济补偿,最多不超过 12 个月,不满 1 年的,按 1 年计算:

①经双方协商一致,解除聘用合同的;

②签订聘用合同时所依据的客观情况发生重大变化,致使合同无法履行,经双方协商不能就变更合同达成协议,由甲方解除合同的。

七、聘用合同争议处理

甲乙双方因履行合同发生争议,当事人应协商解决;协商不能达成一致的,可按有关规定,在争议发生之日起 60 日内向所在地的政府人事争议仲裁机构申请调解和仲裁。对调解和仲裁结果不服的,可在 15 日内向当地人民法院提起诉讼。

2017 年 1 月 1 日

附件 3-45　公司基本情况表

企业基本情况表

企业名称	东光电器照明股份有限公司		
通信地址	广东省东光市禅意区汾河北路 13 号	邮编	528700
营业执照号码	440000400010038	税务登记证号码	粤外 440601190352368
主管税务机关			
开户银行	中国建设银行东光支行	账号	95341263289
成立时间	1958 年	注册资本	69897 万元人民币
法定代表人	林中才	相关行业工作年数	51 年
联系人	钟毅辉	联系电话	(0757)82710356
经营范围 (按营业执照上登记填写)	电光源产品及设备、电光源配套器件、电光源原材料、灯具及配件		
所属行业	□农、林、牧、渔业　　□采矿业　　☑制造业　　□建筑业 □电力、燃气及水的生产和供应业　　□信息传输、计算机服务和软件业 □交通运输、仓储和邮政业　　□批发和零售业 □文化、体育和娱乐业　　□其他		
主要关联企业名称(集团公司、母子总分公司或者同属集团公司的子/分公司)	东光禅昌灯光器材有限公司		

附件 3-46　利润表(2014 年)

利 润 表

会企 02 表

编制单位：东光电器照明股份有限公司　　　2014 年　　　　单位：元

项　目	行次	本期金额	上期金额
一、营业收入	1	1 252 922 658.57	1 219 240 436.35
减：营业成本	2	937 578 888.44	855 762 365.96
税金及附加	3	9 848 005.15	9 529 830.62
销售费用	4	30 623 205.02	30 991 084.87
管理费用	5	74 148 017.45	70 011 700.49
财务费用	6	-2 818 254.31	-6 721 341.51
资产减值损失	7	-12 176 080.76	
加：公允价值变动收益(损失以"-"号填列)	8	33 364 287.33	
投资收益(损失以"-"号填列)	9	73 010 375.40	6 634 142.20
其中：对联营企业和合营企业的投资收益	10		
二、营业利润(亏损以"-"号填列)	11	322 093 540.31	266 300 938.12
加：营业外收入	12	644 674.62	1 479 622.58
其中：非流动资产处置利得	13		
减：营业外支出	14	1 750 622.22	1 704 640.25
其中：非流动资产处置损失	15		
三、利润总额(亏损总额以"-"号填列)	16	320 987 592.71	266 075 920.45
减：所得税费用	17	53 101 341.31	46 492 517.58
四、净利润(净亏损以"-"号填列)	18	267 886 251.40	219 583 402.87
五、其他综合收益的税后净额	19		
(一)以后不能重分类进损益的其他综合收益	20		
(二)以后将重分类进损益的其他综合收益	21		
六、综合收益总额	22		
七、每股收益：	23		
(一)基本每股收益	24		
(二)稀释每股收益	25		

单位负责人：林中才　　　会计主管：肖亚军　　　复核：雷一鸣　　　制表：刘德军

附件 3-47　利润表(2015 年)

利　润　表

编制单位：东光照明电器股份有限公司　　2015 年

会企 02 表　单位：元

项　目	行次	本期金额	上期金额
一、营业收入	1	1 496 072 679.54	1 252 922 658.57
减：营业成本	2	1 189 529 053.61	937 578 888.44
税金及附加	3	10 233 228.78	9 848 005.15
销售费用	4	57 230 907.87	30 623 205.02
管理费用	5	83 609 557.38	74 148 017.45
财务费用	6	3 133 289.16	−2 818 254.31
资产减值损失	7	7 213 722.54	−12 176 080.76
加：公允价值变动收益(损失以"−"号填列)	8	20 753 385.38	33 364 287.33
投资收益(损失以"−"号填列)	9	329 548 994.44	73 010 375.40
其中：对联营企业和合营企业的投资收益	10	—	—
二、营业利润(亏损以"−"号填列)	11	495 425 300.02	322 093 540.31
加：营业外收入	12	8 344 086.74	644 674.62
其中：非流动资产处置利得	13	—	—
减：营业外支出	14	2 278 920.94	1 750 622.22
其中：非流动资产处置损失	15	—	—
三、利润总额(亏损总额以"−"号填列)	16	501 490 465.82	320 987 592.71
减：所得税费用	17	72 514 612.26	53 101 341.31
四、净利润(净亏损以"−"号填列)	18	428 975 853.56	267 886 251.40
五、其他综合收益的税后净额	19	—	—
(一)以后不能重分类进损益的其他综合收益	20	—	—
(二)以后将重分类进损益的其他综合收益	21	—	—
六、综合收益总额	22	—	—
七、每股收益：	23	—	—
(一)基本每股收益	24	—	—
(二)稀释每股收益	25	—	—

单位负责人：林中才　　会计主管：肖亚军　　复核：雷一鸣　　制表：刘德军

附件 3-48　利润表(2016 年)

利 润 表

会企 02 表

编制单位：东光电器照明股份有限公司　　2016 年　　单位：元

项　目	行次	本期金额	上期金额
一、营业收入	1	1 718 712 832.07	1 496 072 679.54
减：营业成本	2	1 373 108 068.67	1 189 529 053.61
税金及附加	3	12 397 085.38	10 233 228.78
销售费用	4	59 157 149.55	57 230 907.87
管理费用	5	112 170 084.99	83 609 557.38
财务费用	6	−4 880 444.43	3 133 289.16
资产减值损失	7	5 980 627.30	7 213 722.54
加：公允价值变动收益(损失以"−"号填列)	8	−54 117 672.71	20 753 385.38
投资收益(损失以"−"号填列)	9	165 036 598.88	329 548 994.44
其中：对联营企业和合营企业的投资收益	10	—	—
二、营业利润(亏损以"−"号填列)	11	271 699 186.78	495 425 300.02
加：营业外收入	12	6 289 629.45	8 344 086.74
其中：非流动资产处置利得	13	—	—
减：营业外支出	14	3 447 706.72	2 278 920.94
其中：非流动资产处置损失	15	3 441 060.19	
三、利润总额(亏损总额以"−"号填列)	16	274 541 109.51	501 490 465.82
减：所得税费用	17	49 094 658.37	72 514 612.26
四、净利润(净亏损以"−"号填列)	18	225 446 451.14	428 975 853.56
五、其他综合收益的税后净额	19	—	—
(一)以后不能重分类进损益的其他综合收益	20	—	—
(二)以后将重分类进损益的其他综合收益	21	—	—
六、综合收益总额	22	—	—
七、每股收益：	23	—	—
(一)基本每股收益	24		
(二)稀释每股收益	25		

单位负责人：林中才　　会计主管：肖亚军　　复核：雷一鸣　　制表：刘德军

附件 3-49　东光电器照明股份有限公司资产负债表（2014 年 12 月 31 日）

资产负债表

编制单位：东光电器照明股份有限公司　　2014 年 12 月 31 日　　单位：元　　会企 01 表

资产	行次	期末余额	年初余额	负债和所有者权益（或股东权益）	行次	期末余额	年初余额
流动资产：				流动负债：			
货币资金	1	986 916 364.79	928 100 663.58	短期借款	32	—	—
以公允价值计量且其变动计入当期损益的金融资产	2	122 489 317.74	27 785 300.20	以公允价值计量且其变动计入当期损益的金融负债	33	—	—
应收票据	3	11 314 954.40	68 212 586.02	应付票据	34	—	—
应收账款	4	119 766 608.43	183 303 637.29	应付账款	35	115 843 938.04	86 500 415.91
预付款项	5	25 027 281.03	21 551 551.29	预收款项	36	7 150 894.06	9 211 476.80
应收利息	6	—	—	应付职工薪酬	37	93 606 406.84	46 355 149.08
应收股利	7	—	—	应交税费	38	25 123 991.56	16 240 684.93
其他应收款	8	38 876 440.48	5 129 966.20	应付利息	39	—	—
存货	9	222 395 820.06	198 537 534.94	应付股利	40	—	—
一年内到期的非流动资产	10	—	—	其他应付款	41	24 020 736.80	75 059 565.06
其他流动资产	11	—	—	一年内到期的非流动负债	42	—	—
流动资产合计	12	1 526 786 786.93	1 432 621 239.52	其他流动负债	43	—	—

续表

资产	行次	期末余额	年初余额	负债和所有者权益(或股东权益)	行次	期末余额	年初余额
非流动资产：				流动负债合计	44	265 745 967.30	233 367 291.78
可供出售金融资产	13	—	—	非流动负债：			
持有至到期投资	14	—	—	长期借款	45	—	—
长期应收款	15	—	—	应付债券	46	—	—
长期股权投资	16	138 004 528.05	138 449 248.04	长期应付款	47	—	—
投资性房地产	17	—	—	专项应付款	48	450 000.00	450 000.00
固定资产	18	689 716 589.19	686 277 008.22	预计负债	49	—	—
在建工程	19	221 639 285.10	208 957 821.83	递延收益	50	—	—
工程物资	20	—	—	递延所得税负债	51	—	—
固定资产清理	21	—	—	其他非流动负债	52	—	—
生产性生物资产	22	—	—	非流动负债合计	53	450 000.00	450 000.00
油气资产	23	—	—	负债合计	54	266 195 967.30	233 817 291.78
无形资产	24	114 676 384.08	95 445 150.68	所有者权益(或股东权益)：			
开发支出	25	—	—	实收资本(或股本)	55	358 448 259.00	358 448 259.00
商誉	26	—	—	资本公积	56	1 207 091 440.53	1 207 061 980.15
长期待摊费用	27	1 150 177.34	1 946 763.26	减：库存股	57	—	—
递延所得税资产	28	6 114 573.97	—	其他综合收益	58	—	—

续表

资产	行次	期末余额	年初余额	负债和所有者权益(或股东权益)	行次	期末余额	年初余额
其他非流动资产	29	—	—	盈余公积	59	513 667 884.32	498 992 179.33
非流动资产合计	30	1 171 301 537.73	1 131 075 992.03	未分配利润	60	352 684 773.51	265 377 521.29
				所有者权益（或股东权益）合计	61	2 431 892 357.36	2 329 879 939.77
资产合计	31	2 698 088 324.66	2 563 697 231.55	负债和所有者权益（或股东权益）合计	62	2 698 088 324.66	2 563 697 231.55

单位负责人：林中才　　会计主管：肖亚军　　复核：雷一鸣　　制表：刘德军

附件 3-50　东光电器照明股份有限公司资产负债表（2015 年 12 月 31 日）

资产负债表

单位：元

编制单位：东光电器照明股份有限公司　　2015 年 12 月 31 日　　会企 01 表

资产	行次	期末余额	年初余额	负债和所有者权益(或股东权益)	行次	期末余额	年初余额
流动资产：				流动负债：			
货币资金	1	1 098 078 385.11	986 916 364.79	短期借款	32	—	—
以公允价值计量且其变动计入当期损益的金融资产	2	107 217 672.71	122 489 317.74	以公允价值计量且其变动计入当期损益的金融负债	33	—	—
应收票据	3	34 960 577.14	11 314 954.40	应付票据	34	—	—
应收账款	4	213 517 871.04	119 766 608.43	应付账款	35	124 861 341.59	115 843 938.04
预付款项	5	13 020 791.71	25 027 281.03	预收款项	36	9 085 272.37	7 150 894.06
应收利息	6	—	—	应付职工薪酬	37	80 464 898.71	93 606 406.84
应收股利	7			应交税费	38	32 622 564.14	25 123 991.56

续表

资产	行次	期末余额	年初余额	负债和所有者权益(或股东权益)	行次	期末余额	年初余额
其他应收款	8	42 156 366.86	38 876 440.48	应付利息	39	—	—
存货	9	283 361 896.36	222 395 820.06	应付股利	40	—	—
一年内到期的非流动资产	10	—	—	其他应付款	41	25 220 137.55	24 020 736.80
其他流动资产	11	—	—	一年内到期的非流动负债	42	—	—
流动资产合计	12	1 792 313 560.93	1 526 786 786.93	其他流动负债	43	—	—
非流动资产:				流动负债合计	44	272 254 214.36	265 745 967.30
可供出售金融资产	13	511 206 158.54	—	非流动负债:			
持有至到期投资	14	—	—	长期借款	45	—	—
长期应收款	15	—	—	应付债券	46	—	—
长期股权投资	16	75 223 326.04	138 004 528.05	长期应付款	47	—	—
投资性房地产	17	—	—	专项应付款	48	450 000.00	450 000.00
固定资产	18	776 411 743.09	689 716 589.19	预计负债	49	—	—
在建工程	19	93 303 507.82	221 639 285.10	递延收益	50	—	—
工程物资	20	—	—	递延所得税负债	51	101 817 363.93	—
固定资产清理	21	—	—	其他非流动负债	52	—	—
生产性生物资产	22	—	—	非流动负债合计	53	102 267 363.93	450 000.00

续表

资产	行次	期末余额	年初余额	负债和所有者权益(或股东权益)	行次	期末余额	年初余额
油气资产	23	—	—	负债合计	54	374 521 578.29	266 195 967.30
无形资产	24	144 044 939.45	114 676 384.08	所有者权益(或股东权益):			
开发支出	25	—	—	实收资本(或股本)	55	465 982 737.00	358 448 259.00
商誉	26	—	—	资本公积	56	1 436 625 679.93	1 207 091 440.53
长期待摊费用	27	482 531.40	1 150 177.34	减：库存股	57	—	—
递延所得税资产	28	—	6 114 573.97	其他综合收益	58	—	—
其他非流动资产	29	—	—	盈余公积	59	539 538 406.89	513 667 884.32
非流动资产合计	30	1 600 672 206.34	1 171 301 537.73	未分配利润	60	576 317 365.16	352 684 773.51
				所有者权益(或股东权益)合计	61	3 018 464 188.98	2 431 892 357.36
资产合计	31	3 392 985 767.27	2 698 088 324.66	负债和所有者权益(或股东权益)合计	62	3 392 985 767.27	2 698 088 324.66

单位负责人：林中才　　　　会计主管：肖亚军　　　　复核：雷一鸣　　　　制表：刘德军

附件 3-51　东光电器照明股份有限公司资产负债表(2016 年 12 月 31 日)

资产负债表

单位：元

编制单位：东光电器照明股份有限公司　　　2016 年 12 月 31 日　　　会企 01 表

资产	行次	期末余额	年初余额	负债和所有者权益(或股东权益)	行次	期末余额	年初余额
流动资产：				流动负债：			
货币资金	1	927 868 735.28	1 098 078 385.11	短期借款	32	—	—

续表

资产	行次	期末余额	年初余额	负债和所有者权益（或股东权益）	行次	期末余额	年初余额
以公允价值计量且其变动计入当期损益的金融资产	2	—	107 217 672.71	以公允价值计量且其变动计入当期损益的金融负债	33	—	—
应收票据	3	38 410 882.00	34 960 577.14	应付票据	34	—	—
应收账款	4	217 936 592.58	213 517 871.04	应付账款	35	109 342 560.80	124 861 341.59
预付款项	5	49 513 913.85	13 020 791.71	预收款项	36	16 065 789.02	9 085 272.37
应收利息	6	—	—	应付职工薪酬	37	37 637 138.30	80 464 898.71
应收股利	7	—	—	应交税费	38	−10 628 634.03	32 622 564.14
其他应收款	8	46 055 805.64	42 156 366.86	应付利息	39	—	—
存货	9	289 488 562.20	283 361 896.36	应付股利	40	1 521 857.82	—
一年内到期的非流动资产	10	—	—	其他应付款	41	43 159 960.81	25 220 137.55
其他流动资产	11	—	—	一年内到期的非流动负债	42	—	—
流动资产合计	12	1 569 274 491.55	1 792 313 560.93	其他流动负债	43	—	—
非流动资产：				流动负债合计	44	197 098 672.72	272 254 214.36
可供出售金融资产	13	—	511 206 158.54	非流动负债：			
持有至到期投资	14	—	—	长期借款	45	—	—
长期应收款	15	—	—	应付债券	46	—	—

续表

资产	行次	期末余额	年初余额	负债和所有者权益（或股东权益）	行次	期末余额	年初余额
长期股权投资	16	185 934 296.23	75 223 326.04	长期应付款	47	—	—
投资性房地产	17	—	—	专项应付款	48	450 000.00	450 000.00
固定资产	18	739 153 801.16	776 411 743.09	预计负债	49	—	—
在建工程	19	126 808 534.41	93 303 507.82	递延收益	50	—	—
工程物资	20	—	—	递延所得税负债	51	—	101 817 363.93
固定资产清理	21	—	—	其他非流动负债	52	—	—
生产性生物资产	22	—	—	非流动负债合计	53	450 000.00	102 267 363.93
油气资产	23	—	—	负债合计	54	197 548 672.72	374 521 578.29
无形资产	24	191 500 392.72	144 044 939.45	所有者权益（或股东权益）：			
开发支出	25	—	—	实收资本（或股本）	55	698 974 104.00	465 982 737.00
商誉	26	—	—	资本公积	56	866 565 595.53	1 436 625 679.93
长期待摊费用	27	238 067.40	482 531.40	减：库存股	57	—	—
递延所得税资产	28	17 359 253.59	—	其他综合收益	58	—	—
其他非流动资产	29	—	—	盈余公积	59	539 302 405.1	539 538 406.89
非流动资产合计	30	1 260 994 345.51	1 600 672 206.34	未分配利润	60	527 878 059.71	576 317 365.16
				所有者权益（或股东权益）合计	61	2 632 720 164.34	3 018 464 188.98

续表

资产	行次	期末余额	年初余额	负债和所有者权益(或股东权益)	行次	期末余额	年初余额
资产合计	31	2 830 268 837.06	3 392 985 767.27	负债和所有者权益(或股东权益)合计	62	2 830 268 837.06	3 392 985 767.27

单位负责人:林中才　　　　会计主管:肖亚军　　　　复核:雷一鸣　　　　制表:刘德军

附件 3-52　东光电器照明股份有限公司行业指标体系

东光电器照明股份有限公司财务评估

下表摘录的是东光电器照明股份有限公司、行业均值,以及市场均值行业指标体系方面的得分(百分制,分数越高,表明该方面的能力越强)。

项目	成长性	财务能力	偿债能力	现金流量	经营能力	盈利能力
东光电器照明股份有限公司	38.13	97.55	82.60	99.46	59.45	65.07
行业均值	39.78	43.01	29.03	37.63	49.46	36.56
市场均值	52.51	49.94	43.06	46.83	49.58	47.07

附件 3-53　现金流量表(2016 年 1 月)

现金流量表

会企 03 表

编制单位:东光电器照明股份有限公司　　　2016 年 11 月　　日　　　　单位:元

项　　目	本期金额	上期金额
一、经营活动产生的现金流量:		
销售商品、提供劳务收到的现金	1 804 804 874.46	1 538 837 092.40
收到的税费返还	12 332 399.20	11 817 937.03
收到其他与经营活动有关的现金	21 921 018.63	14 442 812.09
经营活动现金流入小计	1 839 058 292.29	1 565 097 841.52
购买商品、接受劳务支付的现金	1 199 782 541.61	1 094 499 914.94
支付给职工以及为职工支付的现金	277 013 815.07	209 722 922.07
支付的各项税费	169 797 981.24	142 212 820.34
支付的其他与经营活动有关的现金	66 301 388.96	66 937 665.46
经营活动现金流出小计	1 712 895 726.88	1 513 373 322.81
经营活动产生的现金流量净额	126 162 565.41	51 724 518.71

续表

项　　目	本期金额	上期金额
二、投资活动产生的现金流量：		
收回投资所收到的现金	525 358 023.28	1 037 223 024.36
取得投资收益所收到的现金	226 585 003.57	330 548 994.44
处置固定资产、无形资产和其他长期资产所收到的现金净额	5 310 000.00	—
处置子公司及其他营业单位收到的现金净额	—	—
收到的其他与投资活动有关的现金	7 572 468.07	—
投资活动现金流入小计	764 825 494.92	1 367 772 018.80
购建固定资产、无形资产和其他长期资产所支付的现金	134 979 591.11	139 571 596.17
投资所支付的现金	650 450 311.89	987 423 583.49
取得子公司及其他营业单位支付的现金净额	—	—
支付的其他与投资活动有关的现金	—	693 989.07
投资活动现金流出小计	785 429 903.00	1 127 689 168.73
投资活动产生的现金流量净额	−20 604 408.08	240 082 850.07
三、筹资活动产生的现金流量：		
吸收投资所收到的现金	—	—
借款所收到的现金	—	—
收到的其他与筹资活动有关的现金	—	—
筹资活动现金流入小计	—	—
偿还债务所支付的现金	—	—
分配股利、利润或偿付利息所支付的现金	273 226 518.78	171 924 909.98
支付的其他与筹资活动有关的现金	—	—
筹资活动现金流出小计	273 226 518.78	171 924 909.98
筹资活动产生的现金流量净额	−273 226 518.78	−171 924 909.98
四、汇率变动对现金的影响额	−2 541 288.38	−8 720 438.48
五、现金及现金等价物净增加额	−170 209 649.83	111 162 020.32
加：期初现金及现金等价物余额	1 098 078 385.11	986 916 364.79
六、期末现金及现金等价物余额	927 868 735.28	1 098 078 385.11

单位负责人：林中才　　　　会计主管：肖亚军　　　　复核：雷一鸣　　　　制表：刘德军

附件 3-54　经济学家预期人民币升值影响

……

人民币升值是一项重要的宏观经济政策，也是国内市场经济和经济金融形势发展到一定阶段的必然产物，对消费、投资、外贸等领域都将产生深远的影响。总体来讲，人民币不断升值可能会对出口贸易造成比较大的损害，降低出口企业利润率，降低对外资的吸引力，减少外商直接投资,加大社会就业压力,并增加财政赤字,造成通货紧缩等,但是具体到各个行业则需要做进一步的分析。

人民币升值,对出口导向型行业最直接的影响就是出口价格的相对提高,这意味着中国产品在国外价格竞争力的下降,而价格优势正是 Made in China(中国制造)的真正生命力。另外,出口企业还会遭受出口收入转化成人民币时的汇兑损失,以及由于出口量减少造成的损失。而且,人民币升值会导致人工费用等生产成本增长,故对出口贸易依存度大的行业的短期冲击将难以避免,尤其将严重影响那些以低价格取胜、科技含量较低的产品出口。

家电行业、通信设备、计算机及其他电子设备制造业也是人民币升值的重灾户。中国家电产品以低成本而在国际市场获得相对比较优势,出口已经成为拉动家电行业增长的重要力量,故出口增长形势对家电行业的整体增长具有重要意义。据测算,人民币升值2%,将造成家电出口中8%左右的利润损失,影响家电工业总产值增速下降3个百分点。2004年,我国通信设备、计算机及其他电子设备制造业的出口依存度高达60.1%,虽然它们因进口原材料及机器设备成本的下降而分享人民币升值带来的好处,但由于出口依存度高,其受到的负面影响将是显而易见的。据测算,人民币升值2%,通信设备、计算机及其他电子设备制造业出口损失将超过20亿美元,工业总产值增速因此下降2个百分点左右。

……

附件 3-55　人民币升值新闻

人民币升值年底加速

2007年12月25日　　来源:北京晨报

人民币汇率再创汇改以来新高(资料图片)

首破 7.34 关口

晨报讯(记者　李若愚)人民币汇率在年底再次出现加速升值的势头。中国外汇交易中心昨日(24日)上午公布,当天人民币对美元汇率中间价为7.331 55:1,首次突破7.34的关口,再创2005年汇改以来新高。自今年年初以来,人民币对美元汇率的升值幅度接近6.1%。

渣打银行中国区高级经济学家王志浩认为,人民币明年的升值幅度将比今年更快,预计全年升值幅度达 7.5%,到明年年底,人民币对美元汇率可能达到 6.84∶1。

德意志银行大中华区首席经济学家马骏最新的研究报告称,明年人民币升值幅度达到 10%的可能性不大,预计升值 6%~7%,明年年底人民币对美元汇率可能为 6.9∶1。

附件 3-56 国家节能灯补贴政策

国家财政补贴节能灯

全球变暖,气候开始恶化;中国政府为了对全球气候变暖负责任,积极推进节能减排;节能项目,绿色照明成为国家推进节能改造的首选因素,绿色照明技术非常成熟,节能空间大;同时,绿色照明还关系到健康等问题,如节能灯不仅仅节能,其三基色光源还可以保护人的视力;节能灯针对工厂来说,不影响设备的运作,投资回收期不到半年。

国务院专门成立了节能减排小组,在全国范围内从 2016 年起,3 年内在全国推广 1.5 亿只节能灯,每年 5000 万;其中 2016 年的任务已经完成,居民购买国家补贴的节能灯,国家补贴 50%,大宗客户购买,国家补贴 30%;补贴的节能灯包括 U 型灯、T8 三基色灯管、T5 灯具等,适用于工厂、学校、事业单位、居民等。

……

附件 3-57 东光电器照明股份有限公司董事会报告(节选)

董事会报告

(一)生产经营情况

1. 报告期内公司经营情况的回顾

1)公司报告期内总体经营情况

报告期内,面对国内外电光源行业日趋激烈的竞争,而且上半年各种原材料价格上涨、人民币升值,以及下半年在受到国际金融危机冲击的艰难环境下,公司董事会立足企业的长远发展,本着对股东负责的精神,在充分发挥自身优势的基础上,通过强化管理、扩大生产规模、革新营销理念、完善产业基地布局等一系列强有力的措施,使公司的生产经营仍然持续快速发展,市场竞争能力继续得到提升,公司仍然取得较好的经济效益。2016 年全年完成灯泡总产量 10.28 亿只,出口创汇达到 8706 万美元。

……

2)公司存在的主要优势和困难、盈利能力的稳定性

(1)优势。

公司是国内行业的龙头,具有较为突出的综合能力,在资金、人才、管理、技术等方面具有较好的优势,电光源节能产品比较齐全,具有较强的核心竞争能力。

(2)困难。

由于电光源行业出口产品受到国际环保限制和国际金融危机的冲击,从而使国内市场无序竞争更加激烈,电光源产品利润率降低。主要原材料和燃油价格的变动调整以及人力成本的增加,对企业成本造成一定的压力。

(3)盈利能力的稳定性。

虽然企业在发展中面临的压力不断增大,但电光源行业作为日常消耗品,随着我国经济社会的进步,居民生活水平的提高,国家政策对节能产品的支持,电光源行业的发展蕴含着巨大的

潜力,因此,企业未来的经营和盈利能力具有广阔的空间和稳定性。
......

附件 3-58 成本费用明细

2016 年东光电器照明股份有限公司的总成本合计为 1 449 052 166.99 元人民币。经过对成本数据进行账户分析,可以将总成本分为变动成本和固定成本,具体数额如下:

项目	总成本	变动成本	固定成本
产品成本	694 554 034.34	488 587 824.03	205 966 210.31
工资	176 848 645.49	138 401 619.57	38 447 025.92
广告费	274 621 613.73	178 504 048.93	96 117 564.80
保险费	14 601 080.69	9 657 891.64	4 943 189.05
修理费	27 462 161.37	18 125 026.51	9 337 134.86
水电费	68 655 403.43	39 133 579.96	29 521 823.47
仓管费	54 998 421.07	37 422 637.79	17 575 783.28
折旧费	109 848 645.49	38 230 527.39	71 618 118.10
其他费用	27 462 161.38	5 789 784.21	21 672 377.17
合计	1 449 052 166.99	953 852 940.03	495 199 226.96

附件 3-59 无风险利率参数说明

无风险利率反映的是将资金投资于某一项没有任何风险的投资对象而能得到的利息率,是金融市场上用于衡量资本收益与风险升水的基准利率。通常情况下,无风险利率的确定必须综合考虑违约风险、利率风险、购买力风险、变现力风险、再投资风险等因素。国际上一般采用国债利率作为确定无风险利率的依据。2016 年记账式国债发行情况如下表所示:

种类	期限	发行日期	发行利率/(%)	计划发行额/亿元	实际发行额/亿元	投标倍数/倍
关键期限	7 年	2 月 13 日	3.95	280	289.7	2.47
	10 年	3 月 20 日	4.07	280	279.4	2.16
	3 年	4 月 14 日	3.56	280	260.7	1.7
	7 年	5 月 19 日	4.01	280	271.5	1.33
非关键期限	1 年	6 月 10 日	3.42	280	271.1	1.55
	10 年	6 月 23 日	4.41	280	266.5	1.3
	15 年	2 月 28 日	4.16	280	280	1.35
	5 年	4 月 21 日	3.69	280	280	1.43
	30 年	5 月 8 日	4.5	280	280	1.07
	3 个月	5 月 26 日	3.18	280	277.82	1.37
合计				2800	2756.72	

从上表可以看出，2016年中国记账式国债的种类众多，发行利率随期限不同而有所差异。具体到中国的证券市场，以5年期的国债利率作为无风险利率较为适宜。

附件3-60　财务费用明细

财务费用

单位：元

类型	本期数	上期数
利息支出	—	—
减：利息收入	4 880 444.43	6 918 791.31
汇兑损失	—	8 720 438.48
减：汇兑收益	—	—
其他	—	1 331 641.99
合计	－4 880 444.43	3 133 289.16

附件3-61　东光电器照明股份有限公司资金管理办法

第一章　总则

第一条　为加强公司资金管理，保证企业正常生产经营需要，防范资金短缺，提高资金利用效率，降低筹资和用资成本，防范经营风险和财务风险，确保公司资金规范、安全、高效运作，根据国家有关法律法规和公司有关规定，特制定本办法。

第二条　本办法所指资金包含现金及现金等价物、银行存款和其他货币资金，公司资金管理主要内容包括资金筹集管理、资金结算管理、对外投资管理、担保管理、货币资金管理和资金安全管理等。

第三条　本办法适用于公司及公司所属单位（以下统称公司各单位），包括公司各部门、直属机构、分公司、全资及控股子公司。

第二章　资金管理体制及内容

第四条　公司资金管理工作实行"统一领导、分级管理、授权审批、集中结算"的预算资金管理体制，遵循"量入为出、确保重点、有偿占用、安全高效"的管理原则。

第五条　公司成立在公司总经理办公会领导下的资金管理委员会，作为对公司各单位的重大资金收支、对外投资及担保等事项进行决策的资金管理专门机构。

第六条　公司资金管理委员会（以下简称委员会）主任由公司总经理担任，副主任由公司分管财务的领导担任，委员由公司其他领导和有关部门负责人组成。

第七条　委员会下设办公室，日常工作机构设在公司财务部，负责组织资金预算的编制、实施、监督、分析、考核以及其他资金管理日常工作。

第八条　公司各级财务部门按照委员会办公室的有关要求具体负责本单位资金预算的编制、执行、分析、信息反馈及日常资金结算管理工作。

第三章　资金预算管理

第九条　资金预算是公司全面预算的重要组成部分，具体是指现金收支预算，以业务预算、资本预算和筹资预算为基础，按照现金流量表主要项目内容进行编制，是公司资金头寸调控管理的主要依据。

第十条　为加强公司资金管理,提高资金使用效益,公司各单位要按照预算管理办法和委员会办公室的有关要求编制现金收支预算,并在年度资金预算的基础上根据实际情况编制季度和月度等期间预算。

第十一条　委员会办公室对各单位上报的资金预算方案进行汇总、审查,提出综合平衡的意见,将其纳入公司整体预算管理范围。

第十二条　公司各单位要严格执行批复后的资金预算和委员会有关资金管理事项决定。委员会办公室要加强对公司各单位资金预算执行情况的分析反馈和监督检查,对资金预算执行过程中的偏差及时进行纠正。对无预算和超预算项目的资金原则上不予支付,但经一定程序报批同意的除外。

第四章　资金筹集管理

第十三条　公司筹集资金的目的是满足生产经营、基本建设及实施长期发展规划对资金的需求。

第十四条　公司应当按照"规模适当、来源合理、方式经济、结构优化、筹措及时"的原则筹集资金,降低筹资成本,防范经营和财务风险。

第十五条　资金筹集来源一般分为权益资金和负债资金,其中:权益资金包括吸收直接投资、发行股票、留存收益等;负债资金包括向银行及非银行金融机构借款、利用商业信用、发行公司债券、融资租赁等。公司应根据实际需要选择合理的筹资方式。

第十六条　公司各单位资金筹集的方式和规模,必须报经委员会审批,筹资完成后,及时报委员会办公室备案。

第十七条　公司财务部是资金筹集的日常管理部门,具体负责拟订资金筹集和偿还方案,按照批准的筹资方式和规模办理有关手续,在委员会的领导下监督公司各单位资金筹集情况,及时纠正筹资过程中的违规行为,降低筹资成本,规避筹资风险。

第五章　资金结算管理

第十八条　为加强公司各单位资金收支及资金账户的管理,用好和盘活公司存量资金,充分发挥公司资金的规模效益,规范公司各单位资金结算行为,公司财务部下设资金结算中心,作为资金结算的日常管理专门机构。

第十九条　资金结算中心在公司财务部的组织下,具体行使对公司各单位资金的结算、调配、监管、账户管理及信息反馈等职能。

第二十条　公司各单位负责本单位的收入归集,按规定上划到资金结算中心,各单位财务部门按照批复的资金预算,根据资金结算中心有关办法和授权范围,负责本单位备用金和小额资金的结算工作,大额结算款项通过公司资金结算系统或其他方式提交资金结算中心集中支付。

第六章　担保管理

第二十一条　担保是为了保证债权实现而采取的法律措施,是按法律规定或当事人约定的,以当事人的一定财产为基础,能够用以督促债务人履行债务、保证合同的正常履行和保障债权实现的方法。

第二十二条　为保全公司资产和保障公司债权的实现,公司各单位要在办好有关债权事项手续的基础上,按照国家法律有关规定办理担保手续。委员会办公室定期组织公司有关部门加强债权担保事项的监督检查,及时纠正担保不落实的行为。

第二十三条　公司各单位因经营和发展的需要对外提供担保的,必须报经委员会审批。严禁不经审批擅自对外提供担保。

第二十四条　公司各单位经批准对外提供担保时,除按规定办理担保业务外,还须要求被担保人提供反担保,避免担保或有事项发生后的资金损失。

第二十五条　公司各单位应根据项目的风险程度、担保金额的大小等实际情况,结合国家担保法有关规定确定合理的担保或反担保方式。

第二十六条　公司各单位提供担保和反担保的行为不得违背国家担保有关规定。

第七章　对外投资管理

第二十七条　为充分有效地利用闲置资金或其他资产,进行适度的资本扩张,以获取较好的收益,确保资产保值增值,培育新的经济增长点,公司可根据有关法律和公司章程开展对外投资。

第二十八条　公司各单位投资原则总体如下:
(1)遵守国家法律、法规,符合国家产业政策;
(2)符合公司的发展战略和经营目标,项目投资收益率原则上不得低于国家同期银行贷款利率;
(3)规模适度,量力而行,不能影响自身主营业务的发展。

第二十九条　公司各单位因经营和发展的需要对外投资及其转让和处置,必须报经委员会审批。严禁不经审批擅自对外投资及其转让和处置行为。

第三十条　委员会办公室定期组织公司有关部门加强对各单位的投资及其转让和处置活动的监督检查工作,对有关问题及时反馈并加以纠正。

第八章　货币资金管理

第三十一条　货币资金管理是公司资金管理工作的核心,主要包括现金及现金等价物、银行存款及其他货币资金管理等内容。

第三十二条　库存现金管理
(1)使用现金范围:
①员工工资、奖金、津贴及劳保福利费用;
②出差人员差旅费及业务活动的零星支出备用金;
③采购办公用品或其他物品,金额在使用支票结算起点1000元以下的;
④按人民银行现金管理办法规定的其他支出。
(2)库存现金限额原则上以满足公司2天日常零星开支为标准。
(3)不论何种来源收入的现金,原则上应于当日送存开户银行。支付现金,应该从库存现金中支付或从银行提取,不得从现金收入直接支付,坐支现金。
(4)严格审查采购物品化整为零,在结算起点以下的现金支付。
(5)在特殊情况下,规定应转账结算而不得不用现金结算的,经批准方可办理。
(6)公司各单位财务部门应按规定建立、健全现金账目,逐笔记载现金收付,账目日清月结,账款相符。
(7)严禁白条抵库、套取现金、公款私存以及私设小金库等违法违规行为。

第三十三条 银行存款管理

(1)公司各单位应严格遵守国家的有关法规和结算纪律,不得出租、出借账户,不得签发空头支票和远期支票,不得套取银行信用。

(2)公司各单位银行账号的开立和撤销须报资金结算中心审批。

(3)公司各单位应根据有关规定,按银行存款种类设置日记账,银行存款应按月与银行对账单进行核对,发现差错及时查明原因,属未达账项应及时编制银行存款余额调节表。

(4)公司各单位应按结算中心有关规定,及时将富余银行货币资金上划到资金结算中心统一管理。

第三十四条 其他货币资金管理

(1)其他货币资金包括存出投资款、外埠存款、银行汇票存款、银行本票存款、信用卡存款、信用保证金存款等。

(2)其他货币资金的管理必须严格遵守国家颁布的银行管理条例和人民银行支付结算办法的有关规定。

(3)公司发生涉及其他货币资金的经济业务,必须按规定办理结算手续,及时进行会计核算。对逾期尚未办理结算的银行汇票等,应及时进行会计处理,正确反映资金形态。

(4)月终必须及时与结算银行、证券公司对账,列出未达款项,编制其他货币资金余额调节表。

第三十五条 票据管理

(1)本办法所指票据包括支票、收到的银行承兑汇票、商业承兑汇票(简称收到的汇票)等单据。

(2)票据应由专人妥善保管。收到的汇票经批准也可委托银行保管,但应签订委托保管合同,明确双方的责任和权利。

(3)逾期未用的支票应及时收回注销。因填写错误而造成作废的支票,必须加盖"作废"戳记,与存根一并保存。

(4)不得签发空头支票、空白支票及远期支票。

(5)遗失支票,要及时与银行和收款人取得联系,协助防范丢失支票被冒领,并及时向财务部门负责人汇报,妥善处理。

(6)公司各单位应建立备查簿对收到的汇票进行管理。收到的汇票进行贴现、背书转让、到期结算、退票时,应及时进行会计核算,并在备查簿中登记。

(7)会计核算主管应定期检查公司收到的汇票,检查要有记录,对检查中发现的问题要提出处理意见,并及时改进。

(8)对委托保管的收到的汇票,必须定期与银行对账,确保资金的安全。

第九章 资金安全管理

第三十六条 确保资金安全是资金管理工作的首要任务,也是财务管理工作的基本职责和重要环节,公司各单位必须提高认识,明确责任,切实规避资金结算风险。

第三十七条 公司各单位必须严格按照财政部制定的《内部会计控制规范——基本规范(试行)》和《内部会计控制规范——货币资金(试行)》等有关规定,建立和健全适合自身业务特点和管理要求的资金安全管理内部控制制度并认真组织实施。要确保不相容岗位的相互分离、相互牵制。委员会办公室要加强对资金管理的关键岗位和薄弱环节的稽核工作,及时堵塞资金管理过程中的漏洞和消除资金安全隐患。

第三十八条　公司各单位在资金结算过程中,必须严格按操作规程和审批制度办理各项业务。委员会办公室要加强对大额资金和特殊资金结算业务的审查。

第三十九条　公司各单位必须严格按国家有关规定加强货币资金、银行预留印鉴、结算系统电子支付密码及证书的管理工作。

第十章　奖励与处罚

第四十条　公司资金管理工作实行定期考核和奖惩制度。委员会办公室组织公司有关部门,定期对公司各单位的资金管理工作情况进行监督检查,发现错误及时纠正并提出考核意见。

第四十一条　公司对资金管理工作取得显著成效的单位和个人将给予表彰和奖励。

第四十二条　对资金管理工作不力的单位和个人要给予批评和处罚,对给公司造成经济损失的,要承担赔偿责任,情节严重构成犯罪的,移送司法机关依法追究刑事责任。

第十一章　附则

第四十三条　公司各单位可根据本办法和各自实际情况制定相应的具体管理办法或实施细则,并报公司财务部备案。

第四十四条　本办法由公司财务部负责解释。

第四十五条　本办法自2017年1月1日起执行。

附件3-62　现金成本报告

现金是企业流动性最强的资产。确定现金数额对降低企业闲置现金数量,提高资金收益率具有重大意义。目前公司拥有的927 868 735.2元的货币资金,占总资产的32.8%。目前部门的主要任务之一就是权衡现金的流动性和收益性,寻找公司的最佳现金保有额度,使资金使用的作用、效率达到最大。为了确定本年度的最佳现金持有量,现采用成本分析模式进行估计。

现金持有相关的成本可以分为机会成本、管理成本和短缺成本。机会成本是由于现金的盈利性差而丧失的投入其他经营、投资活动所取得的报酬。现金的持有量越多,机会成本越大。公司持有现金的机会成本可以通过该部分资金的最低报酬率估算而得;管理成本包括企业因拥有现金而发生的管理人员工资、安全措施费用等,基本上不随现金持有量变化而变动,可以视为一种固定成本;短缺成本是现金持有量不足而无法及时通过有价证券变现加以弥补而给企业造成的损失,主要通过历史数据进行估算。

下表是根据企业历史经验数据以及相关部门资料汇总的几个现金持有方案的持有成本数额:

单位:万元

现金持有量	20 000	30 000	40 000	50 000	60 000
机会成本	450	675	900	1125	1350
管理成本	6000	6000	6000	6000	6000
短缺成本	3600	2025	750	0	0

附件3-63　现金成本报告补充资料

针对成本分析模式的缺陷,现改用存货模式估算公司的最佳现金持有量。借用确定存货经济订货量的存货模型,对现金持有的交易成本和机会成本进行估计,可以有效确定最佳现金持有量。

持有现金的交易成本主要是用有价证券转换现金的代价,如支付经纪费用等;根据企业历史经验数据以及相关部门资料,估计全年的现金需要量约为 24 亿元;每次转换的费用约为 2500 元。而机会成本则与成本分析模式类似。

附件 3-64 现金周转期

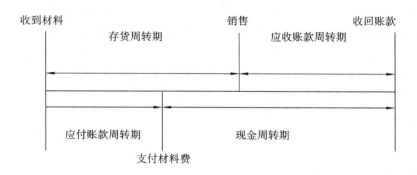

附件 3-65 东光公司信用政策

为合理地确定本公司的应收账款量,减少坏账损失,加强应收账款的管理,制定本信用政策。

(1) 信用标准。

企业以信用评估机构、银行、财税部门、消费者协会、工商管理部门等保存的有关原始记录和核算资料为依据,对客户信用资料进行分析,确定评价信用优劣的数量标准,并结合企业承担违约风险的意愿及市场竞争的需要,具体划分客户的信用等级。企业在设定某一客户的信用标准时,往往先评价其赖账的可能性,包括评价客户履行偿还债务的态度、能力,财务实力和财务状况、设定担保的资产,以及其他可能影响客户偿债能力的各种经济环境。同时,为每一个客户建立一个信用档案,详细记录其有关资料。

(2) 现金折扣政策。

现金折扣是企业为鼓励客户提前付款而给予的付款项上的优惠。它应该与信用期限结合起来考虑,现金折扣政策一方面可以促进客户提前付款、减少应收账款上的资金占用,扩大销售;但另一方面由于给予了客户折扣优惠,增加了企业财务负担。因此,企业在准备现金折扣政策时,应在折扣所能带来的收益和为此付出的代价之间进行权衡。本公司的现金折扣如下:1 个月内还清账款则给予 2% 的折扣,2 个月内还清账款则给予 1% 的折扣,3 个月内还清账款则给予 0.5% 的折扣。

(3) 确定信用期限。

信用期限是企业允许客户从购货到付款的时间间隔。信用期过短,不能吸引顾客,在竞争中会使销售额下降;信用期过长,虽然可以扩大销售额,但同时会增加应收账款占用资金的机会成本,增加收账费用和坏账损失。因此,企业必须确定合适的信用期限。另外,企业应根据情况的变化不断修改和调整信用政策,尽量协调以下 3 个相互矛盾的目标:

①把销售提高到最大；
②把应收账款的机会成本降到最低；
③把坏账损失降到最小。

如果改变后的信用政策所增加的利润，足以补偿其所包含的风险时，企业就应改变信用政策。目前本公司的信用期限为180天。

（4）实行信用额度制度。

信用额度是企业愿意对某一客户承担的最大的赊销风险额，企业应根据客户的信用等级及有关资料，为每一客户设定信用额度。在日常业务中，企业可以连续地接受某一客户的订单，只要对该客户的赊销额不超过其信用额度，就可以对其办理赊销业务；一旦超过信用额度，除非经企业有关部门批准，否则不能再对该客户提供赊销。信用额度虽然不一定能够提高客户付款的概率，但可以控制客户不付款所引起的坏账损失。同时，应随着市场销售情况和客户信用情况等变化，以及企业能够和愿意承担的赊销风险的变化，定期对客户的信用额度重新加以核定，使信用额度经常保持在企业所能承担的信用风险范围之内。

（5）信用政策应当根据公司的经营活动需要进行适时调整，以满足公司发展的要求。

附件 3-66　销售部关于修改信用政策的提案

针对金融危机引起的现金流紧缩和市场形势的变化，结合公司实际情况，销售部对现有的公司信用政策提出如下修改方案，提交信用部门讨论决定：

公司现有的现金折扣政策为：$2/30, 1/60, 0.5/90, n/180$。在金融危机的大背景下，信用政策过于严厉，不利于扩大销售。建议将现金折扣政策改为：1个月内还清账款则给予5%的折扣，2个月内还清账款则给予2%的折扣，3个月内还清账款则给予1%的折扣，信用期延长为1年。新现金折扣政策预计将极大增加销售额，扩大产品的市场份额。

以上意见，请审议。

附表　新信用政策对销售的预期影响：

在征求了专家等各方面的意见后，经过财务部门的研究讨论，对新信用政策可能带来的影响评估结果为：

项目	现行政策		新政策	
年赊销额	1 374 970 265.66元		1 454 970 265.66元	
享受现金折扣客户数	2/30	67.5%	5/30	60%
	1/60	24%	2/60	25%
	0.5/90	5%	1/90	10%
	n/180	3.5%	n/360	5%
变动成本率	65%		65%	
有价证券收益率	10%		10%	
坏账损失率	2%		3%	
收账费用	400 000元		550 000元	

附件 3-67　购货合同书

甲方(卖方):亮华塑料制品股份有限公司
乙方(买方):

甲乙双方依据国家有关法律、法规的规定,在平等、自愿、协商一致的基础上,双方就毛管销售供货订立本合同,以兹共同遵守。

一、购买数量、价格、交货期

毛 管 型 号	4u	产　　地	江 苏 常 州
单价/(元/个)	4.5	数量	
合计金额(大写)			
订货费用(大写)	伍万元整		
总计金额(大写)			
交货期			

二、交货及验收
(1) 合同成立后,乙方付给甲方订货款_____万元。
(2) 甲方自收到全部货款后负责将毛管运输交付给乙方。
(3) 乙方应当对所购毛管的外观和性能进行初步检查确认,如有异议应在验收当场提出。
(4) 毛管交付后,材料的所有权及风险由甲方转移到乙方。

三、质量保证及售后服务
(1) 甲方保证提供符合国家产品质量标准、符合国家安全及环保要求的崭新毛管。
(2) 售后服务由亮华塑料制品股份有限公司负责,按该公司具体规定进行。

四、其他
(1) 本合同一式两份,盖章生效。
(2) 如有纠纷应首先协商解决,如协商不成,任何一方可向原告住所地法院起诉。

甲方:亮华塑料制品股份有限公司
代表:林常青　　年　月　日

乙方:
代表:　　　　年　月　日

附件 3-68　材料保险费及仓储费材料

2016 年各材料保险费用明细表
编制单位:东光电器照明股份有限公司
编制日期:2016 年 12 月 31 日

材料	仓储费/元
二极管	16 073.53
钢材	14 395 171.02
金卤灯	3 464 153.67
玻璃	4 149 101.65
4u 毛管	5 400 000.00
漆包线	2 514 291.02
磁环	1 784 101.77

……

仓储费用按毛管数量确定,每个 0.5 元;

……

附件 3-69　生产部门材料需求报告

为保证 2017 年产品生产的顺利进行,根据以往年度的数据,结合本年度生产计划和存货实存情况制订本需求计划。

序号	存货类别	单位	需求数量
1	二极管	个	600 000
2	钢材	吨	1 175 000
3	塑料	吨	3 282 000
4	玻璃	吨	5 414 200
5	4u 毛管	个	15 000 000
6	漆包线	吨	234 090
7	磁环	件	3 462 300

以上材料必须符合国家及相关行业规范要求,且提供的材料、产品为优质品;必须在供货的同时提供国家认可的检验报告。

附件 3-70　T8 荧光灯项目方案书

项目名称:T8 荧光灯生产线建设。
项目经理:刘益阳。
业务总监:陈德铭。
编制单位:东光电器照明股份有限公司。
编制时间:2017 年 2 月 20 日。

项目简介

T8 荧光灯是我公司的主打产品,该灯具取消了传统荧光灯的灯丝和电极,采用地磁耦合的原理,使汞原子从原始状态激发为激发态,其发光原理和传统荧光灯相似,是现今最新型的节能光源。有寿命长、光效高、显色性好等特点。自我公司 T8 荧光灯上市以来,受到了消费者的普遍欢迎。

绿色照明工程是"十一五"期间国家组织实施的 10 大节能工程之一,国家将采取措施推动政府机构优先采购高效照明节电产品,将高效照明产品纳入《节能产品目录》,研究鼓励高效照明产品生产,使用财政税收政策。我公司生产的荧光灯属于国家鼓励开发的重要产品之一,到目前为止,所生产的产品 70% 以上出口,无法满足国内消费需要。因此,经董事会决定,于 2017 年投产 5 条新的 T8 荧光灯生产线以配合国内节能灯产品销售。

市场调研

1. 国内市场预测

由于国家对节能产品的大力扶持以及环保观念的深入人心,人们对照明灯的需求逐渐走向健康化、环保化。根据我公司市场人员调研,预测我国节能灯市场今后几年仍然将维持 20%～35% 的高增长率,到目前为止,市场上其他公司所生产的荧光灯具的节能效果远远落后于我公司,再加上国家对节能灯具的补贴,预计我公司的 T8 荧光灯将占据市场领先地位,加大生产力度是未来公司发展的重要推动力。

2. 国际市场预测

在过去的几年里,我公司所生产的 T8 荧光灯,在国际市场上受到普遍好评。每年为公司带来约 3000 万美元的外汇收入,产品远销美国、欧洲等地,并受到高度评价。预测在未来几年的时间里,随着环保意识的普遍提高,我公司的节能灯产品将更为畅销。

3. 风险规避

到目前为止,我公司现有 T8 荧光灯生产线 25 条,在生产线建设和产品开发方面具有较好的技术保障,该生产线不仅可以生产 T8 荧光灯,经过部分调整后,也可以生产我公司的其他产品,比如 T5 日光灯系列等,为化解销售风险提供了途径。

项目生产能力及产品方案

经过董事会的一致决定:2017 年开始进行 5 条生产线的全面建设。生产线的生产能力预测如下:每条生产线年产 T8 荧光灯 720 万支。2017 年年初每条生产线预计将投入 3000 万元用于购买生产荧光灯的特定机器设备及安装,生产线建设预计需要 1 年的时间。2018 年年初正式投入运营,预计 2018 年每条生产线需要投入 500 万元营运资金以保证生产线的正常运营。

生产线预计使用寿命为 5 年,预计生产线的残值率为 10%,每条生产线均以 5 年为期按直线法计提折旧。预计在终结点收回所投入的全部营运资金。本次项目建设已经过股东大会、董事会的批准,各施工单位均具有合格的施工资质。我们承诺:本次项目严格控制各项成本,并严格按照我公司的生产要求为客户提供更为优质的产品。

附件 3-71　金卤灯项目方案书

项目名称:金卤灯生产线建设。

项目经理:王德发。

业务总监:程志文。

编制单位:东光电器照明股份有限公司。

编制时间:2017 年 2 月 20 日。

项目简介

金卤灯是继白炽灯、卤素灯之后当今世界崛起的第三代绿色照明光源,以光效高、显色性好、使用寿命长等优势,不仅成为高档轿车、背投电视等光源的首选,还可广泛应用于军事、探险、水下作业、野外搜救等领域。与普通白炽灯相比,金卤灯节能效果惊人,市场空间巨大。

为配合我国"十一五"期间提出的绿色照明工程,我公司决定引进金卤灯项目建设,全面建设金卤灯生产线。我公司于2013年投产的金卤灯项目,已取得可观收益。因此,经董事会决定:2017年再建设10条金卤灯生产线,预计初始投资高达2亿元。

市场调研

1. 国内市场预测

2016年我国所产的85亿只灯泡中,金卤灯的比例不到2%,由于金卤灯对技术的要求颇高,截至目前,整个国内市场上仅有3家公司可以生产该灯具,我公司所生产的金卤灯质量高,在金卤灯市场上处于领先地位。同时,由于国家对节能灯的大力支持及补贴,金卤灯的国内销路被普遍看好,预测在未来的10年内,金卤灯的销售将上一个新的台阶。

2. 国际市场预测

金卤灯在欧美发达国家发展势头迅猛,已有近40%的普及率。我公司生产的金卤灯由于价格较低因此在欧美市场上具有强劲的竞争优势,仅去年一年就为公司创汇高达1500万美元,当前我公司的生产规模仅可以满足国外市场订单。目前各国纷纷出台相关政策限制非节能灯泡的使用,相信将会为我公司的发展创造更为良好的机遇。

3. 风险规避

我公司一向稳健经营,积累了大量资本,可用于基本生产线的建设和运营。我们相信,投产这一项目基本上不会影响公司的正常生产经营。另外,该生产线的建设对我公司开创性的研究50W以下金卤灯的生产提供了良好的机遇,具有良好的经济效益和社会效益。该生产线为金卤灯专用生产线,对金卤灯未来的发展有重要意义。

项目生产能力及产品方案

预计每条生产线的年生产能力为30万只。经各方研究决定:该项目于2017年正式投产,建设期为2年,建设期期初,每条生产线预计投入2500万元用于设备购买和安装,建设期结束后,2019年正式投产经营,在该年年初每条生产线预计需要投入500万元营运资本。该生产线使用期预计为6年,预计净残值率为4%。每条生产线均以6年为期按直线法计提折旧。预计在终结点收回所投入的全部营运资金。生产期结束后,进行固定资产清理和营运资本回收。我们承诺:本次项目建设符合公司长期发展要求,项目建成后将会为公司的发展带来新的生机和活力。

附件3-72　企业所得税

公司在2016年12月被认定为高新技术企业公司,并于2016年12月16日获经广东省科学技术厅、广东省财政厅、广东省税务局及广东省地方税务局批准的编号为"GR201644000087"的高新技术企业证书,按照2015年颁布的《中华人民共和国企业所得税法》及《高新技术企业认定管理办法》的相关规定,公司自2016年1月1日起减按15%税率计缴企业所得税。

附件 3-73　T8 荧光灯销售预测

T8 荧光灯销售预测

年度	2018	2019	2020	2021	2022
单价/(元/只)	10.80	11.00	12.50	12.80	12.80
变动成本：	8.00	8.50	8.50	9.00	9.50
材料/(元/只)	3.50	4.00	4.50	5.00	5.50
人工费用/(元/只)	4.50	4.50	4.00	4.00	4.00
固定成本：	2722.00	2720.00	2720.00	2721.00	2720.00
制造费用/(万元/年)	2710.00	2708.00	2709.00	2709.00	2708.00
销售费用/(万元/年)	12.00	12.00	11.00	12.00	12.00

附件 3-74　金卤灯销售预测

金卤灯销售预测

年度	2019	2020	2021	2022	2023	2024
单价/(元/只)	200.00	210.00	215.00	217.00	218.00	220.00
变动成本：	100.00	112.00	120.00	125.00	130.00	135.00
材料/(元/只)	52.00	62.00	68.00	70.00	74.00	78.00
人工费用/(元/只)	48.00	50.00	52.00	55.00	56.00	57.00
固定成本：	4800.00	4820.00	4870.00	4885.00	4905.00	4935.00
制造费用/万元	4700.00	4710.00	4750.00	4760.00	4775.00	4800.00
销售费用/万元	100.00	110.00	120.00	125.00	130.00	135.00

附件 3-75　T8 荧光灯项目计算期

附件 3-76　金卤灯项目计算期

附件 3-77　关于证券投资的会议记录

关于证券投资的会议记录

时间：2017 年 2 月 21 日。

地点：东光公司办公楼八楼大会议室。

出席人：公司财务部全体成员、郭常青（雷通投资银行首席经济学家）、钱辰（纽约大学经济学教授）

主持人：财务总监

记录人：李德华（财务秘书）

主持人发言：各位领导、各位来宾，大家上午好！过去的 1 个月里，在各位同事、专家的共同努力下，公司的财务工作进展顺利，取得了可喜的成绩。感谢大家对东光公司财务工作的支持！今天我们召开这个会议，主要是讨论利用公司的闲置资金进行证券投资的问题。大家都知道，本月初中共中央出台了惠农的中央一号文件，明确表明将继续加大对农业的扶持力度，并将推出一系列强而有力的措施。同时，财政部、商务部也相继出台了相关文件，推动新一轮的家电下乡。中央的一系列举措是农业企业和家电企业发展的好时机。所以农业板块和家电板块预期将有涨情，目前是进行证券投资的有利时机。希望大家能够踊跃发言，多提宝贵意见。

与会者发言：

副总监：农业关系到国计民生，是中央的重点扶持行业。惠农政策的不断出台，给农业板块相关上市公司带来新的成长机遇，农业板块在经营规模、产业格局及产业整合等方面都将发生深远的变化。有资料显示，2016 年补贴总额为 1028 亿元，预计 2017 年将增加 10% 以上，有望达到 1200 亿元。所以我认为，投资农业板块是很好的方案。敦煌种业、金健米业、中粮屯河就是几只发展势头迅猛的股票。敦煌种业近年来业务发展迅速，资产规模持续扩大，经营实力不断增强；金健米业注册资本雄厚，经营稳健，声誉良好；中粮屯河主经营番茄加工及其他农副产品的加工、销售，优质的产品和服务获得了行业的一致好评，可以作为备选的投资对象。

副总监：同时家电下乡也是国务院推出的惠农重要举措。受国际金融危机的影响，家电行业的出口受阻；家电下乡及时促进家电生产、流通和农民需求的有机对接。家电业有望迎来新一轮强势发展。目前中国已基本形成以"海尔系、美的系、海信系、长虹系、格力系"为代表的五大家电集团的格局。各位可以从手上的资料中看到这 5 家企业 2016 年的经营业绩,这 5 家企业具有较高的投资价值。

附表　家电企业最近 2 年的财务数据

企业	2016 年		2015 年	
	主营业务收入	净利润	主营业务收入	净利润
海信	13 407 101 432.47	224 968 771.24	14 838 636 157.26	203 834 865.55
美的	45 313 461 923.30	1 033 024 670.12	33 296 552 612.33	1 193 466 811.98
海尔	30 408 039 342.38	768 178 067.10	29 468 645 507.98	643 632 017.77
长虹	27 930 220 901.41	31 116 517.48	23 046 832 431.87	256 446 663.51
格力	42 032 388 001.80	2 102 744 338.96	38 009 184 758.17	1 269 757 864.51

干事:的确,目前公司的现金持有量较多,闲散资金的流动性较强,但盈利性不高。目前,农业板块和家电板块都迎来了新的发展机遇,实属难得的投资机会,应当审时度势,抓住机遇。

郭常青:我看好农业板块和家电板块的行情,尤其是农业板块。"一号文件"推出后的 1 个月内,国家往往会连续出台包括提高粮食最低收购价、提高四项补贴等惠农政策,还将召开"两会"或者一系列其他国家层次的农业会议等,这些事件往往都能延续"一号文件"对农业板块的刺激。刚刚两位副总监提到的股票,是宏观经济环境的受益股。目前股票市场的预期报酬率是 8.27%,而预计农业股和家电股的收益率将高于该水平,引领大盘成就春播行情。

钱辰:我基本赞同。但股票的风险仍不容忽视。大家可以从资料上看到这几家公司的风险敏感系数,与我们公司的 β 值 0.99 相比,也是大多处于适中水平。但证券投资应当在符合安全性的原则下,尽可能地取得较高的收益。追求投资盈利是投资的直接目标,只有符合这一目标,才能使投资保值增值。建议将资金分散到几只股票,构建投资组合,"不要把鸡蛋放在一个篮子里"。

相关企业 β 值信息

企业	β 值	企业	β 值
敦煌种业	0.95	金健米业	1.04
中粮屯河	1.01	海尔电器	0.93
美的电器	0.93	海信电器	0.81
长虹电器	0.89	格力电器	0.90

财务总监:是的。虽然国家出台的政策提高了投资者对农业股和家电股的信心,但更要综合考虑风险因素。现初步计划斥资 278 230 000 元平均投资于各只股票。秉承公司稳健经营的理念,我们后续将继续做一系列的调查研究,尽可能地提高闲置资金的收益率。

谢谢大家的积极参与。散会。

主持人:财务总监(签名)

记录人:李德华(签名)

附件 3-78 无风险利率参数说明

无风险利率反映的是将资金投资于某一项没有任何风险的投资对象而能得到的利息率,是金融市场上用于衡量资本收益与风险升水的基准利率。通常情况下,无风险利率的确定必须综合考虑违约风险、利率风险、购买力风险、变现力风险、再投资风险等因素。国际上一般采用国债利率作为确定无风险利率的依据。2016 年记账式国债发行情况见下表:

种类	期限	发行日期	发行利率/(%)	计划发行额/亿元	实际发行额/亿元	投标倍数/倍
关键期限	7 年	2 月 13 日	3.95	280	289.7	2.47
	10 年	3 月 20 日	4.07	280	279.4	2.16
	3 年	4 月 14 日	3.56	280	260.7	1.7
	7 年	5 月 19 日	4.01	280	271.5	1.33
	1 年	6 月 10 日	3.42	280	271.1	1.55
	10 年	6 月 23 日	4.41	280	266.5	1.3
非关键期限	15 年	2 月 28 日	4.16	280	280	1.35
	5 年	4 月 21 日	3.69	280	280	1.43
	30 年	5 月 8 日	4.5	280	280	1.07
	3 个月	5 月 26 日	3.18	280	277.82	1.37
合计				2800	2756.72	

从上表可以看出,2016 年中国记账式国债的种类众多,发行利率随期限不同而有所差异。具体到中国的证券市场,以 5 年期的国债利率作为无风险利率较为适宜。

附件 3-79 历年销售量和资金占用量数据

东光公司节能灯历年销售量和资金占用量数据见下表:

年份	2011	2012	2013	2014	2015	2016
销售量/台	17 927 200	18 223 900	18 479 600	18 762 300	19 320 000	19 600 000
资金占用量/元	1 220 952.79	1 238 749.60	1 254 273.66	1 271 920.43	1 302 392.20	1 340 646.43

预计 2017 年原材料市场价格比较稳定,产品成本不会出现较大波动。预计 2017 年的销售量为 19 912 300 台,销售额为 438 070 600 元,销售净利率约为 27.40%。

综合考虑公司营运资金需要以及投资证券和建设生产线,东光公司管理层把明年的货币资金最低保留额确定为 883 534 460.72 元人民币。

附件 3-80 节能灯销售数据预测

东光公司 2016 年实现销售节能灯 19 600 000 台,单位售价为 22 元/台,总计销售金额为

431 200 000 元。为了预测下一年节能灯的销售数量,销售部门以过去 5 年的销售数据为依据,采用最小二乘法进行预测。

2011 年至 2016 年的历史数据见下表:

年份	2011	2012	2013	2014	2015	2016
销售量/台	17 927 200	18 223 900	18 479 600	18 762 300	19 320 000	19 600 000
单价/(元/台)	23	24	22	23	25	22
销售额/元	412 325 600	437 373 600	406 551 200	431 532 900	483 000 000	431 200 000

综合考虑来年的市场形势、销货合同、生产能力等因素,预计 2017 年节能灯销售量将延续这种增长趋势,达到 19 912 300 台,各季度销售量见下表。销售的单价也不会发生太大的变化,预计为 21~23 元,销售部门以其中间价作为销售预算编制的依据。

2017 年各季度预计销售量

	第一季度	第二季度	第三季度	第四季度	全年
销售量/台	5 283 900	5 038 700	4 696 900	4 892 800	19 912 300

2016 年年末节能灯销售的应收账款余额为 32 342 070 元。根据历史数据和经验显示,每个季度的应收销货款将在该季度收回约 70%,剩余部分在下一个季度全部收回。

附件 3-81 历年股利分配情况

历年股利分配情况　　　　　　　　　　　　　　　　　　　　　　　　　单位:元

年度	2012	2013	2014	2015
现金股利	166 736 884.57	141 236 044.73	172 304 436.90	275 917 269.01
净利润	259 230 230.98	219 583 402.87	267 886 251.40	428 975 853.56

附件 3-82 生产和直接费用数据预测

东光公司生产的节能灯主要构件包括毛管、塑料件和灯头。每生产一台节能灯都需要耗用一个毛管、一个塑料件和一个灯头。

预计 2017 年各季度节能灯和毛管、塑料件、灯头的期末存量见下表:

季度	上年末	一	二	三	四
节能灯/台	28 700	29 300	39 800	23 100	39 700
毛管/个	86 800	72 900	89 200	79 200	65 900
塑料件/个	86 800	72 000	82 800	70 400	76 900
灯头/个	86 800	79 200	86 800	70 200	74 700

2016 年年度毛管、塑料件、灯头的销售单价分别为 4.5 元/个、0.6 元/个、0.9 元/个。预计 2017 年的销售价格保持不变。

东光公司 2016 年年末的相关材料的应付采购款为 17 908 850。为了维持现金流的平稳，公司制定的还款政策规定材料采购成本的 40%本季度偿还，余下的 60%在下个季度还清。

东光公司节能灯生产的直接人工支出为装配支出。每生产一台产品平均耗时 0.01 小时，装配工人的工资标准为每小时 2 元。人工费用全部为付现成本。

附件 3-83　间接费用和期间费用数据预测

东光公司的间接费用即制造费用，按是否与产品生产数量呈比例关系，又分为变动制造费用和固定制造费用。变动制造费用与产品生产数量呈同比例增长，节能灯的单位变动制造费用见下表：

项目	间接材料费用	间接人工费用	其他变动费用
定额	0.006 元/台	0.006 元/台	0.004 元/台

固定制造费用一般不随产品生产数量变化而变动，包括折旧费用、管理人员工资和其他固定费用。东光公司预计 2017 年节能灯的固定制造费用见下表：

单位：元

季度	一	二	三	四
折旧费用	100 000	100 000	100 000	100 000
管理人员工资	90 000	90 000	114 000	100 000
其他固定费用	20 000	20 000	20 000	20 000

期间费用是当期发生的、不能直接或间接归入生产成本，而是直接计入当期损益的各项费用，主要包括销售费用、管理费用、财务费用。预计东光公司 2017 年节能灯的期间费用在每个季度均匀发生。

东光公司预计 2017 年节能灯的销售费用为：

项目	销售人员工资	广告费用	包装、运输费	保管费用
金额/元	9 600 000	15 000 000	3 500 000	2 700 000

预计 2017 年节能灯的管理费用为：

项目	管理人员工资	福利费用	办公费用
金额/元	24 000 000	6 000 000	8 000 000

间接费用和期间费用全部为付现成本。

附件 3-84　现金流量预算数据说明

2016 年年末东光公司节能灯业务相关的现金余额为 49 304 500 元。经股东大会表决，公司将向全体股东发放股利，其中可归属于节能灯项目的股利大致为 75 993 308.20 元。股利发放日初步定为 2017 年 5 月份。管理层预计 2017 年每季度需要为节能灯项目预交所得税 12 655 800 元。

为扩大生产，公司拟引进 5 条生产流水线设备，每条流水线计价 5 000 000 元人民币。目前已与销售单位签订协议,预计 2017 年 5 月份进行设备的安装调试,同时支付相应货款。

附件 3-85　照明行业主要财务数据

公司	销售收入	营业利润	权益账面价值	负债账面价值	β系数	市盈率	EV/EBITDA
东光公司	1 718 712 832.07	271 699 186.78	2 632 720 164.34	197 548 672.72	0.99	—	—
浙江阳光	1 894 238 729.97	180 828 947.52	2 895 992 180.77	217 303 539.99	0.90	40.61	16.46
雪莱特	318 737 593.75	45 283 197.79	438 786 694.1	32 924 778.78	1.04	59.76	30.45
TCL 照明	2 496 850 283.72	271 243 421.28	4 343 988 271.16	325 955 309.99	0.95	43.63	20.17

附件 3-86　现金流量表补充资料

现金流量表补充资料　　　　　　　　　　　　　　　　　　　　单位:元

补充资料	本期发生额/元	上期发生额/元
一、将净利润调节为经营活动现金流量		
净利润	225 446 451.14	428 975 853.56
加:资产减值准备	5 980 627.30	7 213 722.54
固定资产折旧	136 949 186.21	131 994 347.74
无形资产摊销	3 665 926.03	2 851 437.90
处置固定资产、无形资产和其他长期资产的损失	1 500 075.69	837 350.14
长期待摊费用摊销	244 464.00	1 522 501.82
公允价值变动损失	54 117 672.71	−20 753 385.38
……	……	……

附件 3-87　财务费用

财务费用　　　　　　　　　　　　　　　　　　　　　　　　　单位:元

类别	本期数	上期数
利息支出	—	—
减:利息收入	4 880 444.43	6 918 791.31
汇兑损失	—	8 720 438.48
减:汇兑收益	—	—
其他	—	1 331 641.99
合计	−4 880 444.43	3 133 289.16

附件 3-88　复利现值系数

复利现值系数表

期数	5.22%	6.22%	7.22%	8.22%	9.22%
1	0.95	0.94	0.93	0.92	0.92
2	0.90	0.89	0.87	0.85	0.84
3	0.86	0.83	0.81	0.79	0.77
4	0.82	0.79	0.76	0.73	0.70
5	0.78	0.74	0.71	0.67	0.64
6	0.74	0.70	0.66	0.62	0.59

参考文献

[1] 荆新,王化成,刘俊彦. 财务管理学[M]. 8版. 北京:中国人民大学出版社,2018.
[2] 陈玉菁. 财务管理实务与案例[M]. 北京:中国人民大学出版社,2018.
[3] 刘淑莲. 财务管理[M]. 2版. 北京:经济管理出版社,2016.
[4] 宋献中,吴思明. 中级财务管理[M]. 3版. 大连:东北财经大学出版社,2016.
[5] 全国会计专业技术资格考试辅导教材. 财务管理[M]. 北京:经济科学出版社,2018.
[6] 中国注册会计师协会. 财务成本管理[M]. 北京:中国财政经济出版社,2010.
[7] 王遐昌,沈济业. 财务管理学——案例与训练[M]. 上海:立信会计出版社,2004.
[8] 王化成. 财务管理教学案例[M]. 北京:中国人民大学出版社,2001.
[9] 李秉成,吴杰,柏东海. 财务管理案例教程[M]. 北京:中国财政经济出版社,2008.